Business Negotiations

21世纪高等院校经济管理类规划教材

商务谈判理论与实务

□ 林晓华　王俊超　主编
□ 胡　威　谭　磊　副主编
□ 夏丹阳　吴亚平　主审

人民邮电出版社
北京

图书在版编目（CIP）数据

商务谈判理论与实务 / 林晓华，王俊超主编. -- 北京 : 人民邮电出版社，2016.4
21世纪高等院校经济管理类规划教材
ISBN 978-7-115-41308-6

Ⅰ. ①商… Ⅱ. ①林… ②王… Ⅲ. ①商务谈判－高等学校－教材 Ⅳ. ①F715.4

中国版本图书馆CIP数据核字(2016)第015722号

内 容 提 要

本书包括10章和5个附录，讲述了商务谈判的基本特征、构成要素、基本原则、基本类型和阶段划分，商务谈判的组织与管理、策略与技巧、僵局的处理，商务谈判人员的基本素质、性格、思想观念、业务能力、情绪与心理，商务谈判的语言艺术、礼仪，各国商务谈判的风格，商务合同的签订等内容；附录部分包括真实商务谈判案例点评与思考，模拟商务谈判基本流程、岗位设计和策划书，模拟商务谈判中多媒体的运用，商务谈判网络学习资源，商务谈判自测试卷。

本书以补充阅读资料、二维码链接等网络学习资源增强教材的可读性，以案例分析、即学即练、模拟商务谈判实训增加读者实践训练的机会，力求帮助读者理解与消化本书知识。

本书提供电子课件、电子教案、参考答案、补充教学案例、模拟商务谈判教学资料、模拟试卷、补充阅读资料等电子文档，索取方式参见“配套资料索取说明”。

本书可作为普通高校“商务谈判”课程的教材，也可作为企事业单位的培训用书。

◆ 主　　编　林晓华　王俊超
副 主 编　胡　威　谭　磊
主　　审　夏丹阳　吴亚平
责任编辑　万国清
责任印制　沈　蓉　彭志环

◆ 人民邮电出版社出版发行　　北京市丰台区成寿寺路11号
邮编　100164　　电子邮件　315@ptpress.com.cn
网址　http://www.ptpress.com.cn
固安县铭成印刷有限公司印刷

◆ 开本：787×1092　1/16
印张：14.25　　2016年4月第1版
字数：329千字　　2016年4月河北第1次印刷

定价：36.00元

读者服务热线：(010)81055256　印装质量热线：(010)81055316
反盗版热线：(010)81055315
广告经营许可证：京东工商广字第8052号

前　言

商务谈判是一门科学，又是一门艺术，在经济生活中几乎无处不在。作为经济交往的重要环节，商务谈判在相当程度上决定着交易的成败与企业的兴衰。商场如战场，谈判桌上风云变幻、波澜起伏，不但缺乏经验的谈判者穷于应付，即使老练的谈判人员，有时也难免束手无策。而谈判本身，也成为浩瀚商海中输赢博弈、利益相争的“战略制高点”。

研究商务谈判的规律，探讨谈判技巧的正确运用，从而可以妥善处理商务谈判中出现的各种问题，以便在平等互利的基础上达成公平合理和切实可行的协议，具有十分重要的意义。从事商务活动的人员，或许不一定有谈判大师一样全面扎实的专业功底，但要在谈判中取胜，或避免陷于被动，就必须了解商务谈判的基本常识、掌握一定的策略和技巧，并具备广阔的视野和跨文化的知识储备。

商务谈判理论、方法浩如烟海，本书力求选择最基本、最实用的理论，辅以趣味性的案例及其分析、思考讨论、即学即练、二维码链接的网络学习资源，争取使读者在最短时间内理解这些知识。章后习题和附录中的自测试卷可供读者检验学习成果。

笔者认为，读者仅记住甚至理解相关的策略、知识还远远不够，只要所学内容没有成为习惯、不能熟练运用，所学的知识、技巧就对自己毫无用处。若要在相对短的时间内将更多的知识、策略、技巧转化成为自己的习惯，勤于实践是唯一的办法，为此，我们做了如下三种考虑。

（1）正文部分知识点配以即学即练、思考与讨论等内容，方便进行课堂互动或读者自己边学边练，提升教学和学习效率。但学时有限，课堂上或自学之中只可偶尔为之。

（2）提供模拟商务谈判相关资料，方便教师组织模拟商务谈判大赛。模拟商务谈判大赛是更为有效的实践机会，是较为有效的教学、学习手段。我们推荐在有限的学时内，抽出较多时间用于模拟商务谈判大赛，本书配套的电子资料中将分享一些笔者自用的教学资料。此方法虽然有效，但鉴于授课教师精力和学时的限制，不容易成为所有读者都能参与的普及性教学/学习任务。

（3）鼓励读者创造模拟商务谈判比赛机会。为方便读者自行组织模拟商务比赛，本书章后设计了贯穿全书的“模拟商务谈判实践”题目，读者参照题目可自行组队、自行组织模拟商务谈判实训或思考、讨论，增加实践机会。

模拟商务谈判比赛是一种开放性的学习机会，参与过程中会涉及大量课堂上从未学过的知识、技能，读者仅凭学习一本书或几本书难以从容地参与，并为支撑这一开放性需求，本书做了以下两种尝试。

（1）正文内用二维码链接部分网络学习资源，读者用移动设备扫描后可方便地阅读互联网上的相关文章、新闻报道、视频等，帮助读者更好地理解所学知识，并养成开放性的学习习惯，熟悉资料查询方法和寻找解决问题的途径，遇到新问题能主动寻找解决的办法。

（2）本书附录中收录了模拟商务谈判流程、常用文档示例、多媒体运用和商务谈判常用网络学习资源等内容，可以在一定程度上满足读者自行组织模拟商务谈判实践的需求。

总之，我们编写本书是希望读者在有限的学时内尽可能深入掌握相关理论和方法，并将其变成自身的财富。

为更好地满足本书读者学习和授课需求，本书提供电子课件、电子教案、参考答案、补充教学案例、模拟商务谈判教学资料、模拟试卷、补充阅读资料等电子文档，索取方式参见“配套资料索取说明”。

本书由林晓华（武汉工商学院，高级经济师，副教授）、王俊超（中南民族大学）担任主编，夏丹阳（中南财经政法大学武汉学院经济学院院长，教授）、吴亚平（江汉大学文理学院商学院副院长，教授）担任主审。本书具体编写分工如下：林晓华编写第一至第五章，胡威（湖北大学）编写第六、第七章并制作本书配套电子资料，王俊超编写第八至第十章和附录；谭磊（武汉工商学院）为本书的编写整理了大量资料。

由于编者水平有限，书中难免存在不足之处，敬请广大读者不吝赐教。

林晓华

2016 年 1 月于武汉

目 录

第一章　现代商务谈判概述

学习目标

1. 掌握谈判与商务谈判的概念及特征。
2. 理解并掌握商务谈判的基本原则。
3. 了解商务谈判的分类。
4. 了解商务谈判的阶段划分。

关键概念

商务谈判　构成要素

一般而言，商务活动的目的是获取更多的“利益”，如何为自己和自己服务的单位获取更多利益？为何有人被称为商务活动中的谈判高手、职场精英？其中有什么学问或规律吗？这就是本书阐述的重点。

其实，现实世界是一个巨大的谈判桌，例如，和商贩砍价；闲暇时朋友想去看电影，自己想看球赛，需要协商；入职和招聘方谈工资、待遇、职位；和同学有了小矛盾，双方或多方进行沟通；工作上和同事、领导的意见不一致，需要讨论一个适宜的方案……这一切都需要谈判，有时候我们能达到目的有时候却不能，我们身边的人有人做得好，也有人做得差，这其中有什么奥秘吗？

商务谈判是谈判的一个分支，规律、技巧大体相同，本书所讲的策略、技巧很多可在现实非商务活动中使用，学习好本书，不仅有利于提升我们在职场中的表现，还能提高我们生活的幸福指数。

第一节　谈判和商务谈判

一、谈判的概念和基本特征

谈判是指有关方面通过信息交流与沟通、互相让步与妥协以便对某事达成某种程度一致的行为或过程。

谈判的基本特征主要如下。

（1）谈判的主体性。谈判活动必须在两个或两个以上的谈判主体之间进行，任何个人或组织都无法独自进行谈判。谈判是谈判主体之间的主体性行为，反映了谈判主体的主观意愿。

（2）谈判的利益性，即"需求性"。谈判是一种利益协调、满足谈判主体需求的活动。不管是政治、军事、文化还是商业的谈判，满足谈判主体需求是谈判的基础性动机。因此，谈判是一种目的性很强的活动。人的需求包括交换意见、改变关系、购买商品和取得共识等。

（3）谈判的冲突性。谈判主体之间如果没有任何冲突，就没有谈判的必要。当今社会，在资源和条件的约束下，谈判各方之间经常存在着某种观点、立场、利益方面的分歧和冲突，而为了自身需要的满足，谈判各方势必要通过谈判来缩小或消除分歧，缓和或调解冲突，建立或改善关系，最终达成一致。

（4）谈判的人际性。从本质上说，所有的利益关系只有与人本身建立关系才有意义，而谈判正是一种协调各方行为的人际交往活动，其目的既在于满足谈判主体的利益需要，也在于建立良好的主体关系。

案例阅读与分析 1.1

世界贸易组织（WTO）谈判可以算是世界上规模最大的谈判之一，有一百多个国家（或地区）的代表参加，代表和反映世界上几十亿人的意愿和利益。世界贸易组织谈判不仅主体较多，而且在谈判过程中所牵涉的利益纠纷也层出不穷，因而冲突在所难免。世界贸易组织谈判是人与人之间的谈判与较量。

思考与讨论：结合本节所学知识，设想一下世界贸易组织谈判具体体现了哪几个谈判特征。

二、商务谈判的概念和基本特征

商务谈判是指从事商务活动的各个经济主体为了达成交易目的而就交易条件进行反复协商的行为或过程，它表现和反映了各个经济主体的市场交换关系。

商务谈判是谈判的类型之一，当然具有谈判的普遍特性。但是，商务谈判作为谈判的一种类型，又具有独特性，这种独特性主要表现在以下几个方面。

（1）商务谈判没有特定的规律可循。古语说："兵无常势，水无常形"，讲的是事物发展没有绝对的模式或者规律可循，没有能够完全照搬的模式，商务谈判也是一样，没有两个商务谈判的模式是完全一样的，尽管有时候交易的内容差别不大。

（2）商务谈判主体的广泛性和不确定性。商务谈判的主体不仅包括企业，也包括政府机关、军队、科研院所、医疗机构、文化团体、学校以及个人等。可见，作为商务谈判主体的当事各方，跨越经济、政治、文化等领域，从而具备广泛性和不确定性特征。

（3）商务谈判利益的导向性。在商务谈判中，谈判当事人的谈判战略、计划和策略都是以实现交易的经济利益为出发点和归宿点的，离开这种经济利益，商务谈判就失去了存在的意义和可能。因此，商务谈判就是以经济利益为目的的谈判，谈判的利益导向实质上就是物质利益导向。但需要指出的是，在商务谈判中对情感利益、关系利益等精神利益方面的追求也是必不可少的。

（4）商务谈判议题核心的价格性。在以商品交易为内容和以经济利益为目的的商务谈判中，其谈判议题必然以价格为核心。谈判议题涉及标的物的名称、品质、数量、价格、包装、运输、交货时间、支付方式、保险、检验、不可抗力、索赔和仲裁等，其中最重要的是价格，因为价格与其他谈判议题均有着极其紧密的关系。

（5）商务谈判策略的智慧性。商务谈判是一门科学，更是一门艺术，在谈判中应用一定的策略是再正常不过的事情。不过，这种谈判策略应该是智慧型的策略，不应是“雕虫小技”，更不能靠“阴谋诡计”、“欺诈”来赢得谈判。因此，谈判高手都非常注重谈判智慧的激发和运用，靠自身的智慧、优雅的举止、大方的谈吐和不凡的气度来赢得对手的尊重和谈判的成功。

案例阅读与分析 1.2

伦敦柯斯塔罗旅行社的业务员常跟西班牙一家连锁旅馆的业务经理见面会谈，讨论下一季度的订房情况。一次，柯斯塔罗旅行社的业务员向西班牙连锁旅馆的业务经理提出：客户抱怨旅馆的各个服务项目，要求变动；还有几项服务上的缺点，要旅馆改善。业物经理一项一项地查看，大部分的项目都同意改善，最后他停下来，叹口气说：“先生，我以为这是一次谈判，但全是我在让步。”“不错，”旅行社代表说，“你停止让步，我就开始谈判。”

点评：谈判[①]由谈和判两个字组成，“谈”是指双方或多方之间的沟通和交流；“判”就是决定一件事情。只有在沟通和交流的基础之上，了解对方的需求，才能够做出相应的决定。也就是说，谈判是让对方支持我们从他那里获得我们想要的东西的过程。虽然谈判是一种历史悠久的事务，而且现实生活就是个巨大的谈判桌，谁都会坐在桌边参与其中，但是，随着经济、社会的不断进步，采购、生产、销售、消费以及各种形式的合作，在理念、方法及手段上都发生了巨大的变化。因此，对谈判的直接感觉或流传来的简单朴素认识，已无法透彻地反映谈判的本质要义，更难以把握商务谈判的精髓。

第二节　商务谈判的要素和基本原则

一、商务谈判的要素

商务谈判的要素是指构成商务谈判活动的必要因素。一般来说，任何一项具体的商务谈判都由商务谈判主体、商务谈判客体、商务谈判议题、商务谈判方式、商务谈判环境构成。

① 如无特殊说明，本书中“谈判”均指商务谈判。

（一）商务谈判的主体与客体

商务谈判的主体是指参加谈判活动的双方或多方。作为谈判一方的谈判主体，可以只有一个人，也可以由若干人组成。商务谈判的客体是指商务谈判的标的，有时也称谈判对象。标的的种类很多，如普通的商品或货物、劳务、服务、工程项目、专利及相关文字资料、操作诀窍、商务信息等。案例阅读与分析 1.3 中的铁矿石、货轮即为该次谈判的客体。

商务谈判主体可以分为关系主体和行为主体。关系主体是指从法律的角度来看参与商务谈判的法人组织。案例阅读与分析 1.3 中，甲公司、乙公司即为该次谈判的关系主体，而行为主体是实际参与商务谈判的谈判代表，王经理、杨经理即为该次谈判的行为主体。

案例阅读与分析 1.3

甲公司同外商乙公司进行铁矿石价格谈判，甲公司拟以本国市场的价格购买乙公司的铁矿石，并租赁乙公司的货轮，以FOB的方式进行交货。谈判之日，甲公司派市场部王经理负责谈判事宜，乙公司委派公司驻甲公司所在国市场部杨经理与甲公司进行谈判。谈判伊始，王经理表示无法接受乙公司开出的价格，经过双方的多次协商，最终确定成交价格，之后，双方就后续细节问题一一进行了磋商。

（二）商务谈判的议题

商务谈判议题是指商务谈判需商议的具体问题，即双方共同关心并希望解决的问题。一般来说有以下两个特点。

（1）共同性。商务谈判议题的最大特点就在于它对双方的共同性。如果不具有这一特点，就构不成谈判议题，案例阅读与分析 1.3 中，铁矿石的价格是双方共同关心的问题。

（2）可谈性。谈判议题还应具有“弹性”，也就是“可谈性”。即这个问题对于谈判主体来说属于“可以商量”的范畴。谈判主体首先要愿意做到，其次还要能够做到。一般来说，谈判总是划分为若干个阶段，而每个阶段都要围绕一个或数个议题来进行。案例阅读与分析 1.3 中，议题对于双方来说都具有可谈性，价格、交货方式、付款方式对双方都有可调整余地。

（三）商务谈判的方式

商务谈判方式是指谈判人员之间对解决谈判议题所持的态度和方法。商务谈判方式按照不同的标准有如下不同的划分。

1. 按照心理倾向性标准划分

商务谈判按照心理倾向性标准可分为常规式、诱导式、迂回式和冲激式等。

常规式商务谈判按照议程开门见山、直奔主题，多用于固定客户之间的谈判；诱导式商务谈判按照对方的利益需求，将计就计，投其所好，以谋求达成协议；迂回式商务谈判利用某些外在条件间接地向对方施加影响和压力，以便达成协议；冲激式商务谈判使用强硬手段给对方施加压力，以便达成协议。

案例阅读与分析 1.3 中甲公司谈判伊始立即表示无法接受乙公司开出的价格条件，即为常规式商务谈判。

2. 按照谈判方向性标准划分

商务谈判按照谈判方向性标准可分为横向式和纵向式两类。

横向式指在确定谈判所涉及的主要问题后，多项议题同时讨论，周而复始地反复进行磋商，力求达成一揽子交易的方法。例如，谈一笔进出口生意，一般包括价格、交货、付款、货物质量、运输、保险和索赔等议题或条款。在横向谈判方式下一般要进行多轮谈判。

第一轮谈判一般按如下程序进行：双方应先明确就以上条款展开谈判；双方先开始谈其中一个条款，待稍有进展后就去谈下一个条款。等到这几个条款轮流谈到后，再回过头来进一步谈第一个、第二个条款，以此类推。

第二轮谈判也包括第一轮谈判的所有议题。如有必要可再进行第三轮以至更多轮的磋商。

纵向式指在确定谈判的主要问题后，逐个讨论每一个问题，讨论一个解决一个，直到所有问题都解决为止。

案例阅读与分析 1.3 中，在纵向谈判的方式下：首先，双方会把价格先确定下来，价格问题解决不了，达不成一致意见，双方就不会谈交货条件问题。价格问题解决了，交货问题解决不了，双方就不会谈付款问题。

3. 按谈判者所采取的策略与态度划分

商务谈判按谈判者所采取的策略、态度可分为软弱型、强硬型和有软有硬型三类。

软弱型的谈判者希望避免冲突，随时准备为达成协议而让步，他希望圆满达成协议，却总是为遭受对方的剥削而深感痛苦。

强硬型的谈判者对己方提出的每一项条件都坚守不让，他们采取的是寸利必得的策略，以便获得最大利益的满足。

有软有硬型，也可看成“原则谈判法”。它是根据价值来达成协议，根据公平的标准来做决定，采取灵活变通的方法，以寻求谈判双方各得其所、均有所获的最佳方案。因此，现代谈判学认为，原则谈判法是一种理想的、广泛适用的谈判策略。

（四）商务谈判的环境

商务谈判环境是商务谈判所处的客观条件，是影响谈判结果和成败的重要因素。任何商务谈判都是在一定的环境下进行的，即使是同样的谈判人员，谈着同样的内容，但若谈判背景变化了，其结果也就会发生变化。

谈判环境主要包括政治环境、经济环境、地理环境、人口环境、技术环境、文化环境、人际关系环境和时空环境等。案例阅读与分析 1.3 中乙公司在甲公司所在国进行谈判，就须注意甲公司国家的人文环境，了解甲公司的相关情况。

二、商务谈判的基本原则

商务谈判的基本原则是指商务谈判中谈判各方应当遵循的指导思想和基本准则，它决定了谈判者在谈判中将采用什么谈判策略和谈判技巧，以及怎样运用这些策略和技巧。谈判的基本原则是商务谈判活动内在的、本质的、必然的行为规范，是商务谈判的实践总结和制胜规律。因此，为了提升谈判者的综合素质，维护谈判各方的权益，提高谈判的成功率，谈判人员必须认识和把握商务谈判的基本原则。

1. 平等互利原则

平等互利原则是指商务谈判中无论经济实力强弱、组织规模大小，谈判各方在法律地位和人格上都是平等的，根据各自的需要与可能，进行平等的磋商，互惠互利。

在商务谈判中，当事各方对于交易项目及交易条件都拥有自己的发言权、表决权和否决权，能否达成协议，不能一家说了算或少数服从多数。谈判各方必须充分认识到这种相互平等的权利和地位，自觉贯彻平等互利原则，要求谈判各方相互尊重、以礼相待，任何一方都不能仗势欺人、以强凌弱，把自己的意志强加给他人。只有坚持这种平等互利的原则，商务谈判才能在互信合作的氛围中顺利进行，才能达成互利互惠的谈判目标。

2. 自愿原则

自愿原则指的是谈判当事人出于自身利益目标的追求和互利互惠的意愿来参加谈判的，而非他人驱使或迫于外界的压力。

只有在自愿的基础上，谈判双方按照自己的意志做出决定，双方才会真诚合作，最终取得满意的谈判结果，如果一方是被迫的，其势必会带有抵触情绪，在于自己不利的情况下退出谈判，可以说，自愿原则是商务谈判的前提。

3. 人事分开原则

人事分开原则是指在谈判中，谈判者要将人的因素与谈判具体问题分开并分别对待的原则。该原则强调商务谈判是协调双方利益的活动，能否达成协议完全出于理性的价值判断，绝不是立场、恩怨所致。由于谈判的主体是人，因此，谈判时必然会受到谈判者个人的感情、要求、价值观、性格等因素的影响。具体有两种情况：一是谈判过程中各方产生相互满意的心理，随着时间的推移，各方建立起一种相互信赖、理解、尊重和友好的关系；二是谈判各方意气用事，互相指责、抱怨，甚至充满敌意，好像谈判中各方争执的每一个问题都是谈判者个人的问题。

尝试从对方的立场出发考虑提议的可能性；尽量多阐述客观情况，避免责备对方；使双方都参与提议和协商；保全面子，不伤感情。

案例阅读与分析 1.4

日本甲公司向中国乙公司购买电石，此时，甲、乙公司已经打交道五年之久。去年谈价时，日方压价30美元/吨，今年派出一位新采购员，又要压价20美元/吨，即从410美元/吨压到390美元/吨。据采购员讲，他已拿到多家报价，有430美元/吨，有370美元/吨，也有390美元/吨，鉴于希望双方之间有长远合作暂没有接受其他公司的供货，要求乙公司降价，态度上颇为傲慢。

在热情接待甲公司谈判代表的同时，乙公司做了多方面了解。370美元/吨是某个体户报的价，390美元/吨是一家与乙公司有业务联系但生产能力较小的工厂报的价，取得联系后这家工厂的厂长与乙公司的代表共4人组成了谈判小组，由乙公司代表为主谈。

谈判前，工厂厂长与乙公司代表达成了统一价格的意见，工厂可以在390美元/吨成交。乙公司代表又向其主管领导汇报，分析价格形势；主管领导认为价格不取最低，因为大公司在质量和服务上有优势，谈判中可以灵活应变，态度要温和，若在400美元以上拿下则可成交，拿不下时把价格定在405～410美元/吨。然后主管领导再出面谈判，请工厂配合。乙公司代表将此意见向工厂厂长转达，达成共识后和厂长一起在谈判桌上争取该条件，乙公司代表为主谈。

经过交锋，价格仅降了10美元/吨，在400美元成交，比工厂的报价高了10美元/吨。工厂代表十分满意，日方也满意。

点评：本例中，乙公司把人和事分开，没有因为对方新采购员的傲慢而改变自己温和的态度，也没有因为双方关系曾经良好、共同希望长期合作而做出过多的让步，在价格上坚持自己的原则；而甲公司也综合考虑质量、服务因素而决定签约，最终的结果使三方都满意。

4. 求同合作原则

商务谈判是企业参与市场经营活动的重要手段，但是参与商务谈判的各方都是合作者，而非竞争者，更不是敌对者。

商务谈判的目的是满足需要、建立和改善各方的关系，是一个协调行为的过程，这就要参加谈判的各方进行求同、合作。谈判者在相互谅解与让步的基础上达成协议，可使双方的需求均得到满足，从而最终建立合作关系。把商务谈判看成纯粹的比赛或者战斗，非要论输赢，那么，各方都会站在各自的立场上，想尽办法压倒对方，以期达成自己单方面的目的，这样，谈判往往会以破裂告终。

5. 互利双赢原则

互利双赢原则是指参与谈判的各方都能通过谈判而获利的原则。

商务谈判不是"零和博弈"，不能一方胜利、一方失败，一方赢利、一方亏本，因为谈判如果只有利于一方，不利方就会退出谈判，这样就会导致谈判破裂，从而使谈判中所耗费的劳动成为无效劳动，谈判各方就都是失败者。现代谈判观认为，互利双赢是商务谈判"合作非零和博弈"的直接结果。著名的美国谈判学家尼尔伦伯格称谈判为"合作的利己主义"。其实，合作是互利的前提，没有合作，互利就不能实现。谈判各方只有在追求自身利益的同时，也尊重对方的利益追求，才能互谅互让，争取互惠"双赢"，才能实现各自的利益目标，获得谈判的成功。

6. 整合创造原则

整合创造原则是指整合谈判和价值创造相结合的谈判原则。真正成功的谈判要求谈判者必须具备整合的谈判思维，善于从全局、整体、系统、长期、可持续等多重角度思考达成协议的多种方案，而且这种谈判一定是能够创造出新的价值的谈判。满足需求、分配价值是商务谈判的最低要求，而是否能通过谈判各方的信息交流，创造出使谈判各方利益最大化或双方利益之和最大化的方案才是商务谈判的较高要求。因此，谈判时谈判各方应该共同努力，首先扩大共同利益，然后再讨论和确定各方的分享比例，也就是"把蛋糕做大"。

案例阅读与分析 1.5

十几年的时间，依靠“整合”中小卖家和购物者推广新购物模式，使阿里巴巴迅速壮大占据中国电商制高点，并走出国门。然而，阿里巴巴的脚步并未停止，它继续整合各种资源，以求创造更多的价值，下面看看2013年阿里巴巴在物流供应链领域的部分大动作。

> 本例整理自虎嗅网《2013年中国八大供应链创新案例》（黄刚-物流与供应链）一文：http://www.huxiu.com/article/25604/1.html

（1）年初马云宣布颠覆传统银行，在商流、物流基础上延伸出来做供应链金融服务。4月29日，阿里巴巴以5.86亿美元购入新浪微博约18%股份。5月10日，阿里巴巴以2.94亿美元投资高德地图28%的股份。

（2）5月28日，整合三通一达、顺丰，启动菜鸟网络。

（3）6月，天猫将“八万单车厘子”C2B预售模式从美国卖到中国。

（4）9月，马云宣布将阿里大物流并入菜鸟。

（5）11月初，阿里巴巴“淘工厂”试运营，整合供应链前端平台。

（6）“双十一”全面启动O2O战略。

（7）到年底的最后重要收官之作是12月5日以28亿港币投资海尔日日顺。

这一切都可以看出阿里巴巴整合化平台供应链的步伐。阿里巴巴的整合模式完全是利用社会化的平台进行的，2013年是全面布局的一年，但这个布局可以看出是在编织未来互联网经济时代社会供应链平台的一张大网，具体如下。

（1）收购新浪微博，是从用户需求角度，实现精准的用户需求数据挖掘和精准电商前段营销，从供应链角度是抓住用户需求的前端。

（2）淘宝+天猫等平台控制的是商流，同时还有聚划算等平台。

（3）支付宝、余额宝和阿里金融控制的是资金流。

（4）启动菜鸟整合快递企业，同时在全国核心城市圈地，2013年年底投资海尔日日顺控制全国2 800个县级配送站、26 000个乡镇专卖店、19万个村级服务站，这一切都是布局中国电商物流的一张大网。

（5）阿里巴巴的“淘工厂”试运营，这是以虚拟工厂供应链模式：整合制造+代工，推动C2B的大战略，这彻底看出了阿里巴巴推C2B的决心。

（6）最后用大数据将整个供应链串起来，驾驭整个供应链。

点评：不仅阿里巴巴，2014 年开始的京东和腾讯合作一样是“整合创造”的过程。在整合创造思路指导下的业务合作，其商务谈判过程会变得相对顺利，谈判焦点会落在如何共同做大蛋糕上，如果合作得好，将得到意想不到的创新成果，使双方甚至多方受益。

思考与讨论：以“阿里巴巴供应链”和“京东与腾讯”为关键词通过百度搜索后续新闻，分析其“整合创造”的成果及经验教训，讨论“整合创造”思路对个人的用处。

7. 灵活应变原则

灵活应变原则是指在商务谈判中既要坚持本方的原则和底线，更要根据具体情况灵活应变，适时把握成交的机会，促使商务谈判取得成功。

商务谈判应变能力是指谈判者对突然发生的情况或没有预料到的情况的适应、应付能力。应变能力的强弱与人的灵活性、创造性有密切的联系，如果遇到对手的交易条件同原先预想的有较大出入时，应变能力强的人能够调动自己的想象力，提出各种灵活的办法、变通的方案，尽量妥善解决。同时，对对方提出的方案、措施，也能够冷静地分析思考，权衡利弊，做出正确的选择。当然，灵活应变并不排斥本方的底线和原则，而是在坚持原则的前提下，根据不同的谈判对象、不同的谈判环境和条件，因人、因事、因地制宜地变更谈判策略，以达到最终目标。

8. 合理合法原则

商务谈判是一种法律行为，它必须遵守国家的有关法律、政策。涉外谈判还应当遵守国际法则并尊重对方国家的有关法规、惯例等。商务谈判的合理合法原则具体体现在三个方面：一是谈判主体合法，即谈判各方组织及谈判人员具有合法资格；二是谈判议题合法，即谈判内容、交易项目等具有合法性；三是谈判手段合法，即通过公正、公平、公开的手段达到谈判目的。

在进行商务谈判时，合法是第一位的。谈判中不仅要考虑双方的利益，还必须考虑国家的整体利益，否则，即使协议达成了，也终究会因不合法而引起法律纠纷，以至于谈判的努力最终付之东流。

在进行商务谈判时，要求商务谈判人员在使用语言和书面文字方面要考虑法律后果：一是不能做出有损于我国法律权威性的原则性让步；二是做出的一切承诺均应在法律所允许的范围内。

国际商务活动既是一种经济行为，又是一种法律行为。国际经济合同的洽商、订立和履行，都必须符合有关的法律规范，才能得到法律的承认和保护。这里所说的法律规范，既包括各有关国家的法律，也包括有关的国际条约和公约，还包括有关的国际贸易惯例。

第三节　商务谈判的类型

分析商务谈判的类型是研究商务谈判不可缺失的一方面，它有利于我们更好地掌握商务谈判的内容和特点。商务谈判客观上存在着不同的类型。认识谈判的不同类型，目的在于根据其特征和要求，更好地参与商务谈判、制订和实施有效的谈判策略。可以说，对谈判类型的正确把握是谈判成功的关键一环。

一、按谈判主体方的数量分类

按谈判主体方的数量，可分为双方谈判和多方谈判。

1. 双方谈判

双方谈判是指只有两个谈判主体参与的谈判形式。谈判主体是国家的双方谈判称为双边谈判。双方谈判强调的是谈判主体方有两个，而不是说谈判参与的人数的多少。双方谈判的特点是主体较少，涉及的责、权、利划分较为简单、明确，谈判中易于把握。

2. 多方谈判

多方谈判是指由三个或三个以上的当事方（主体方）参与的谈判形式。谈判主体是国家的多方谈判称为多边谈判。多方谈判的特点是主体较多，谈判条件错综复杂，需要协调各方利益，难以达成多赢的协议，谈判难度较大。

补充阅读

在建立中外合资企业的谈判中，如果是在中方A公司和外方B公司之间进行谈判，就是双方谈判，这时只需协调两个公司的关系即可。如果是在中方A、E两家公司和外方B、C两家公司之间进行谈判，则为多方谈判，这时谈判会变得很复杂。不仅需要协调A与E、B、C三家公司的利益，还要协调A与B+C、E与B+C、A+E与B、A+E与C、A+E与B+C等之间的利益关系。矛盾的点与面大大地增加了，因而各种关系就变得更加复杂。

二、按谈判的规模分类

按谈判的规模分类，可分为一人谈判和小组谈判。

1. 一人谈判

一人谈判（也称个体谈判、一对一谈判）是指谈判双方各出一名代表的谈判形式。它又有多种形式，包括采购员与推销员的谈判、推销员与顾客之间的谈判等。一人谈判的特点主要有以下几个方面。

（1）实施灵活。因于谈判规模小，在谈判工作的准备和时间、地点的安排上，都可以灵活变通。

（2）效率较高。谈判双方人员都是本方的全权代表，有权处理谈判中的一切问题，从而避免了令出多头、无法决策的不利局面。

（3）氛围和谐。谈判方式可以灵活选择，氛围也比较和谐。避免了小组谈判中正式、紧张的会谈氛围，拘泥、呆板、谨慎的言行，有利于双方代表的沟通与合作。

（4）意见统一。消除了小组谈判人员之间由于意见不统一而给对方造成的可乘之机。

（5）保密性较强。对于某些谈判内容需要高度保密，或由于时机不成熟而不宜让外界知道时，一人谈判是最好的谈判形式。

（6）各自为战。双方谈判者只能各自为战，得不到助手的及时帮助。

一人谈判是最简单的谈判，又是最困难的谈判类型。因为谈判只能一人自作主张，孤军奋战。这就对谈判人员的知识、素质和能力提出了很高的要求。

一人谈判一般适用于以下场合：供需双方有着长期的合作关系，谈判双方比较熟悉，交易条款、交易内容比较明确；推销员或采购员拜访客户（顾客），双方各自有权决定成交条件；续签合同，主要条款已经确定，只需在个别地方进行调整与修改；大型、重要谈判的细节讨论等。

2. 小组谈判

小组谈判也称“集体谈判”，是每一方都派出两个或两个以上谈判人员参加协商的谈判形式。小组谈判具有以下几个特点。

（1）成员间可优势互补。个人由于经验、能力受各种客观条件限制，不可能具备谈判所需要的一切知识和技能，需要其他人员的补充与配合。

（2）充分发挥集体智慧。集体的智慧与力量是取得谈判成功的保证，小组谈判可充分发挥集体智慧，群策群力，顺利实现谈判目标。

（3）充分运用谈判谋略和技巧。小组谈判可以更好地运用谈判谋略和技巧，更好地发挥谈判人员的创造性、灵活型。

（4）有利于消除谈判僵局。小组谈判有利于谈判人员采用灵活的方式消除谈判僵局或障碍。例如，小组谈判成员可以通过充当不同的角色，缓和谈判氛围，打破谈判僵局，避免一对一谈判中要么“不”，要么“是”的尴尬局面。

（5）达成的协议具有更高的履约率。因为双方认为这是集体协商的结果，而不是某个人谈判的产物。集体的决定对其成员具有更大的约束力，经集体讨论产生的协议具有极大的合理性。

由此可见，小组谈判最大的优点是发挥了集体的智慧，最大的难点在于如何科学、合理地组织谈判班子。

小组谈判一般适用于大多数正式谈判，特别是内容重要、复杂的谈判。

英国谈判学专家比尔·斯科特提出了小组谈判的划分标准：小型谈判，双方人数在 4 人以下；中型谈判，双方人数在 4 ~ 12 人；大型谈判，双方人数超过 12 人。

三、按谈判的地点分类

按谈判进行的地点，可分为主场谈判、客场谈判、主客场轮流谈判和中立地谈判。

1. 主场谈判

主场谈判（或主座谈判）是指谈判在自己一方所在地、由自己一方做主人所组织的谈判形式。主场谈判占有“天时地利人和”的优势，便于谈判者内外结合，不需要适应环境，有时还可以通过良好的接待“以礼服人”，使对方很难找到拒绝的理由。

主场谈判的优劣势为：以逸待劳，在心理上占有优势；可多方面使用有利条件；谈判中查找资料或找专家咨询方便；可随时向上级领导汇报并取得支持；接待需花费大量时间、精力和财力；参加谈判的人员易受本组织日常事物的干扰。

2. 客场谈判

客场谈判（或客座谈判）是指谈判地点设在谈判对手所在地的谈判形式。由于旅途奔波，加上对谈判环境不熟悉或不适应，本方人员可能在客场谈判中的精神和士气上受到一定的影响。

客场谈判的优劣势为：本方可以不受本组织日常事务的干扰，全心全意地投入谈判；可以以种种借口（如资料未带齐全、有关人员没来、无法与上级取得联系等）暂不作结论；必要时，可直接与对方上级谈判；本方可减去繁重接待工作；发生意外情况，不能及时请示上级；临时需要查找资料或找专家咨询不方便。

客场国际谈判应注意以下几个问题：要入境问俗，入国问禁；要审时度势，争取主动；要配备好自己的翻译、代理人，不能随便接受对方推荐的人员，以防泄露机密。

3. 主客场轮流谈判

主客场轮流谈判是指谈判双方的谈判地点互易的谈判形式。主客场轮流谈判使谈判双方都可享受主场谈判的优势；谈判双方都要承担接待工作，分摊了谈判成本；平衡了双方的谈判基础，使谈判更显公平。主、客场谈判适用于大宗商品的买卖谈判、成套项目的买卖谈判。

主客场轮流谈判应注意：确定阶段利益目标，争取不同阶段的最佳谈判效益；坚持主谈人的连贯性，换座不换帅。

4. 中立地谈判

中立地谈判（也称第三地谈判）是指在谈判双方所在国家或地区以外的其他地点进行的谈判形式。中立地谈判由于氛围冷静，不受干扰，各方都比较注意自己的声望、礼节，所以都能较客观地处理问题和冲突。

相对主、客场谈判，中立地谈判根本上避免了地域上的主场优势，使得各方的地位较为平等，谈判环境较为公平。

例如，中国A公司与美国B公司在北京举行合资企业谈判的洽谈，对A公司来讲为主场谈判，而对B公司来讲则为客场谈判。如果这个谈判选择在新加坡举行，那么对A、B公司来讲则都是中立地谈判。

四、按谈判双方对谈判的观念分类

按谈判双方对谈判的观念，可分为关系型谈判、立场型谈判和原则型谈判。

1. 关系型谈判

关系型谈判（也称软式谈判）是指谈判者准备随时做出让步以达成协议，回避一切可能发生的冲突，追求双方满意结果的谈判形式。

相对立场型和原则型谈判，关系型谈判有以下几个特点：把对方当朋友，谈判者总是从个人的良好愿望出发，把对方看成与自己同样善良的人；强调的不是占上风而是相互信任、互做让步，建立良好的关系；追求的不是我方压倒对方，而是随时为达成协议而做出让步；目的是要达成协议而不是胜利，是为将来进一步扩大合作打好基础；出现分歧时，常以友善的言语提出建议，或在有利于大局的情况下尽量做出妥协。

关系型谈判适用于谈判双方关系较好，并有长期而稳定业务关系的情况。在实际的商务谈判中，这种方法极少使用。

2. 立场型谈判

立场型谈判（也称硬式谈判）是指谈判者认为谈判是一场意志力的竞赛和搏斗，态度越强硬，其最后的收获也就越多，态度强硬的程度与收获成正比关系的谈判形式。

和关系型或原则型谈判不同，立场型谈判有以下几个特点：谈判各方都以各自的实力，提出自己的条件；把谈判对手视为劲敌，各方强调各自的意愿，申明自己的观点和立场不能改变；不考虑对方的需要和利益，各方都想达成对己方更为有利的协议；态度强硬，互不让步，只求对方改变立场，甚至向对方施加压力，指责批评对方；谈判时间长、成本高，效率低下；谈判需要坚强的意志。

立场型谈判一般应用于一次性交往、谈判双方实力相差悬殊的谈判。

3. 原则型谈判

原则型谈判（也称价值型谈判）是指谈判者在注意与对方保持良好人际关系的同时，建议和要求谈判双方尊重对方的基本需要，寻求双方利益上的共同点，积极设想各种使双方都有所获的方案的谈判形式。

原则型谈判强调公正和公平原则，具有以下几个特点：谈判者——把人与问题分开，摆脱个人（或己方）感情的左右，把精力放在要解决的问题上去；利益——注重双方利益，而不是各自的利益；方案——选择双方都能接受的方案；标准——坚持把谈判结果建立在客观的标准上，使双方都满意。

原则型谈判是一种既富有理性又富有人情味的谈判，谈判双方相互尊重、平等协商，坚持公正、共同受益，以诚相待、相互理解，求同存异、互谅互让，受到世界各国的推崇。

案例阅读与分析 1.6

作者和编辑在沟通合作的一部大学教材的稿酬。[①]

作者：别的出版社都给我10%，你们不但要求多，而且只给8%，是不是低了点？

编辑：您提这个问题很好，稿酬是我们都应该关心的问题，我来解释一下。您也知道，版税制稿酬额和版税率及销售量两个因素相关，我们先看销售量。

（着眼于利益而不是立场）

同档次教材在不同的出版社销售量相差悬殊。我们是朋友，假设您和其他出版社合作，有大、小两个出版社可选择，小出版社给您12%的版税，大出版社给你7%的版税，我会推荐您选择大出版社，因为销售量的差距可不止5%。

（“我们是朋友”拉近感悟距离，“人事分开”，能否合作都以朋友相待）

作者：有那么大差距吗？

编辑：我们教材还没出版，不敢断言它销售得如何，但是我们另外一位作者的教材曾获得2007年国家级精品教材，是精品中的精品，因为选择出版社不慎，五六年间只重印了一次。

作者：是谁啊？

编辑：也在我的作者群里，回头我们确定合作，我把您加入群，您可以私下问问这位老师。我们再来说版税率，大学教材一般是7%～9%，再高再低的都有，低的不说，顶级作者能到12%左右，如谭××、周××，不过他们的教材可都是年销售量数十万册的。对于初次合作的作者，我一般直接取中间值，将来教材销售得好，提高版税就顺理成章了。

（解释并坚持客观标准）

作者：我的教材将来也有可能的，在××出版社出版的教材已经印了×万册。

编辑：您有这个信心我非常高兴，如果这样我们不如签个阶梯版税，你看如何？

（提出阶梯式版税的双赢方案）

……

① 本例由本书编辑提供，进行了一定程度简化。

五、按谈判的具体内容分类

按商务谈判的具体内容，可分为工程项目谈判、技术贸易谈判、机器设备交易谈判、服务协议谈判、一般商品买卖谈判、融资谈判等。

1. 工程项目谈判

工程项目谈判是最复杂的谈判之一，是指针对工程费用、工程质量标准、工期、劳动保险、安全措施、施工变更及承包商的信誉、资质等级等进行的谈判形式。

工程项目谈判包括以下内容：人工成本、材料成本、保险范围和责任范围、进度报告、承包公司的服务范围、工程设计调整、价格变动、设备保证书、工程留置权。

工程项目谈判具有以下特点：交易内容和程序复杂；工程项目时间长，金额大，承担的风险较大；市场竞争十分激烈。

2. 技术贸易谈判

技术贸易是指有偿的技术转让，即通过买卖方式，把某种技术从卖方转给买方的行为。

技术贸易谈判是指技术的转让方与技术的接受方就转让技术的形式、内容、质量规定、使用范围、价格条件、支付方式以及转让中所承担的一些权利、责任和义务等问题所进行的谈判。

技术贸易谈判一般分为两个部分，技术谈判和商务谈判。技术谈判是双方就有关技术和设备的名称、型号、规格、技术性能、质量保证、培训、试生产验收问题等进行的谈判。商务谈判是双方就有关价格支付方式、税收、仲裁、索赔等条款进行的谈判。

技术贸易谈判具有以下特点：转让的多是使用权而非所有权；合作期限相对较长；价格难以确定，很难一次付清全部货款；涉及的制度和法律障碍较多。

3. 机器设备交易谈判

机器设备交易谈判是指对机器性能、安装、投产人员培训、设备蓝图和技术要求、政府规定、备件、交货日期、包装、运输、保险、付款方式、维修服务等进行的谈判。

机器设备属于固定资产（固定资产的标准是有效使用期超过一年，或价值达到一定标准的物品）。在进行机器设备交易谈判时，必须明确设备的分类，并据此确定谈判的要点。

机器设备交易谈判具有以下特点：标准设备选择方便，价格相对便宜；特制设备采购比较复杂，价格昂贵；定制设备伸缩变动较大。

补充阅读

设备可以分为标准设备、特制设备和定制设备三大类。

标准设备是指卖方向每一位顾客提供同样的机器设备，一般无需提供配件或附属设备。

特制设备是指卖方特制某一型号的设备以适应顾客的特定需要，一般包括配件或附属设备。配件是为了保证机器运转而选用的，附属设备的配置是为了提高设备的功能。

定制设备是标准设备与特制设备的混合，伸缩变动余地较大。

4. 服务协议谈判

服务主要指设备维护和维修服务，而不是指劳务服务。

服务协议谈判是指针对一定时期内设备的例行维护和特殊的维修服务而进行的谈判。在大型技术设备引进谈判中，服务协议谈判一般是单独进行并形成独立服务协议的。

服务协议谈判包括：双方应明确按技术要求完成例行维护和维修服务的标准；规定预防性维护的期限；规定使用方在设备上的作用范围；明确规定在设备维修期间借用设备的条款；确定维修维护的费用。

服务协议谈判具有涉及范围广泛、多为辅助谈判的特点。

5. 一般商品买卖谈判

一般商品买卖谈判是指买卖双方就买卖商品本身的有关内容，如数量、质量、货物的运输方式、交货时间、买卖的价格条件、支付方式方法以及交易过程中双方的权利、义务和责任等问题所进行的谈判。一般商品买卖谈判包括价格、质量、规格型号、预付款和最终付款、原材料、生产工艺、包装、运输方式、保险、进口关税和许可证、交货日期等内容。一般商品买卖谈判具有商品种类繁多、用途广泛、性能各异、谈判内容差异较大等特点。

> 按商务谈判的具体内容分类，除了上面几种谈判外，还有资金谈判、租赁业务谈判、劳务合作谈判等。

即学即练

租赁并非新鲜事物，古已有之，近代以来租赁的标的物和形式却是越来越丰富。通过百度百科“租赁”、“融资租赁”词条或其他渠道查找融资租赁相关资料，汇总融资租赁的类型、特点、注意事项等，分析讨论融资租赁谈判的要点。

六、按谈判展开的方式分类

租赁	融资租赁
http://baike.baidu.com/view/34078.htm	http://baike.baidu.com/view/34088.htm

按谈判展开的方式，可分为纵向谈判与横向谈判。

1. 纵向谈判

纵向谈判是指确定谈判主要问题后，逐个讨论每个问题和条款，讨论一个问题，解决一个问题，一直到谈判结束的谈判形式。

和横向谈判相比，纵向谈判有以下特点：程序明确，把复杂问题简单化；每次一个问题，讨论详尽，解决彻底；避免多头牵制、议而不决；议程过于死板，不利于双方沟通交流；讨论问题时难以相互融通，当某一问题陷入僵局后不利于其他问题解决；不能充分发挥谈判人员的想象力、创造力，缺乏灵活性。

纵向谈判适用于规模小、业务简单，特别是双方已有合作历史的谈判。

2. 横向谈判

横向谈判是指在确定谈判所涉及的主要问题后，开始逐个讨论预先确定的问题，在某一问题出现矛盾和分歧时，就把这一问题放在后面，然后讨论其他问题，如此周而复始，直到所有内容谈妥为止的谈判形式。

相对纵向谈判，横向谈判有以下特点：议程灵活，方法多样；多项议题同时讨论，有利于寻找变通的解决方法；有利于更好地发挥谈判人员的创造力、想象力，更好地运用谈判策略和技巧；给双方的讨价还价留有余地，容易促成谈判双方作对等让步；但易导致谈判人员纠缠枝节问题，而忽略谈判的主要问题。

横向谈判一般适用于大型谈判、多边谈判。

七、按谈判所达成的协议形式分类

按谈判所达成的协议形式，可分为协商谈判、合同谈判和索赔谈判。

1. 协商谈判

协商谈判也称一般性商务谈判，合同谈判它是合同谈判的前提和基础，包括一般性会见、访问交流、意向性谈判等。其目的是建立双方关系，沟通信息，探测摸底。协商谈判具有谈判形式灵活、方法多样，谈判氛围平和等特点。

2. 合同谈判

合同谈判是以达成契约作为实现某项交易的谈判形式。谈判双方就标的、质量、数量、费用、期限、付款方式等几个要件达成协议，并以法律形式规定下来。

合同谈判具有以下特点：谈判目标明确，涉及实质性问题；以法律形式确定双方交易的有效性；签订合同要符合法律程序，具有合法性。

3. 索赔谈判

索赔谈判是指合同义务不能履行或未完全履行时，合同当事人双方进行的谈判。

索赔谈判具有以下特点：针锋相对，紧张激烈；重合同，重证据；索赔的处理方式是谈判双方的主要内容；索赔谈判内容具有独特性，主要有确定违约行为、明确违约责任、确定赔偿金额、确定赔偿期限。

八、按谈判的沟通方式分类

按谈判的沟通方式，商务谈判可分为口头谈判、书面谈判和网络虚拟谈判。

1. 口头谈判

口头谈判是指谈判人员面对面或通过电话与异地的谈判对手直接用口头语言来交流信息和磋商交易条件的谈判方式。

口头谈判具有以下几个特点：当面陈述、解释，直接、灵活，也为谈判人员展示个人魅力提供舞台；便于谈判人员在知识、能力、经验等方面相互补充、协同配合，提高整体谈判能力；反馈及时，谈判效率较高；能够有针对性地调整谈判策略；能够利用情感因素促进谈判的成功；易于受到对方的反击，从而动摇谈判人员的主观意志；在语言不通、文化背景不同的情况下，易引起误会。

2. 书面谈判

书面谈判是指谈判人员利用文字或者图表等书面语言来进行交流和协商的谈判形式。书面谈判一般是通过信函、电报、传真等具体方式进行。

书面谈判具有以下特点：思考从容，利于审慎决策；表达准确、郑重、规范；避免偏离谈判主题和口误产生的一些不必要的矛盾；费用较低，利于提高谈判的经济效益；对谈判人员的书面表达能力和工作作风有较高的要求。

3. 网络虚拟谈判

网络虚拟谈判是基于互联网等信息化工具，使谈判者能进行适时交流互动沟通而进行的谈判。当前，网络发展日新月异，加之电子商务的出现和迅猛发展，网络谈判已经得到广大企业、组织和谈判者的青睐。

网络虚拟谈判具有以下特点：具有口头谈判和书面谈判的优点，是商务谈判活动在知识经济时代的产物；谈判者可以在不同的远程位置进行谈判（协商），可以减少谈判费用；可以节省旅行的时间，增强谈判的灵活性，并提高效率；具有多方实时通信和交互的功能；可以集成各种谈判模型和工具，为谈判者在谈判过程中提供多种辅助决策分析和支持。

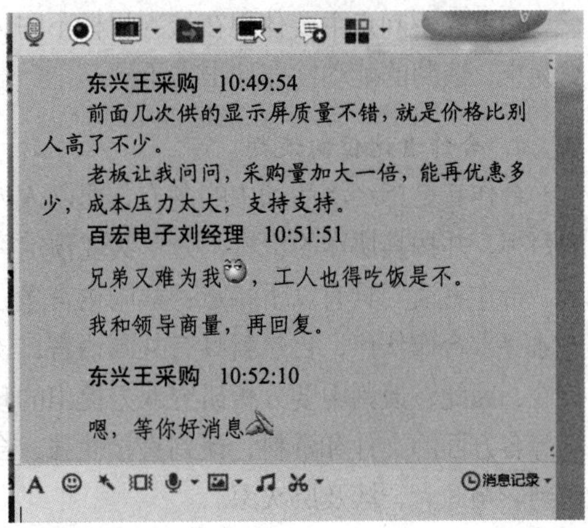

网上虚拟谈判作为新型的谈判手段和方式，在运用的过程中，关键在于借助互联网的便捷互动性，从而建立与客户之间、合作伙伴之间的新的关系和沟通方式，达到双方利益最大化的效果。在此过程中，要注意网络谈判人才的培养，注意客户关系的维系等细节性的东西。

九、按谈判中的交易地位分类

按谈判中的交易地位分类，可分为买方地位的谈判、卖方地位的谈判、代理地位的谈判、合作者地位的谈判。

1. 买方地位的谈判

买方是指一切求购商品、证券、服务、不动产的一方。

买方地位的谈判具有以下特点：情报性强，买方采购的谈判，常常大量搜集情报以确定本方的谈判目标，这一工作主要反映在谈判的准备阶段；压价狠，没有买方在谈判中不压对方价格的，即使是老商品、老客户也不例外；度势压人，买方不想也不愿轻易掏大钱，谈判中总会通过度量双方的地位强弱，来调整自己的谈判态度和压力的强度，以逼迫对方就范。

2. 卖方地位的谈判

卖方是指所有提供商品、证券、服务、不动产的一方。

卖方谈判具有以下特点：虚实相映，在谈判时，诚恳与强硬态度并用，介绍情况真真假假，似明若暗；紧疏结合，为了应付买方谈判者的重压，克服客地谈判的不便，卖方谈判者常常表现为一时紧锣密鼓，似急于求成，一时又偃旗息鼓，但又留下再见的可能，待观察一阵后，再返回客地或恢复谈判；主动性强，由于卖方总是高度关注公司和个人利益、市场占有率、收益、投资回收等问题，所以谈判的主动性较强。

3. 代理地位的谈判

代理谈判是指受人委托参与某项交易或合作的谈判。

代理有两种情况：一是只有谈判权而没有签约权，二是具有全权代理资格。

二者在谈判中既有相同点又有不同点，两者的相同点主要体现在以下几个方面：姿态超脱，因为是代理，而且财产不是自己私有的，所以谈判中较为超脱、客观；谈判权限观念强，代理人的谈判十分注重自己的授权范围；态度积极，由于代理人地位居中，是受某一方委托，不是物主，客观上决定其积极进取的态度。

两者的不同点主要体现在谈判目标不同，前者的目标是成交签字，而后者的目标是仅到成交为止，谈判的能动性和冲击力不同。

4. 合作者地位的谈判

合作者是指经济活动中的各方，愿以人力、管理、技术、资金等来协作完成某个共同制订的目标，并按其协作的份量，分享实现预定目标所带来的利益。

合作者谈判具有以下特点：共同语言多，由于合作双方均是因为“有心而无力”的形势所迫才寻求合作伙伴，自然就具有共同语言；谈判面广而深，合作者谈判注意的是合作目标的可行性，因此，谈判中要分析研究双方提出的政策、经济、能源、地理文化、劳动力、资源、市场等各方面的文件和资料；谈判直接性强，合作者谈判不喜欢中间环节多；影响面大，合作者谈判影响面大、涉及层次深。

十、按谈判各方的身份、谈判的准备和谈判的关切程度分类

按参与谈判各方的身份和谈判的关切程度，可分为正式谈判和非正式谈判。

1. 正式谈判

参加谈判的各方人员直接代表着某个利益集团，拥有最终决定权，对谈判的议题和内容准备充分，对所涉及的内容持十分关切，积极态度。

在正式谈判开始之前，往往有较低级别的人员就谈判的主题、人员的规格、谈判的程度等问题事先进行磋商，为随之而来的实质性谈判做好充分准备。

> 除上述分类方法之外，商务谈判还有多种分类方式，按谈判内容的透明度分为公开谈判、秘密谈判和半公开谈判；按所属部门分为民间谈判、官方谈判和半官半民谈判；按谈判的准备程度分为有准备的谈判和即兴式谈判，等等。

2. 非正式谈判

非正式谈判是一种接触性、试探性的谈判，它不一定要求对谈判议题和内容有充分的准备，一般是起着通报情况、解释立场、沟通关系作用。谈判的人员可以是某单位的正式代表，也可以是聘请的企业外部人员。

第四节　商务谈判的阶段划分

商务谈判人员要想在全局上控制住整个谈判，同时又能正确处理好谈判过程中出现的诸多问题，就必须把握好谈判的各个阶段以及各个阶段应该采取的策略与技巧（商务谈判的策略与技巧见本书第三章）。

实际谈判中，从谈判双方见面商议开始，到最后签约或成交为止，整个过程往往呈现出一定的阶段性。具体表现为开局阶段、报价阶段、磋商阶段和成交阶段四个阶段。

一、开局阶段

开局阶段主要是指谈判双方正式接触、相互观察的阶段，是在进入具体交易内容讨论之前，相互介绍、寒暄及就谈判内容以外的话题进行交谈的那段时间和过程。

开局阶段所占用的时间较短，谈论的内容也与整个谈判主题关系不大或根本无关，但这个阶段却很重要，因为它为整个谈判奠定了基调。经验证明，在非实质性谈判阶段所创造的氛围会对谈判的全过程产生作用和影响。因此，谈判人员在此阶段的目的和任务就是为谈判创造一个合适的氛围，为谈判的后几个阶段打下良好的基础。

谈判内容、形式、地点的不同，其谈判氛围也各不相同，通常商务谈判的氛围有以下几种情况。

（1）营造和谐友好的谈判氛围。谈判双方可以以互赠礼物的形式来开局，然后简单地寒暄一下。接下来，双方对各自的谈判团队做一个简单的介绍，注意谈判团队的介绍主要侧重于对团队成员在谈判中所担任的岗位角色的介绍。这种互赠礼物、简单寒暄、团队介绍开局在现实的谈判中很常见。开诚布公，也就是我们所说的开门见山，直接表明自己的来意以及期望达到的谈判效果。一开始便展现自己的最大诚意，给对方一种可以信任的感觉，可以消除对方的陌生和疑虑。此种开局也比较常见。从容自若、自然平实地调动谈判对手的兴趣也是开局阶段中营造和谐友好谈判氛围的有效方式。

（2）营造冷淡、对立、紧张的氛围。双方抱着寸土不让、寸利必夺、尽可能签订一个使自己的利益最大化的协议的态度来参加谈判，使谈判变成一场没有硝烟的战争。

（3）营造平静、严肃、严谨的氛围。对于大多数谈判者来说，营造一种平静而又不失严肃的谈判环境，谈判严谨认真，一丝不苟，有利于双方冷静有效地处理谈判过程中的利益冲突，符合双方的利益需求。

（4）营造松垮、散漫、持久的氛围。谈判环境不是一成不变的，有时营造一种懒散、缺乏热情的谈判氛围来消磨对方，不仅是一种谈判氛围，更是一种谈判技巧，比如，我们在参加谈判时，有意迟到几分钟、抽烟、跷二郎腿、打哈欠、经常宣布休会等来消磨对方的意志。

（5）营造介于上述四者之间的氛围。更多的谈判氛围介于上述四种谈判氛围之间：热烈当中包含着紧张，对立当中存在着友好，严肃当中有着积极。

一般来讲，通过谈判氛围，我们可以初步感受到对方谈判人员谈判的气质、个性、对本次谈判的态度，以及准备采取的谈判方针。

谈判初期氛围是通过双方见面、相互介绍、寒暄以及对一些题外话交谈形成的。另外，除了双方交谈的内容以外，双方接触时的姿态、动作和表情，对于形成什么样的氛围都有很重要的影响。

在开局阶段，谈判氛围的建立，应该服务于谈判的方针和策略，服务于谈判的目标。

二、报价阶段

报价也称发盘。在报价阶段，从时间上看，就是谈判开局阶段结束后，谈判进入到实质性阶段的前期。实质性阶段就是指开局阶段结束，到最终签订协议或败局为止，双方就交易的内容和条件所进行的谈判的时间和经过。实质性阶段是整个谈判的主体可细分为报价、磋商和成交三个阶段，其前期即为报价阶段。

从内容上看，报价阶段即指双方各自提出自己的交易条件。谈判双方往往是经过互探底细，在明确了交易的具体内容和范围，以及讨论磋商的基本议题之后，提出各自的交易条件，表明自己的立场和利益需求，即开始报价。这里所谓的报价不仅是指产品在价格方面的要求，还包括价格在内的关于整个交易的各项条件（包括商品的数量、质量、包装、价格、装运、保险、支付、商检、索赔、仲裁等）。其中价格条件具有重要的地位，是商务谈判的核心。

三、磋商阶段

在经过报价阶段以后，双方各自提出了交易条件。在双方交易条件的对比之间，必然会存在某些分歧和矛盾，双方为了解决这些分歧和矛盾，就必须进行讨价还价，这就进入了磋商阶段。因此，磋商阶段也可叫讨价还价阶段，它是谈判的核心环节，也是最困难、最紧张的阶段。

在磋商阶段，要么己方放弃某些利益，要么要求对方放弃某些利益，亦可双方彼此进行利益交换，或同时放弃某些利益。就这样，经过一系列反反复复的磋商，而使彼此的立场和观点接近或趋于一致。

四、成交阶段

成交阶段即达成初步协议，是经过艰苦的讨价还价后达成的一致性意见。在谈判双方立场趋于一致并最终达到完全一致的情况下，即可宣布成交。口头宣布成交以后，可以文字合同形式，将全部的交易内容和交易条件按照双方确认的结果规定记录下来。到此，本次谈判即可告结束，剩下的工作就是双方如何履约等问题了。

需要指出的是，对于经过磋商阶段后进入败局的谈判，本书未加论述，而只对成功达成协议的谈判的各个阶段的策略和技巧加以介绍，以备参考。

另外，实际谈判中并没有人为地将谈判分为这四个阶段，事实上也的确很难做到这一点。因为一个阶段往往与另一个阶段重叠在一起，或相互交叉。但这并不等于人员对此不需要把握，恰恰相反，谈判人员必须知道目前谈判进展情况下，自己的工作处在哪个阶段，以便把自己的精力用于解决本阶段的重要问题上，并采取恰当的策略和技巧，为实现本方目标服务。

补充阅读

如何提高自己的谈判能力

学之思之。“学而不思则罔，思而不学则殆”，一味读书而不思考就不能深刻理解其含义而陷入迷茫，一味空想而懒于学习和钻研终究也是沙上建塔、一无所得。本书的学习也是一样，不但应认真学习老师所讲授的、本书的各种关键知识点，还要勤于思考、积极参与讨论，只有通过思考、讨论明白知识点背后的道理、各种逻辑关系，才能将之劳记在心。

学而时习之。仅仅理解商务谈判策略和技巧等知识点是不够的，如果不能在实际生活中熟练运用，则所学知识就毫无用处，推荐读者通过三种渠道加强实践：①积极参与课堂讨论、练习和模拟商务谈判比赛，这是有效提高谈判能力的重要渠道；②统一组织的模拟商务谈判课时有限、机会难得，读者可利用章后“综合练习与实训”中的“模拟商务谈判实践”与同学自行组织模拟商务谈判，增加实践机会；③如章前所说，商务谈判的策略、技巧同样也可在生活中运用，无论是购买苹果还是和同学组织外出旅游，都注意多运用相关策略、技巧等知识点，争取将所学知识变成自己的习惯。

日三省吾身。如果没有专业摄影器材，可充分利用手机的摄影功能录制模拟商务谈判过程，完成后与同学集体“复盘”，检讨得与失。生活中对谈判策略的运用也一样，过后在自己头脑中或与朋友讨论、总结，找出优势和不足，争取日后改进。

一日不练三日空。无论是谈判高手还是初学者，如果自满于所学所得，放弃学习、思考、实践和反省，只会退步。在学完书后，仍需继续学习、实践，否则若干年后仍然会“泯然众人矣”。

本章小结

1. 谈判是有关方面通过信息交流与沟通、互相让步与妥协以便对某事取得某种程度的一致的行为和过程。具有主体性、利益性、冲突性、人际性等特征。

2. 商务谈判是指从事商务活动的各个经济主体为了达成交易目的而就交易条件进行反复协商的行为和过程，它表现和反映了各个经济主体的市场交换关系。除具有谈判的普遍特征外，还有商务谈判没有特定的规律可循、商务谈判主体的广泛性和不确定性、商务谈判利益的导向性、商务谈判议题核心的价格性、商务谈判策略的智慧性等特征。

3. 商务谈判的要素是指构成商务谈判活动的必要因素。商务谈判的构成要素为：商务谈判主体、商务谈判客体、商务谈判议题、商务谈判方式、商务谈判环境等。

4. 商务谈判的基本原则是指商务谈判中谈判各方应当遵循的指导思想和基本准则，是商务谈判活动内在的、本质的、必然的行为规范，是商务谈判的实践总结和制胜规律。在进行商务谈判时，必须遵循平等互利原则、自愿原则、人事分开原则、求同合作原则、互利双赢原则、整合创造原则、灵活应变原则、合理合法原则等。

综合训练

一、不定项选择题

1. (　　) 不是商务谈判的原则。

A. 合理合法原则　B. 求同原则　C. 互利共赢原则　D. 利益至上原则

2. 评价买卖双方谈判究竟谁占上风，最终要看 (　　)。

A. 谈判人数　B. 谈判结果　C. 谈判地点　D. 谈判双方所持态度

3. 商务谈判议题有 (　　) 等特点。

A. 共同性　B. 可比性　C. 合理性　D. 守法性

4. 商务谈判的核心内容是 (　　)。

A. 政治利益　B. 经济利益　C. 质量　D. 价格

5. (　　) 不是按照心理倾向标准划分的商务谈判类型。

A. 常规式　B. 迂回式　C. 诱导式　D. 启发式

二、名词解释

商务谈判　谈判主体　平等互利原则　租赁业务谈判

三、简答题

1. 简述商务谈判的含义。
2. 商务谈判的原则有哪些？
3. 简述商务谈判的作用。
4. 简述商务谈判的构成要素。

四、模拟商务谈判实践

1. 海尔背景假设

20 世纪八九十年代，松下、三洋、东芝等日本家电不仅占据我国市场相当份额，在欧美市场上做得更是风生水起，一时间日本制造遍布全球。

时过境迁，进入 21 世纪，中国的海尔等企业快速成长，不仅在国内占稳了脚跟（2010 年中国洗衣机市场前三强和其市场份额分别为海尔 25%、美的 23%、三洋约 10%），而且在大踏步走向世界（2010 年全球洗衣机、冰箱市场份额海尔均占据首位，份额分别为 9.1%和 12.6%）。

2011 年夏，海尔集团总裁张瑞敏在思考海外业务的拓展，海尔在中国企业出海的大潮中虽然脚步不算慢，但已落后于华为、中兴等企业，2010 年海外业务营收仅占总营收的 1/12。发展中国家海外业务进展相对顺利，欧美等发达国家布局也不错，而日本这个近邻似乎民族意识过强，在日本市场耕耘多年，但成效并不显著。海尔在日本销售的多为低价小型家电产品，如容量3千克以下的小型洗衣机、50升至100升的小冰箱，而日本市场热销的400升以上双门冰箱及5千克以上大容量洗衣机等高附加值机型却无所建树。2010年9月，海尔在东京发布了100多款高端新品，宣布启动“日本攻略计划”。

正在这时，下属向张瑞敏汇报，松下集团有意出售三洋的冰洗业务。

海尔和三洋有过合作，2002年，双方在日本成立了合资公司三洋海尔株式会社，利用三洋电机的渠道销售海尔的家电产品。但在日本家电制造巨头的竞争压力下，三洋海尔连年亏损，于2007年被迫解散。

2. 三洋背景假设

三洋株式会社成立于1950年，到20世纪60年代已经确立了其家电巨头的行业地位。

20世纪90年代至2005年，凭借精细的生产质量控制、完备的零配件供应能力，三洋受到全球各大家电品牌的青睐，开始为其他同行企业（如三星、索尼等）代工生产，这为三洋在短期内创造了巨额利润。2002年三洋已是全球最大的数码相机代工生产（OEM）商，产量最高时占据了全球的30%，同时也是全球最大的电池代工生产厂商之一。三洋代工生产的产品还包括充电器、中央处理器（CPU）上的风扇、闪存、模拟半导体芯片等。

2004年，日本关中地震成为三洋走向衰败的导火索。当时三洋的一家半导体工厂受灾但由于未加入保险，造成500亿日元的巨额损失，三洋开始背负巨额债务。同时，地震引起工厂不能及时交货，让上游企业开始选择其他企业代工，让三洋失去了良机。

面对不断萎缩的市场，三洋舍车保帅。2005年11月，三洋宣布将逐步从综合家电制造商转型为以新型充电池、太阳能发电等绿色能源业务以及手机等移动通信业务为主的科技企业，加强核心产业，并大幅缩小白色家电业务（白色家电是冰箱、洗衣机、吸尘器等家用电器的统称）。本来经过三年转型、重组，三洋电机在2007财年终于实现了赢利，但随后在2008年却遭受到全球金融危机的再次重创，出现重大亏损。

历经了滑铁卢，三洋元气大损，自2008年开始分拆售卖旗下业务，通用电气收购了三洋信贷公司，京瓷收购了三洋手机部门，到2010年松下获得三洋电机80.77%的股权，将其完全子公司化，而到2011年拥有57年上市历史的三洋电机从东京证券交易所退市。

对松下来说，三洋全球最大的锂电池生产能力以及其在日本领先的太阳能电池板制造能力，才是它收购三洋的根本原因，所以在收购完成后，松下并没有将亏损的三洋白电业务与它自身的白电业务整合。

上述背景资料整理自多篇媒体报道，最主要的有以下三篇，读者可阅读原文获取更丰富的信息。

2011年08月08日《第一财经周刊》《海尔收购三洋部分电器业务及品牌使用权背后》（记者：宁华），中央电视台财经频道转载链接：http://jingji.cntv.cn/20110808/113353.shtml

《小康·财智》2016年第6期《家电巨头“三洋”陨落》（记者：苏建军），新浪网转载链接：http://finance.sina.com.cn/roll/20150624/224822507844.shtml

2011年10月27日《通信信息报》《收购三洋前景预期不一 海尔“母子”不同调》（作者：吴勇毅），全景网转载链接：http://www.p5w.net/stock/news/ah/201110/t3899541.htm

3. 模拟商务谈判实践题目

个人或分组根据上述背景，思考、讨论以下问题。

（1）请站在张瑞敏的角度考虑，海尔是否有必要购买三洋的白电业务？如果购买，在商务谈判中应该遵循什么原则？

（2）松下既然准备出售三洋的白电业务，谈判中应主要关注什么，是收购标的范围、价格、合作关系，还是近期利益或长远利益？

（3）如果双方组织谈判，这种谈判是哪种类型的谈判，可能会有什么特点？

注意事项：

（1）本章及后续各章实践题目，请读者自行组织。

（2）调查、分析、讨论、谈判结果应形成书面记录，以方便后续使用。

第二章 商务谈判的组织与管理

学习目标

1. 掌握谈判团队的组成、人员的分工和配合。
2. 了解商务谈判环境因素的调研和分析。
3. 掌握商务谈判对手和自身情况的调研和分析方法。
4. 掌握商务谈判方案的内容，要求能结合实际进行商务谈判方案的策划和撰写。
5. 了解商务谈判现场的布置和安排。
6. 掌握谈判活动的管理流程，特别是谈判信息的管理流程。

关键概念

谈判团队　环境因素　谈判活动管理

第一节 商务谈判团队的组织

一、谈判团队的组成

谈判团队的组建关系到谈判的成败，必须给予高度重视。若要实现谈判预期目标、提高谈判的成功率，谈判团队的组建至关重要。

1. 谈判团队组成的原则

为了保证商务谈判取得预期效果，应根据以下原则来组织谈判团队。

（1）结构合理。商务谈判团队的人员结构主要是指年龄结构、知识结构和性格结构。要根据项目的大小和难易程度来确定谈判小组的阵容，做到年龄互补、知识结构互补和性格互补，这是商务谈判团队构成的基本原则。

（2）规模适度。商务谈判团队的构成要符合规模适度原则，要根据谈判对手的特点、项目的重要程度来配备谈判人员，这样在商务谈判的实践中，少而精的谈判团队就容易发挥每个成员的最大潜能，集中内部意见，随机应变，对外形成一致的攻势。

（3）分工明确。谈判团队的每一个成员都要有明确的分工，分担不同的角色，担负不同的任务。谈判时不能工作越位，角色混淆，这样才能为共同的谈判目标通力合作，协同作战。

2. 谈判团队的人员组成及最佳规模

配备各类精通本专业的人员组成一个素质过硬、知识全面、配合默契的谈判队伍。每一个谈判成员不仅精通自己专业方面的知识，对其他领域的知识也比较熟悉，这样才能彼此密切配合。谈判团队可由首席代表、市场总监、财务总监、人力资源、技术总监、首席代表助理、法律顾问、翻译人员等组成（见图 2.1）。

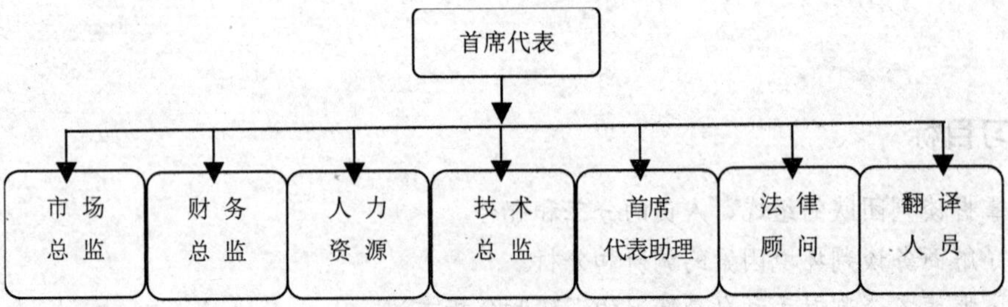

图 2.1 谈判团队人员组成

英国著名谈判专家比尔·斯科特在长期谈判经验积累的基础上，提出谈判小组的最佳规模为 4 人左右的结论，其理由如下。

（1）谈判小组的工作效率。谈判是一种高度紧张、内容复杂多变的活动，要使谈判工作能够有效地进行，谈判小组的规模不宜过大。实践表明，工作效率较高的人员规模在 4 人左右。

（2）有效的管理幅度。现代管理理论认为，在复杂多变的环境中，管理的跨距不宜过宽。4 人左右的管理跨距便于谈判团队领导人对谈判过程实施监督，既能发挥成员的独创性和独立应变能力，又便于内部协调沟通、一致对外。

（3）谈判所需专业知识范围。谈判经验告诉人们，即使是涉及专业知识很多的大型交易项目的谈判，也并不意味着谈判需要具备各种专业知识的人同时参加。因为在谈判的不同阶段，其所涉及的主要专业知识种类是有限的。

事实上，由于谈判的具体内容、范围、性质、人员的经验、素质和能力不同，谈判团队的规模也会不同。但无论谈判团队的规模多大，必须符合能胜任谈判，又能获得高效和便于控制的要求。

二、谈判人员的分工

在挑选了合适的谈判人员，组成了谈判小团队之后，就要对其内部成员进行明确分工，就是要确定主谈人、辅谈人在谈判中的位置和职责。

（一）主谈人与辅谈人

主谈人是指在谈判的全过程或某一阶段或某个方面的议题中，作为核心代表己方阐明立场和观点的人员。辅谈人是指主谈人以外、处于辅助配合位置的其他人员，是主谈人的助手和参谋。

主谈人的职责：全面负责谈判中的谈判事宜，本方的主讲人；负责向上级汇报谈判进程和存在的问题；善于团结谈判团队成员，形成合力一致对外；善于学习，虚心求教，以取长补短。

辅谈人的职责：参与制订及修改谈判方案；为主谈人提供所需要的补充；经主谈人同意，直接向谈判对手介绍或讨论某项具体内容。

（二）不同类型谈判的人员分工

不同类型商务谈判的人员分工会有所不同。

1. 商务条款谈判时的人员分工

进行商务条款谈判时，应以商务人员作为主谈人，技术人员和法律人员则处于辅谈人的地位。有关商务条件的提出或讨价还价应当由商务人员决定，而技术人员和法律人员应给予配合和支持。合同的商务条款在许多方面是以技术条款为基础的，或者是与技术条款紧密联系的，因此谈判时，往往需要技术人员从技术的角度给商务人员以有力的支持。

2. 技术条款谈判时的人员分工

进行技术条款谈判时，技术人员应处于主谈人的地位，商务人员和法律人员则处于辅谈人的地位。在谈判时，技术人员要对合同技术条款的完整性、准确性负责，不仅要关注有关技术方面的问题，还要放眼全局，从全局的角度来考虑技术问题，尽可能为后面的商务条款和法律条款的谈判创造条件。而商务人员和法律人员则要从商务和法律的角度向技术人员提供咨询意见，并适时地回答谈判对手提到的商务和法律方面的问题，支持技术人员的意见和观点。

3. 法律条款谈判时的人员分工

事实上，合同中的任何一项条款都具有法律意义，只不过在某些条款上涉及的法律问题更多些、法律的规范性更强些而已。在对合同中的法律条款谈判时，法律人员处于主谈人的地位，技术人员和商务人员则处于辅谈人的地位。不过，为了保证整个合同条款的合法性和完整性，法律人员应参加谈判的全过程。

三、谈判人员的配合

配合是指谈判中成员之间的语言及动作相互协调、相互呼应。团队成员的相互配合主要表现在两个方面，即谈判团队领导人与其成员的配合、谈判团队成员的相互配合。

（一）谈判团队首席代表与其成员的配合

团队的配合默契与否直接关系到谈判效果的好坏，因此谈判过程中要高度重视成员间的配合。

1. 团队领导人

谈判团队的领导人是谈判小组的领导与核心，在谈判桌上直接代表本方的利益，并负责向上级领导汇报谈判小组的进展情况，谈判团队领导人的选定将直接关系到谈判的成败。因此，谈判团队领导人必须具有坚定的自信心，较强的决策能力、观察判断能力、组织协调能力、应变能力、表达能力等。

2. 团队领导人与其他成员的配合

谈判团队领导人在谈判时要能充分调动谈判人员的积极性、主动性、创造性，恰如其分地调动和使用各类人员，充分发挥其他人员的能力、作用，使谈判能够达到预期目标。

谈判团队的其他成员在谈判过程中要根据谈判的形势就自己所能向领导提出建议，全力以赴地做好本职工作，最大限度地支持并配合领导的工作。这样谈判团队才能较好协调沟通，发挥每个成员的能力与智慧，使谈判团队成为一个团结的坚强集体。

（二）谈判团队成员的相互配合

谈判团队成员之间的内部配合，不是一朝一夕就能够协调起来的，而是需要长期的磨合。磨合主要是在主谈人与辅谈人之间进行。

1. 主谈人与辅谈人

主谈人是谈判工作能否达到预期目标的关键性人物，其主要职责是让已确定的谈判目标和谈判策略在谈判中得以实现。主谈人必须具有熟练的专业技术知识和较广泛的相关知识，有较丰富的商务谈判经验，思维敏捷，善于分析和决断，有较强的表达能力、驾驭谈判进程的能力和大将胸怀，能与谈判团队其他成员团结协作，默契配合。

辅谈人是协助主谈人实现谈判目标的，并针对谈判过程中涉及自己的内容进行补充。

主谈人与辅谈人的身份、地位、职能不能发生角色越位，否则就会自乱阵脚而陷于被动。

2. 主谈人与辅谈人的配合

主谈人必须与辅谈人密切配合才能真正发挥主谈的作用。

在谈判中本方一切重要的观点和意见都应由主谈人表达，尤其是一些关键的评价和结论更得由主谈人表述，辅谈人决不能随意谈论个人观点或与主谈人不一致的结论。

辅谈人要配合主谈人，要起到参谋和支持作用。如主谈人发言时，自始至终都应得到辅谈人的支持，既可以通过口头语言，也可以通过肢体语言来表示赞同，并随时拿出相关证据证明主谈人观点的正确性。当对方集中火力，多人多角度刁难主谈人时，辅谈人要善于使主谈人摆脱困境，从不同角度反驳对方的攻击，加强主谈人的谈判实力。当主谈人谈到辅谈人所熟知的专业问题时，辅谈人应给予主谈人更详尽、更充足的证据支持。

第二节　谈判环境因素的调查与分析

商务谈判是在一定的法律制度和某一特定的政治、经济、文化、科技等社会环境因素影响下进行的。这些社会环境会直接或间接地影响谈判。因此，商务谈判人员必须对这些环境因素进行全面系统地调查和分析评估，才能制订出相应的谈判方针和策略。

一、政治法律环境

政治法律环境对商务谈判活动的影响主要表现在国家政治制度和政治的稳定程度、政府对经济干预的程度、有关经济的政策和法律法规、国家司法是否独立等，它们都直接或间接地影响企业或行业的发展，从而也就影响到企业相关产品的经营与销售。国家产业政策及其倾斜方向、有关企业与经济的法律都会影响到商务谈判的结果。因此，商务人员应有较强的预测能力，能够预见谈判对手所在国家与地区政治经济生活的稳定性，并掌握相应的法律法规，主动去适应环境、适应市场。

二、社会文化环境

社会文化环境是指一个国家或地区范围内人们的价值观、审美观、民族宗教、风俗习惯等，它们在一定程度上影响人们的消费水平、生活方式，而一定的消费水平、消费模式与生活方式又形成特定的社会文化环境。不同的社会文化环境对商务谈判的风格有着决定性的影响，因此，与不同国家或地区的商人进行商务谈判时，首要环节就是了解对方的文化背景。如该国或地区占主导地位的宗教信仰是什么，对于增进友谊所赠送的礼品及赠送方式，有什么习俗等，一旦对这些文化因素有了比较透彻的了解，商务谈判就会很容易进行。

三、商业习惯因素

商业习惯因素是指一个国家或地区与谈判有关的商业习惯，主要表现为：该国或地区企业的决策程序；该国或地区文字的重要性；律师的作用；双方领导及陪同人员的讲话次序；有无商业间谍活动；商务活动中是否存在贿赂现象；是否允许对一个项目的洽谈，同时选择几家公司作为对手进行谈判，以便选择最优惠的条件达成协议；业务洽谈的常用语种；合同文件能否用两种文字表示，法律效力是否相当等。

视野拓展

中央电视台 2015 年纪录片《与全世界做生意》讲述了30多个中国人与其他国家之间的商业故事，可用于了解不同国度的文化差异和商业习惯，商务谈判相关内容也不少，推荐课余时间观看：http://tv.cntv.cn/videoset/VSET100229673988

四、财政金融状况

对于涉外谈判活动，谈判的结果会使得资产形成跨国流动，这种流动与谈判双方财政金融状况密切相关。一个国家或地区，与谈判相关的财政金融状况因素有：该国外债情况，外汇储备情况，货币是否可以自由兑换，国际市场上的支付信誉，使用什么税法，是否限制外汇汇出境外等。

五、技术环境

科学技术的发展水平及新技术的应用状况不仅影响到企业开发新产品，也直接影响到商务谈判技术的水平与发展。在一定意义上说，没有先进的科学技术，就不可能设计研制出效率高、费用低的新产品，商务谈判人员的口才再好，可能也很难把产品卖出去。而且，随着科学技术的发达尤其是互联网技术在商务谈判中的运用，网络商务谈判已经得到广大商界朋友的认可。

六、基础设施与后勤供应状况

一个国家或地区的基础设施与后勤供应状况因素也会对谈判活动产生很大的影响，这些因素有：该国人力资源状况（其中包括人口总量及其增长状况、人口的性别构成和年龄构成、人口的地理分布、劳动力的数量及质量），邮电通信状况，交通运输状况等。

案例阅读与分析 2.1

中远租用波士顿港口谈判

20世纪末，恰逢全球航运市场低谷，丹麦一家航运巨头撤掉了在波士顿港的航线，加之“9·11”恐怖袭击事件进一步重创航运业务，波士顿港陷入严重的生存危机，大量码头工人面临失业风险。在这一危难关头，马萨诸塞州方面2001年主动与中远联系，希望中远挂靠波士顿港。经过多轮谈判和充分论证，中远集团最终决定挂靠波士顿港，并于2002年3月正式开通中国至波士顿的直航航线。

> 中远和波士顿港的后续合作可参考新华网美国波士顿2012年10月22日电《通讯：波士顿港的见证——中远集团“走出去”侧记》（记者　阳建　蒋旭峰）：http://news.xinhuanet.com/world/2012-10/23/c_113463686.htm

但中远和波士顿方面谈判并不是一帆风顺的。中远和美方关于租用波士顿港口历经了艰苦卓绝的谈判，一年到头的谈判不下几十场，甚至有时候今天没谈拢，各自回国，第二天美方又邀请中远派负责人参加谈判，一方面是考验中远租用港口的诚意，另一方面想通过疲劳战术争取谈判的有利地位。不过当时中国和美国之间的交通运输已经比较成熟，特别是往返中美之间的航班十分方便，中远有足够的时间在对方规定的时间到达谈判会场，正是中远这种准时准点的态度，最终双方达成了合作协议。

一国的基础设施，如交通、通信也是关系到商务谈判成功与否的关键因素，如果不是有便利的航班，中远和波士顿港双方的谈判会有更多困难。

第三节　对谈判企业的调查与分析

孙子曰：“知己知彼，百战不殆。”只有了解和掌握谈判对手情况，才能有针对性地制订本方的谈判策略。

案例阅读与分析 2.2

美国谈判专家大卫想在家中建一个游泳池。但大卫在游泳池的造价及建筑质量方面是个外行。于是他运用谈判手段调查和分析了对手的资料从而漂亮地赢得了一场生活中价格谈判的胜利。

大卫先在报纸上登了想要建造游泳池的广告，具体写明了建造要求，结果有A、B、C三位承包商来投标，并给他一份承包的标单，里面有各项工程的费用。大卫仔细看了这三张标单，发现所提供的温水设备、过滤网、抽水设备、设计和付款条件都不一样，总费用也有差距。接下来的事情是约这三位承包商面谈，第一位约在早上九点，第二位约在早上九点十五分，第三位约在早上九点三十分。第二天，三位承包商如约而来，他们都没有得到主人的马上接见，只得坐在客厅里彼此交谈着等候。十点钟的时候，主人出来请第一个承包商A先生到书房去商谈。A先生一进门就宣称他的游泳池一向是造得最好的，顺便还告诉主人B先生通常使用陈旧的过滤网，而C先生曾丢下许多未完成的工程，而且他现在正处在破产的边缘。接着主人同B先生进行谈话，从他那了解到其他人提供的水管都是塑胶管，他所提供的才是真正的铜管。C先生告诉主人的是，其他人使用的过滤网都是品质低劣的，并且不能彻底做完，拿到钱以后就不管了，而他则绝对保质保量。

谈判专家通过静静的倾听和旁敲侧击的提问，基本弄清了游泳池的建筑设计要求及三位承包商的基本情况，发现：C先生的价格最低，而B先生的建筑设计质量最好。最后谈判专家选择了B先生建游泳池，而只给他C先生提供的报价。经过一番讨价还价之后，谈判终于达成了一致。

一、商务谈判信息的采集

商务谈判信息的采集工作至关重要，以下简要介绍信息采集的渠道、方法和信息处理方法。

（一）信息采集的渠道

互联网兴起后极大方便了信息采集的工作，成为最方便、快捷的信息收集方式，当然其他传统渠道仍旧不可忽视。

（1）互联网。在互联网上可以方便快捷地查阅国内外的公司信息、产品信息、市场信息等，对方企业的官网、新闻报道等应是收集的重点，如果是上市公司，各大财经网站根据股票代码可查询更详细的公开信息，以下所提到的传统媒体、统计资料、专门机构等也多可以通过互联网查询其中的信息。

（2）传统媒体。传统媒体的信息中虚假信息相对较少，更为可靠，既可以通过报纸、杂志、内部刊物、专业书籍等来获取消息、图表、数字、照片，又可以通过广播、电视等电波媒介播发的新闻资料来获取各种环境信息、竞争对手信息和市场行情信息。多数报纸、杂志都有网络版，读者可通过互联网搜索、查询。

（3）统计资料。统计资料既包括各国政府或国际组织的各类统计年鉴，也包括各银行组织、金融机构、国际信息咨询公司、各大企业的统计数据和各类报表等。

（4）各种专门机构。各种专门机构包括商务部、农业部、中国国际贸易促进会、各类银行、进出口公司、本公司在国外的办事处及分公司、驻各国的大使馆、各种中间商等。

（5）各种会议。通过参加各种商品交易会、展览会、订货会、企业界联谊会、各种经济组织专题研讨会等获取相关资料。

（6）知情人士。知情人士既包括企业直接派到对方国家或地区进行考察、收集资料的人员，也包括各类记者、公司的商务代理人、当地的华人华侨、驻外使馆人员、留学生等。

视野拓展

全国企业信用信息公示系统可查询国内企业注册信息，中国国际投资促进会网站和中华人民共和国商务部网站内有大量商务信息，并可查询相关政策，推荐读者关注，网址及其二维码见本书附录四。

（二）信息采集的方法

一般情况下，采集的信息应以现成资料采集为主，再安排有针对性的原始资料采集。

1. 现成资料采集的方法

现成资料是指以前已经收集好的，但不一定与当前问题完全相关的信息资料，包括企业内部的现成资料和企业外部的现成资料。它的收集可以使企业迅速了解有关的市场信息，把握市场机会。其采集的方法主要有查找法、索取法、购买法、交换法。

补充阅读

查找法是指通过查找企业内部的和外部的相关资料而获取信息的方法；索取法是指向占有信息资料的相关单位和个人无代价索要信息资料的方法；购买法是指通过付出一定量的资金向有关单位和部门购买所需资料的方法；交换法是指与信息机构和其他单位之间进行对等信息交流的方法。

2. 原始资料采集的方法

原始资料是指为了解决企业特定问题而专门收集的资料，包括调查资料、观察资料和实验数据。其采集方法有询问调查法、观察调查法、实验调查法。

询问调查法是指调查人员以询问为手段，从调查对象的回答中获取信息资料的一种方法。具体分为面谈调查法、邮寄调查法、电话调查法、留置问卷调查法。

观察调查法是指调查人员在调查现场对调查对象的情况直接观察和记录，从而获取信息资料的一种方法。

实验调查法是指在给定的实验条件下，在一定范围内对调研内容进行现场实验的方法。

（三）信息处理的方法

对于收集的信息，商务谈判人员必须认真地鉴别真伪，判断其可靠性和准确性，做到去粗取精、去伪存真，为商务谈判的顺利进行提供支持。

（1）综合加工法。它是谈判人员根据谈判决策对信息的使用要求，把掌握的各种散乱信息综合加工处理，以提炼出对解决问题有帮助的新信息的方法。

（2）相关推断法。它是依据因果性原理，从已知的社会经济现象和经济指标的发展变化中推断出所关注目标的未来发展趋向的方法。它分为时间关系推断和变动方向推断。

（3）对比类推法。它是把研究目标同其他类似经济变量加以对照分析，以此来推断研究目标未来发展趋向的一种方法。具体有各国同一经济现象的对比类推、国内不同地区同一经济现象的类推、关联产品之间的类推。

（4）信息碰撞法。它是将表面上看似互不相干的信息加以创造性地嫁接组合，由此产生新的信息，并运用到商务谈判活动中去的方法。

二、对谈判对手的调查与分析

对谈判对手的调查与分析是谈判准备工作的关键环节，如果同一个事先毫无任何了解的对手谈判，就会非常困难，甚至会冒很大的风险。因此，要调查分析对方的资信情况、对方参加谈判人员的权限和谈判目的等情况。其中对谈判对手资信情况的审查包括对谈判对手合法资格的审查和对谈判对手资本、信用、履约能力的审查。

（一）对谈判对手资信情况的审查

对谈判对手资信情况的审查主要包括以下几个方面。

1. 对谈判对手合法资格的审查

商务谈判的结果是有一定的经济法律效力的，因此，作为参加商务谈判的企业组织必须具有法人资格。

企业要想成为法人，必须具备以下条件：依法成立；有自己的组织机构、名称、固定的营业场所；有自己的财产或经费；能够独立承担民事责任。

对谈判对手法人资格的审查可以通过要求对方提供有关文件（如法人成立的注册登记证明、法人所属资格证明），并通过一定的手段和途径验证其真伪。确认后，还要弄清对方法人的组织性质；对方的法定名称、管理中心地点及其主要营业场所；确认法人的国籍，即应受哪一国家的法律所管辖。

对谈判对手合法资格的审查还应包括对前来谈判的谈判对手的代表资格或签约资格进行审查；在对方当事人找到保证人时，还应对保证人进行调查，了解其是否具有担保资格和能力；在对方委托第三者谈判或签约时，应对代理人的情况加以了解，了解其是否有足够的权力和资格代表委托人参加谈判。

2. 对谈判对手资本、信用、履约能力的审查

对谈判对手资本、信用、履约能力的审查是资信审查的重要环节。对谈判对手资本状况的审查主要是审查谈判对手的注册资本、资产负债表、收支状况、销售状况和资金状况等有关文件，这些文件既可以是由公共会计组织审计的年度报告，也可以是由银行、资信征询机构出示的证明材料等。通过对谈判对手信用和履约能力的审查，可以弄清谈判对手在以往经营活动中的表现，包括对方的经营历史、产品的市场声誉、与金融机构的财务状况和其他单位交易关系等。

（二）对谈判各方的实力做出判断

对谈判各方实力进行分析判断是知己知彼的重要体现，要做好以下几个方面。

1. 谈判实力和企业实力

谈判实力是指影响谈判各方在谈判过程中的相互关系、地位和谈判最终结果的各种因素的总和以及这些因素对各方的有利程度。

企业实力是指一个企业从总体上看其规模、技术水平、人员素质、市场占有率等各方面处于何种水平。

企业实力是形成谈判实力的潜在基础，并不一定直接构成谈判实力。

2. 影响谈判实力的因素

各方商务谈判的实力受以下因素的影响：交易内容对谈判各方的重要程度；谈判各方对交易内容和交易条件的满足程度；谈判各方竞争的形势；谈判各方对商业行情的了解程度；谈判各方所在企业的信誉与实力；谈判各方对时间因素的反应；谈判各方的用人观念；对谈判对手的了解程度；对自身实力的评估；谈判各方对谈判艺术和技巧的掌握程度。

通过对上述各种因素的综合分析和评价，可以对谈判各方的实力做出正确的判断，并据此筹划和确定谈判的策略。

3. 了解对方的谈判时限

时间是决定谈判最终结果的重要因素，时间对哪一方越紧迫，往往对他越不利。时间越短，对谈判者而言，用以完成谈判任务的选择机会就越少，哪一方可供谈判的时间越长，他就拥有较大的主动权。了解对方谈判时限，就可以了解对方在谈判中会采取何种态度、何种策略，我方就可制订相应的策略。因此，要注意搜集谈判对手的谈判时限信息。

4. 了解对方谈判人员的权限

谈判的一个重要法则是不与没有决策权的人谈判。因此，要弄清对方谈判人员的权限有多大，对谈判获得实质性结果有多少影响。不了解谈判对手的权力范围，将没有足够决策权的人作为谈判对象，不仅浪费时间，甚至会错过更好的交易机会。一般来说，对方参加谈判人员的规格越高，权限也就越大；如果对方参加谈判的人员规格较低，就应该了解对方参加谈判的人员是否得到授权，对方参加谈判的人员在多大程度上能独立做出决定，有没有决定是否让步的权力等。

> **即学即练**
>
> 假设你是学校主管教学副院长，正与华为集团洽谈合作办学事宜。刚得到华为集团通知，华为集团对此次合作非常重视，公共及政府事务部总裁后天会参与下一轮会谈。
>
> 时间紧张，请利用互联网尽可能多搜集华为集团公共及政府事务部及其总裁的个人信息，并做好记录。
>
> 华为集团网站“高管信息”页面会有简要介绍和相关新闻，建议通过该页面确认个人姓名、身份后，除阅读华为网站相关新闻外，可通过互联网查找其个人更多新闻报道及相关资料：http://www.huawei.com/cn/executives/board-of-directors

5. 了解对方谈判人员的其他情况

要从多方面搜集谈判对手的信息，以便全面掌握谈判对手。如谈判对手主谈人的背景、谈判团队内部的相互关系，谈判团队成员的资历、能力、信念、性格、心理类型、个人作风、爱好与禁忌等；谈判对手的谈判目标，所追求的中心利益和特殊利益；谈判对手对己方的信任程度等。

第四节　谈判方案的制订

商务谈判方案（或商务谈判计划）是在商务谈判之前根据谈判的目的和要求预先拟定的谈

判具体内容与步骤的文书。商务谈判活动能否达到预期的目的，不仅取决于谈判桌上有关策略和技巧的运用，还有赖于谈判前充分、细致的准备工作。

一、谈判方案的主要内容

谈判方案的制订是建立在对谈判环境因素的分析、对谈判对手的资信审查和对方谈判实力正确估价的基础上的，具体包括以下几项内容。

（一）谈判主题

谈判主题就是参加谈判的目的，是商务谈判活动围绕的中心内容。商务谈判方案必须有明确的主题，在整个商务谈判活动中，谈判团队的各项工作都要围绕谈判主题而开展。

（二）谈判目标

确定了谈判的主题后，还要制订出具体的谈判目标。

谈判目标是指谈判要达到的具体目标，指明了谈判的方向和要达到的目的、企业对本次谈判的期望水平，是商务谈判的出发点和归结点。商务谈判的目标主要是以满意的条件达成交易，因此，确定正确的谈判目标是保证谈判成功的基础。谈判目标分为三个层次。

（1）最低限度目标。最低限度目标是谈判者撤退的最后防线，是谈判必须达到的最基本目标。如果通过谈判不能满足这个目标的要求，则宁可使谈判破裂。

（2）可接受的目标。可接受的目标是谈判人员根据各种客观因素，经过科学论证、预测、决策所确定的谈判目标，是目标制订方最基本、最主要的利益所在。可接受目标是一个区间或范围，具有一定的弹性和伸缩性，比较接近实际，是谈判制订方要力图实现的。因此可接受目标的实现往往意味着谈判取得成功。

（3）最优期望目标。最优期望目标是对谈判者最有利的一种理想目标，实现这个目标，将最大化地满足本方利益。当然本方的最优期望目标可能是对方最低限度目标，因此是很难实现的。但是制订最优期望目标是很有必要的，它既能够激励谈判人员尽最大努力去实现高期望目标，也可以很清楚地评价出谈判的最终结果与最优期望目标之间的差距。在谈判开始时，以最优期望目标作为报价起点，有利于在讨价还价中使本方处于主动地位。

确定谈判目标时应注意的问题：一是应遵循实用性、合理性、合法性的要求确定谈判目标的层次；二是明确买卖双方谈判目标界限；三是严格保密本方谈判目标的下限值。

（三）谈判地点

谈判地点的选择不是一件无所谓的事情，在某种程度上，它直接影响着谈判人员的情绪、会谈的效果、谈判中的战术运用。而且选择主场、客场还是第三地进行谈判，对谈判效率和结果都有一定程度的影响。

（四）谈判议程

谈判议程即议事日程，是商务谈判各项议题洽谈的时间先后次序。它的确定和安排，对谈判双方来讲都是非常重要的，其本身就是一种谈判战术。谈判议程包括谈判议题和谈判时间的确定。

谈判议题，即双方就哪些问题进行讨论，其中对本方有利的议题是什么，不利的议题是什么。

时间安排，即议题的先后次序与讨论的时间日期。也就是确定谈判在什么时间举行、需要多长时间、各个阶段时间如何分配、议题出现的时间顺序等。其原则是：对本方有利的而对方有可能做出让步的议题排在前面，时间尽可能长些，而对本方不利的，或本方需要做出让步的议题放在后面，时间尽可能短些。需要指出的是，谈判的议程不是由谈判的某一方单方面确定的，往往需要由双方协商而定。但是，如果本方事先对议程有一个安排，并争取在本方拟订的议程基础上进行协商，将无疑是有利的。

（五）谈判基本策略

确定谈判基本策略，就是要选择能够达到和实现本方谈判目标的基本途径和方法。基本策略的确定是建立在对谈判各方实力及其影响因素细致而认真分析研究的基础上。

确定谈判策略要正确地判断对方的谈判目标，及实现该目标的优势和劣势，对此本方有哪些优势与劣势，从而有针对性地提出我方的各级目标，把握谈判中的利益界限，让对方做出更大的让步。而对谈判对方可能提出的各种要求和问题要有所准备，并规划出谈判成员在讨价还价中妥协的方法和让步的原则，这样就可以避免仓促应战而出现被动局面。

案例阅读与分析 2.3

中国石化集团公司收购瑞士Addax石油公司的谈判方案设计

现实中，谈判无论大小都应该有一个计划，可以形成规范的文档，也可以是内心三五秒钟形成的谋划，形式但千变万化，但核心是要解决以下几个问题：

（1）我的谈判目标是什么？

（2）我的谈判对手是谁？

（3）要想说服谈判对手，需要采用什么策略和技巧？

建议读者仔细阅读本案例，分析上述三个问题是否解决。

2008年，瑞士Addax公司总收入为37.62亿美元，净利润为7.84亿美元，2009年6月负债总额为28.65亿美元。由于石油价格一度下跌，公司负债压力逐渐上升，已经陷入资金紧张的局面，股东有意出售全部或部分股权。

中国石化集团公司（以下简称中石化）基于自身业务需要和Addax公司的业务现状考虑，决定收购Addax公司。

以2009年7月为假设谈判时间，下面是某校模拟商务谈判中中石化谈判团队拟定的谈判方案。

1. 谈判主题

中石化收购瑞士Addax石油公司，成功达成协议，实现双赢。

2. 谈判目标

战略目标：具体、仔细、全面地解决这次并购问题，重在获得对方的资源合作项目、市场及其先进的技术和管理理念，确定共同的目标，共同发展和努力。

价格目标：争取用更为优惠的价格取得对方公司的股权。

3. 谈判地点

中国　北京×××商务酒店。

4. 谈判议程

第一轮谈判，就双方关心的问题进行初步会谈；第二轮谈判，双方就价格进行谈判，以比较优惠的价格收购对方股票；第三轮谈判，初步达成收购协议，最后就人事安排等交换意见。

5. 谈判基本策略

（1）开局阶段。

方案一：创造和谐氛围策略。建立起轻松、诚挚的氛围，在此基础上继续发展已经建立起来的和谐氛围，并在进行实质性谈判之前就谈判程序、态度及意图等取得一致意见或交换一下态度，摸清对方虚实，做到心中有数。

方案二：切入正题策略。营造出低调的谈判氛围，但要态度诚恳，说话具有真实性。不故作姿态也不宜过分热情，要令对方不能轻易把握到我方的心思。

方案三：采取进攻式的开局策略。考虑对方是由于资金的问题使企业的发展走向没落，我方收购在某种程度上讲是帮助对方，所以可以合理地减少价格。

（2）中期阶段。

方案一：红脸白脸策略。有两名谈判成员，其中一名充当红脸，另一名充当白脸辅助协议的谈成，适时将谈判话题从价格问题上转移到公司长远发展的利益上来，把握住谈判的节奏和进程，从而占据主动。

方案二：层层推进、步步为营的策略。有技巧地提出我方预期利益，先易后难。

方案三：把握让步原则，明确我方核心利益所在，实行以退为进策略。退一步进两步，做到迂回补偿，充分利用手中筹码，适当把收购的价格提高一点，以有利于长远的发展。

方案四：突出优势策略。以现实的实际情况为准，以理服人，强调我方协议达成后给对方所带来的利益，同时软硬兼施，暗示对方若是不与我方合作会带来的巨大损失。

方案五：打破僵局策略。合理利用暂停，首先需要冷静地分析产生僵局的原因，如很可能是价格的原因，我方可以从技术等合作项目方面去为自己争取更大的利益。

（3）休局阶段。

如果有必要，根据实际的谈判情况对原有的方案进行调整。

（4）最后谈判阶段。

把握底线：谈判中由于是收购的问题，势必在价格上会有一些争执，采取折中的策略，把握好让步的幅度，在适合的情况下报出自己的最后报价。

埋下契机：在谈判中形成一体化谈判，建立互利共赢的局面。

达成协议：明确最终的谈判结果，出示谈判记录和合同范本，请对方确认，并且确定正式签订合同的时间。

中石化商谈队

2009年7月10日

二、谈判方案的格式

商务谈判方案通常由标题、正文、落款三部分组成。

标题一般由事由及文种构成。正文主体包括前言和主体两部分，前言要简明扼要写明谈判的总体设想、谈判的原则、及谈判的主要内容或谈判对手的基本情况。主体应写明谈判主题、谈判目标、谈判程序、谈判策略、谈判地点、谈判组织等内容要素。落款应写明谈判小组和日期。

三、谈判方案的制订要领

谈判方案的格式比较灵活，制订一份优秀的谈判方案的关键有以下几点。

（1）信息采集要充分。制订谈判方案前，谈判人员要多渠道地收集与本次谈判有关的各种信息资料，包括谈判环境资料、谈判对手企业及谈判对手个人的详细情况、本方企业的情况、市场信息资料等。充分的信息资料是写好商务谈判方案的基础。

（2）谈判目标要明确。商务谈判的目的在于追求最佳的利益目标，它是检验谈判效率和成果的依据和标准，是谈判思想、方针、策略的具体化和数量化。因此，在谈判方案中要明确提出谈判的目标。由于谈判是一个持续发展的过程，所以，在制订谈判目标时要明确阶段性目标和总的谈判目标。

（3）谈判程序要科学。科学合理的谈判程序是谈判顺利进行的重要保证。谈判程序如何安排，既要考虑到不同的谈判内容和目标，也要考虑到谈判各方的要求。具体的安排方法有：先易后难，这种程序可以为整个谈判活动营造一个良好的氛围；先难后易，这种程序可以突出洽谈的重点和难点；混合型，即不分主次，把所有的问题都排列出来以供讨论。

（4）谈判策略要适当。拟定商务谈判方案，要认真分析谈判各方的实力及影响其实力的各种因素，在此基础上，正确选择和搭配适合不同谈判阶段的谈判策略。

第五节　谈判现场的布置与安排

谈判现场的布置会影响谈判的氛围。在主场谈判的情况下，会涉及谈判现场的布景与安排。为了充分利用主场谈判的优势，在谈判现场的布置与安排方面，要讲究科学和艺术。

一、谈判室及室内用具的布置

谈判最好安排在两个房间，在集体谈判时更是如此。其中一间作为主要谈判室，另一间是秘密会谈室，有可能的话再配一间休息室。

1. 主谈室的布置

主谈室作为各方谈判的主要场地，应当舒适、光线充足，并安装投影幕布或较大的显示屏。主谈室的会议台通常是长方形或椭圆形的。除非征得各方同意，主谈室一般不要安装录音、录像设备。经验证明，录音、录像设备会增加谈判各方的心理压力，使谈判各方谨小慎微，很难畅所欲言，从而影响谈判的正常进行。

2. 密谈室的布置

密谈室是一间各方都可以使用的单独房间，它既可供某一方谈判小组内部协商之用，也可供各方私下讨论之用。密谈室最好靠近主谈室，室内配黑板、笔、笔记本、桌子和比较舒适的椅子。

3. 休息室的布置

休息室的布置应该轻松、舒适，以便能使各方放松一下紧张的神经，缓和氛围。室内最好布置一些盆景或鲜花插瓶，或者一些娱乐设施。

二、谈判座位的安排

座位安排是很有讲究的，不同的座位安排对谈判的氛围（见图 2.2 ~ 图 2.4。)，对谈判各方在谈判过程中的内部交流与控制都有影响。

图 2.2　横列式（左图以右为尊；右图为模拟商务谈判实景，桌子顶头为主持人，非谈判组成员）

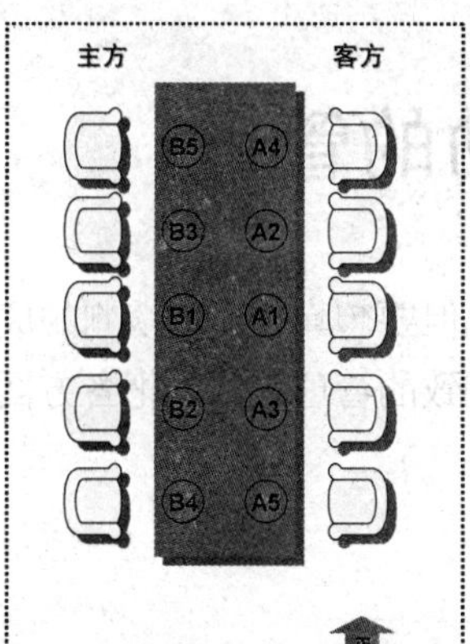

图 2.3　竖列式（以右尊为例）

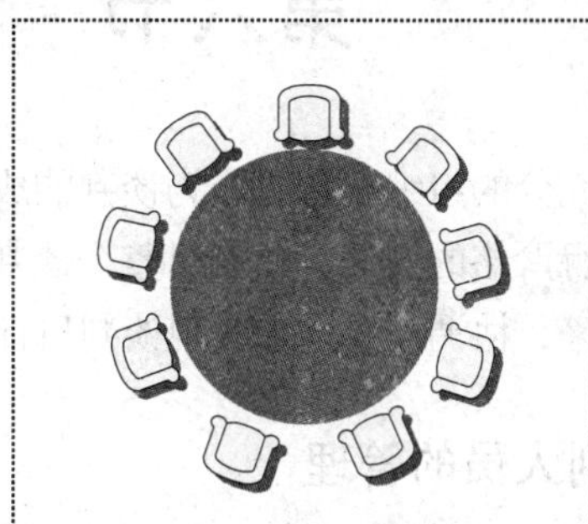

图 2.4　圆桌式

（1）谈判双方相对而坐。最常见的座位安排方法是谈判双方各居谈判桌的一边，主人居背门一侧，客人居面对正门一侧。主谈人居中，译员在主谈人旁边，其他人按礼宾顺序排列。这种各居一边的谈判方法使谈判成员容易产生安全感和实力感，便于交流信息，增强凝聚力。但也人为造成双方的冲突感和对立感，是造成谈判紧张氛围的主要因素。

（2）谈判双方随意而坐。双方人员随意就坐，谈判双方的人混杂在一起。这种方法减少了对立感，利于形成轻松、合作、友好的谈判氛围。但谈判各方内部的信息传递比较困难，不利于主谈人对本方人员的控制，如果事先没有充分的心理准备，还会造成对方谈判人员被分割、包围和孤立的感觉。

补充阅读

宴会座次排列基本方法

（1）主人应面对正门而坐，并在主桌就座。

（2）举行多桌宴请时，各桌之上均应有一位主桌主人的代表在座，其位置一般应与主桌主人同向，有时也可以面向主桌主人。

（3）各桌之上位次的尊卑，应根据其距离该桌主人的远近而定，以近为上，以远为下。

（4）各桌之上距离该桌主人相同的位次，以该桌主人面向为准，国内以左为尊，欧美多以右为尊。

正式场合、年长者多遵守上述规矩，商务谈判中多有宴请，安排时应注意座次问题。

日常生活中，多数年轻人对座次并不看重，比较随意，不过职场不同于朋友聚会，初入职场的年轻人还是应该注意此问题，以免造成不必要的尴尬。

（3）谈判双方不就坐。根本不就座或根本不用谈判桌也是一种排座方法。这样做的好处是可以造成双方比较友善轻松的氛围，缺点是谈判小组内部成员之间的信息交流与控制比较困难。

总之，无论是房间的布置或是座位的安排都应该服务于谈判的总目标，并且根据双方之间的关系、本方谈判人员的素质和能力等情况而定。

第六节　谈判活动的管理

虽然充分的组织准备工作为谈判的成功奠定了基础，但要想真正获得谈判的成功，还需要对谈判进行严格的管理。只有对整个谈判工作进行严格细致的管理，才能把各方面的工作有机地组织起来，协调一致地去实现谈判目标。

一、谈判人员的管理

谈判是通过谈判人员进行的，但不是通过单独的个人进行，而是通过谈判团队这个集体来进行的。为了保证谈判人员的行为协调一致，就必须加强谈判人员的管理。对谈判人员的管理主要是制订严格的组织纪律，同时要遵守以下原则，并且不折不扣地执行它。

（1）坚持民主集中的原则。制订谈判的方针和计划时，要充分征求每一个谈判人员的意见，任何人都可以畅所欲言，而且与谈判有关的信息应及时传达给每一个谈判人员，使他们对谈判的全局与细节能够清楚地了解；同时谈判团队的负责人必须集中大家的意见，做出最后的决策。一旦决策做出，任何人都必须坚决、不折不扣地服从，绝对不允许任何人把个人的意见和看法带到谈判桌上。

（2）坚持不得越权的原则。企业对谈判小组的授权是有限的，谈判时每个谈判人员的权力也是有限的。任何人不能超越权限承诺或要求某些事情。在谈判中，对让步或承诺某项义务，应由谈判团队负责人做出。

（3）坚持统一行动、各负其责的原则。谈判时谈判人员之间分工明确，各负其责，但又不能各行其是。每一个人都必须从谈判的全局来考虑自己的工作，听从领导的统一调遣。除非特许，任何人都不得单独与谈判对方接触，以免影响全局。

（4）坚持单线联系的原则。当谈判团队需要与企业联系时，必须由谈判团队的负责人与直接负责本次谈判的上级领导进行联系。其他谈判人员在某一问题上需要请示上级时，必须通过谈判团队的负责人进行，这样便于谈判团队的负责人真正地掌握谈判的全局。

二、谈判信息的管理

信息在谈判中的作用是不言而喻的。谁掌握的信息越多，谁就能在谈判中取得主动和优势。因此，要加强对谈判信息的管理。

（1）信息传递的管理。在客场谈判的情况下，谈判团队如果要与企业的管理部门进行联系时，应该采取必要的保密措施。凡是与企业联系的电话、电报、电传、电子邮件等一定要亲力亲为，不要轻信他人。如果条件允许，对于那些敏感性、机密的情报信息要用暗语进行联络，以免被谈判对方或其他竞争对手所窃获而失密。但要强调的是，不管使用何种密码语言都应使自己人容易翻译，不要弄巧成拙而造成误解。

（2）信息交流的管理。在谈判桌上，为了协调本方谈判成员间的意见和行为，或者为了对对方的某一提议做出反应而要商量对策时，谈判成员间需要进行信息交流。由于是在谈判对方的眼皮底下传递信息，稍有不慎，对方可能就从你的语言、眼神、面部表情中判断出你方传递的信息内容。因而保密工作就显得尤为重要。

因此，在谈判桌上如确有必要进行内部信息传递和交流，应尽可能采用暗语，或者事先约定的某些动作或姿态，或者到谈判现场以外的某个地方进行商量以求保密。此外，谈判人员还应注意的问题：不要在公共场所谈论商务问题；谈判休息时要随身携带谈判的文件资料；尽可能由自己复印、打印文件；不要将本方的谈判方案敞露在谈判桌上，特别是印有数字的文件；谈判中用过而废弃的文件、资料、纸片不要随便乱丢。

三、谈判时间的管理

时间的运用是谈判中一个非常有效的策略。忽视谈判时间的管理，不仅会影响到谈判工作的效率，而且可能因时间的压力而做出错误的决策。因此，从某种意义上来讲，掌握了时间也就掌握了主动。

（一）谈判日程的安排

在客场谈判的情况下，做客谈判的一方总要有一定的时间限制，不可能无限期地在客地待下去。因此，在客场谈判时，一定要有强烈的时间意识和观念，不能为对方的盛情招待所迷惑而落入圈套。在安排谈判日程时，尽可能在前期将谈判活动安排满，以便尽快进入实质性谈判阶段，为双方讨价还价留下足够的时间。

（二）本方行程的保密

确定客方何时返程，是做东谈判的一方最想得到的信息。因为一旦掌握这个信息，他就能有针对性地调整和安排谈判的日程与谈判的策略战术。因此，客场谈判时绝对不要向对方泄露本方的回程时间，预订机票等工作，以免暴露行程。

四、谈判后的管理

谈判后的管理主要是指对谈判双方签约以后的工作进行管理。

（一）谈判总结

本方谈判团队在完成了与对方的直接谈判，签订合同之后，应该很好地对本次谈判进行总结，以指导今后的工作。

1. 事后检验

事后检验即从总体上对本方谈判的组织准备工作、谈判的方针、策略、谈判目标的确定和战术安排进行再评价，看看哪些是成功的，哪些是失败的，哪些地方有待改进。而且每个谈判人员也要对自己在谈判中的工作进行反思，总结经验和教训。此外，对谈判对手的谈判风格、谈判中的工作效率等也要进行总结。这样可以有效地培养和提高本方谈判人员的谈判能力。

2. 对签订的合同进行再审查

虽然合同已经签字生效，在一般情况下没有更改的可能，但是，如果能尽早发现其中的不足，就可以主动地设想对策，采取弥补措施，早做防范。

3. 谈判人员的奖惩

必须根据谈判团队总体任务的完成情况，以及每个成员的表现，给予相应的奖励和惩罚。对有功人员的奖励以集体奖励为主，个人奖励为辅，而对有过人员的处罚，要注意处罚方法，同时讲明处罚的理由。这样既有助于增强谈判人员的集体观念和谈判小组的凝聚力，又鼓励谈判人员积极地发挥自己的才能，为以后的谈判树立榜样。

（二）保持与对方的关系

合同的签订并不意味着双方关系的终结，相反，它表明双方的关系进入了一个新阶段。从近的方面来讲，合同把双方的关系紧紧地连接在一起；从远的方面来讲，本次交易又是为以后的交易奠定基础。因此，为了确保合同认真、彻底地履行，以及考虑到今后双方的业务联系，应安排专人负责与对方进行经常性的联系，谈判人员个人也应与对方谈判人员保持私人交往，以使双方的关系保持良好的状态。

（三）资料的保存与保密

谈判结束后应形成以下资料：环境分析材料、可行性分析报告、谈判方案、谈判记录、协议书、本次谈判的事后总结材料。对本次谈判的资料，应制作成客户档案，善加保存。这样，以后再与对方交易时，上述材料即可成为非常有用的参考资料。如果能将这项工作长期坚持下去，必定会受益无穷。

在善加保存的同时，还应注意给予一定程度的保密。如果有关本次谈判的资料，特别是关于本方的谈判方针、策略和技巧方面的资料为对方所了解，那么，不仅使对方在今后的交易中更了解我方，更容易把握我方的行动，而且，有可能直接损害目前合同的履行与双方的关系。对于客户的档案，非有关人员，未经许可不得调阅。

本章小结

1. 为了保证商务谈判取得预期效果，企业领导应遵循一定原则来组织合适的谈判团队。其原则为结构合理、规模适度、分工明确。谈判团队由谈判团队领导人、商务人员、技术人员、财务人员、法律人员、翻译等组成。

2. 商务谈判是在一定的法律制度和某一特定的政治、经济、文化、科技等社会环境因素影响下进行的。具体的社会环境因素有政治法律环境、社会文化环境、商业习惯因素、财政金融状况、技术环境、基础设施与后勤供应状况等。

3. 商务谈判信息的采集渠道有互联网、传统媒体、统计资料、各种专门机构、各种会议、知情人士等；信息采集的方法主要有查找法、索取法、购买法、交换法、询问调查法、观察调查法、实验调查法；信息处理的方法主要有综合加工法、相关推断法、对比类推法、信息碰撞法。实践中采用什么方法去收集信息、处理信息要根据实际情况灵活进行。

4. 商务谈判方案（或商务谈判计划），是在商务谈判之前根据谈判的目的和要求预先拟定的谈判具体内容与步骤的文书。其内容有谈判主题、谈判目标、谈判地点、谈判议程、谈判基本策略等。

5. 谈判活动的管理有谈判人员的管理、谈判信息的管理、谈判时间的管理和谈判后的管理，而谈判信息的管理尤其重要。

综合训练

一、不定项选择题

1.（　　）不是商务谈判团队的组建原则。

A. 结构合理　　B. 分工明确　　C. 规模适度　　D. 男女比例合理

2.（　　）不属于商务谈判人员的分工。

A. 领导级别的分工　　B. 法律条款的分工　　C. 技术条款的分工　　D. 商务条款的分工

3. 商务谈判的环境因素不包括（　　）。

A. 政治因素　　B. 经济因素　　C. 社会文化因素　　D. 生态因素

4. (　　) 不是商务谈判信息采集的手段。

A. 互联网和媒体　　B. 统计资料　　C. 间谍活动　　D. 各种会议

5. 商务谈判的目标不包括（　　）。

A. 最低限度目标　　B. 可接受目标　　C. 最优期望目标　　D. 以达成协议为目标

二、名词解释

主谈人与辅谈人　商业习惯因素　信息碰撞法　可接受目标

三、简答题

1. 简述商务谈判团队的组建原则。
2. 为何要对商务谈判的环境因素进行调查与分析？
3. 商务谈判时要搜集谈判对手的哪些资料？
4. 如何制订商务谈判方案？
5. 谈判活动管理的内容有哪些？

四、案例分析题

我国一个化工代表团在东南亚E国进行考察时发现，该国的一家工厂对使用S国化工原料N2121有抱怨情绪。代表团李先生是我国生产N2121化工厂的厂长。回国后，他对这个问题做了进一步的了解。S国生产N2121的企业集团是国际知名的大企业，其N2121的产量占世界总产量的50%以上，产品纯度高（纯度在98%以上），质量稳定。缺点是只供应大包装产品（每袋50千克）。而E国方面需要的是小包装产品。虽然E国方面一再要求，但问题一直没有得到解决。N2121在E国工厂分装成每袋10千克后，才能送车间使用，而增加一道工序会增加最终产品的成本。另外，E国的工厂并不需要98%的高纯度，纯度只要达到95%就足够了，而95%的N2121的价格要低些。

E国的工厂每年需要购买约20万吨的N2121，这个数量对S国的化工企业集团来说，只是一笔小生意，因此，在与E国工厂打交道的过程中，态度非常傲慢，对于E国改换包装规格的要求，根本不予考虑。平时交往时，也不注意E国的风俗习惯，以大国代表自居。但20万吨对于李先生的工厂来说，是一笔大生意，占了工厂全年产量的三分之一，是一定要想办法争取的合同。李先生的工厂生产小包装不成问题，95%的纯度也能满足E国对N2121产品的纯度要求。

在充分了解E国工厂的需求之后，李先生向该工厂的总经理发出了访问我国的邀请。总经理来华以后，受到了李先生工厂的热情接待。在代表团访问期间还特别安排了三天对该市名胜古迹的参观游览，表示在两个东方文明古国之间有许多共同语言。该总经理在参观工厂以后，对李先生工厂产品质量、运行现状以及尊重客户、平等待人的作风都很满意。

总经理回国以后就派出代表团到李先生工厂进行购买N2121产品的谈判。在谈判中中方代表表示可以提供每袋10千克的小包装产品而且提出了以下两点有利条件：①纯度为95%，价格比国际市场上纯度为98%的产品每吨低40美元；②和S国相比，我国距E国较近，运输费用方面也可以节约一笔开支。E国代表经过仔细权衡后，与李先生的工厂签订了两年的合约。

请问：

1. S国化工企业在谈判中违背了什么原则？

2. 上述案例是如何体现商务谈判的组织与管理的？

五、模拟商务谈判实践

接第一章模拟商务谈判实践，松下公司邀请海尔公司到访东京，就三洋家电业务出售事宜进行初步接触，海尔接受邀请。

在完成第三章学习之前，完成以下实训任务。

（1）自行组建商务谈判团队（每组 3～5 人）。注意班级全体成员均应参加，队伍数目应是偶数，自行确定谈判对手团队，与对手协商确认甲乙方（即何方为海尔，何方为松下）。

（2）团队内自行协商人员角色分工。

（3）团队成员分工采集己方和对方 2011 年 6 月之前的各种信息（推荐用百度搜索 2011 年 6 月之前海尔、三洋的新闻报道）并汇总信息，以备后期使用。

（4）团队内自行制订谈判方案和其他事宜（注意所收集的信息、谈判方案应保密，特别是不能让谈判对手了解）。

（5）和谈判对手团队协商确定模拟谈判时间、地点，主方做好谈判场地布置（或规划）。

（6）对手组共同准备摄影器材（参考附录三，建议全程录像，以备分析讨论中回放）。

第三章 商务谈判常用策略与技巧

学习目标

1. 掌握开局、报价、磋商、成交各阶段的谈判策略与技巧。

2. 能在实践中运用正确的谈判策略，促使谈判向有利于本方的方面转化，在复杂多变的谈判过程中，审时度势，灵活调整，以求达到谈判的预期目标。

关键概念

谈判流程 商务谈判策略 商务陷阱

策略指人们谋事的计策和方略，而谈判策略则是指在谈判的实际过程中实现谈判目标与任务的手段和方法，它主要是从企业经营的角度来说的，是为了实现企业的经营目标，在市场竞争的环境变化中求得生存和发展的一系列对策的统称。策略是客观存在的、具体的、单方面采取的行为或方法，具有主观能动性；策略的行为或方法是为了实现目标而采取的措施，具有实践的性质；策略是一种行动方针和斗争方式，是智慧的较量，如何审时度势，权衡利弊，随机应变地将策略应用得恰到好处，这就需要有一定的技巧。

商务策略和技巧是商务谈判成功的重要手段，但并不代表忽视商务规则，如果想在商务活动中得到别人的尊重，在商务谈判中必须树立自己的信誉。此外，古语有云“勿以善小而不为，勿以恶小而为之”，说的是做人的道理，商务谈判也是如此，不要因为一时的利益就冒险用不正当的策略获取利益。

商业有商业自身的游戏规则，即使利欲熏心，也不能随便利用不正当的、违背道德的手段去解决商业冲突。这些知识是需要我们在学习商务谈判策略技巧时时刻铭记。

第一节 开局阶段的策略

在开局阶段双方真正坐在一起正式会谈，进行直接接触和沟通交流。在语言和姿态上应该怎样处理才比较合适？换句话说，到底该建立一种怎样的谈判氛围，是需要认真加以考虑的。下面介绍几种典型的谈判开局策略。

一、以逸待劳

1. 基本做法

作为东道主的一方，在对方刚刚抵达谈判地之后，即去拜访对方（或是在招待宴会之后），抛出本方事先拟定好的时间紧凑的谈判日程安排表，或是以种种借口提出修改原先双方商定好的谈判日程安排表（使时间紧凑），恳请对方谅解与接受。

2. 运用效果

以逸待劳可以打乱对方的行动计划，在一定程度上降低对方的谈判实力，并按事先安排好的步调行事，从而使谈判朝着有利于本方的形势发展。此策略也有遭到对方的抗议，指责本方缺乏合作诚意，从而使谈判一开始就处于紧张、对抗的氛围，或是草草收场，达不成实质性成果。如果此策略多次重复使用，则将会有损于本方的企业形象。

3. 运用条件

此策略一般是在以下情形下使用：本方实力雄厚，对方迫切需要与本方达成协议；再次交易可能性小；对方谈判能力较低。

4. 实施要点

实施的时机要选择得当，一般应在礼仪性交际活动结束之后进行；紧凑安排或修改日程的理由要充分、可信；表达的态度和语气要诚恳，要有歉意说辞。

5. 应对方法

明示对方缺乏合作诚意，表示不满；坚持既定谈判日程安排（只同意做不关紧要部分的少量修改）；或是提出要求，经双方协商一致后，重定日程安排表。表明不受时间约束，愿意等待时机的坚定态度，直至采取行动。

案例阅读与分析 3.1

以逸待劳

律师科文的邻居是一位医生。有一次，这位邻居的房屋遭受飓风的袭击，有些损坏。这房屋是在保险公司投了保的，可以向保险公司索赔。他想要保险公司多赔些钱，但知道保险公司很难对付，自己又没有这种能力做到这一点，于是请科文来帮忙。看在邻居的面子上，科文答应帮忙。他问医生希望得到多少赔偿，以便有个最低的标准。医生回答说，他想要保险公司赔偿300美元。科文又问："再请告诉我，这场飓风使你究竟损失了多少钱？"医生红着脸回答："我的房屋损失大约在300美元以上，不过，我知道保险公司是不可能给那么多的！"

不久，保险公司的理赔调查员来找科文，对他说："科文先生，我知道，像你这样的大律师是专门谈判大数目的，不过，恐怕我们不能赔太大的数目。请问，如果我只赔你100美元，你觉得怎么样？"多年的经验告诉科文，对方的口气是说他"只能"赔多少，显然对方自己也觉得这个数目太少，不好意思开口。而且，第一次出价后必然还有第二次、第三次。所以科文故意沉默了许久，然后反问对方："你觉得怎么样？"对方愣了一会儿，又说："好吧！真对不起你，请你别将我刚才的价钱放在心上，多一点儿，比方说200美元怎么样？”科文又从对方回答的口气里获得了情报，判断出对方的信心不足，于是又反问道：“多一点儿？”“好吧！300美元如何？”“你说如何？”最后，以邻居希望数的三倍多——950美元了结。

点评：飓风中房屋的损失很难精确计算，保险公司根据协议肯定会赔偿，但赔偿多少对于理赔调查员而言来说也只能估计个大概。本例中虽然未说明，但我们也能猜测到，一块飓风下来，会有很多理赔案件等待处理，理赔员心态会相对焦急，科文巧妙地利用保险公司必须赔偿、损失不易评估、理赔员需要时间处理其他理赔案件的现实，以逸待劳、以静制动，迫使理赔员多次自动提高理赔额，最终使赔偿金额极大超过邻居的心理底线。

二、盛情款待

1. 基本做法

作为东道主的一方，在正式举行谈判会议之前，一般会为对方的到来举行高级别的盛大接风宴会、舞会，或赠送贵重的礼品，或在日程表中免费给对方安排高档旅游、休闲和保健活动。

2. 运用效果

盛情款待在一定程度上使对方产生“受之有愧，需作回报”感，从而软化对方的谈判原则、立场和态度，使本方处于有利的地位，但遇到高水平的谈判对手，此策略将会失效。盛情款待容易使人产生你有求于他，急于与他成交的错觉，且使用该策略的成本高。

3. 运用条件

盛情款待策略一般是在以下情形之一使用：对方是谈判新手；对方注重礼遇回报（人情味重，友谊第一，交易第二）。

4. 实施要点

使用此策略时，款待需要够档次，礼遇的氛围需刻意烘托，但要自然，要把握时机、火候与分寸，否则将会弄巧成拙，产生贿赂等动机不纯之嫌。

5. 应对方法

有“宴无好宴”的思想准备，或“将糖衣吃掉，把炮弹吐出来”，坚持“友情归友情，生意归生意”；给予对方同级别和同档次礼遇的当期回报或未来回报的承诺。谈判小组的决策人、关键议题的主谈人借故不出席款待活动。

三、先声夺人

1. 基本做法

这一策略的基本做法是在谈判会议的开局中首先发言，率先表明本方对谈判坚定的态度、立场与原则；或是通过介绍、演示等手段，渲染本方的实力、优势与经营业绩；或是旁敲侧击地指出对方的弱势、失误等缺陷与不足，削弱对方的谈判地位。

2. 运用效果

运用此策略，有助于树立本方的强势，削弱对方的谈判地位，以先声夺人，居高临下的气势，取得“不战而驱人之兵”的效果，从而把握谈判的主动权。

3. 运用条件

此策略一般是在以下情形下使用：对方较为期望与本方达成交易（如本方为发标方）；本方实力与优势明显，对方弱点突出。

4. 实施要点

表述要有充分的事实依据与艺术，信心十足；要切忌言多，避免暴露本方的弱点；语气、语调要适度不要吓走对方，导致未开局先僵局的后果。

5. 应对方法

听而不闻，坚持按既定方案行事；要求对方重复介绍与演示，困扰对方，削弱对方的气势；寻找对方的纰漏与弱点，伺机予以驳斥和反击。

四、以静制动

1. 基本做法

以静制动策略的基本做法是在谈判会议的开局中，对本方谈判的态度、立场与原则仅做简要与大体上的阐述，而专注于倾听、记录和推敲对方的发言，其后再向对方进行大量的提问。若对方采用“先声夺人”技巧，则给以一定的鼓励。

2. 运用效果

运用此策略可以从对方的发言中获取更多有关产品、技术、商业等市场信息和有关对方的谈判态度、立场、原则、需要、谈判水平等方面的信息；可以判断对方的实力、大致的谈判思路与方案，并据此调整和最终敲定本方的谈判方案；可以寻找对方的破绽与弱点，并以此作为迫使对方让步的筹码和“突围”反击的突破口。在充分知彼的基础上，实现扬长避短，以“后发制人”计谋来把握谈判的主动权。

3. 运用条件

此策略一般是在以下情形下使用：本方对市场行情、交易规则与惯例和对方诸方面情况等不太了解或无把握；本方谈判实力处于明显弱势；对方气势十足、急于求成。

4. 实施要点

精力集中，态度恭谦，诚信可嘉，对对方的发言予以鼓励性的姿态回应；对关键事项需做引申性提问或验证性提问，或是对对方有意回避的事项加以提问；不要反驳对方的观点，也不要对对方的观点表现出质疑，重点是做好听、记、分析判断和对本方谈判方案的调整工作。另外，需注意对信息的去伪存真。

5. 应对方法

对对方的大量提问，在回答中要做到有虚有实，有的回答点到为止，或借故迟作回答，或采用反提问方式，向对方提出一大堆问题，要对方广泛和深入地介绍其情况。

案例阅读与分析 3.2

以静制动，静观其变

曾有媒体刊载，2009年6月，我国某市机床厂厂长在美国芝加哥同美国一家公司进行推销机床的谈判。双方在价格问题的协商上陷入了僵持的状态，这时我方获得情报：该公司原与韩商签订的合同不能实现，因为美国对日、韩提高了关税的政策使得韩商迟迟不肯发货。而美方公司又与自己的客户签订了供货合同，对方要货甚急，该公司陷入了被动的境地。我方根据这个情报，在接下来的谈判中沉着应对，该公司终于沉不住气，购买了我方200台机床。

点评：在谈判中，不仅要注重自己方面的相关情报，还要重视对手的相关情报，只有知己知彼知势，才能获得胜利。

第二节　报价阶段的策略

报价阶段常用的策略有以下几种。

一、吊筑高台

1. 基本做法

吊筑高台策略是指卖方提出一个高于本方实际要求的谈判起点来与对手讨价还价，最后再做出让步达成协议的谈判策略。

这种策略又叫欧式报价，其基本做法是，卖方首先提出留有较大虚头的价格，然后根据谈判双方的实力对比和该项交易的外部竞争状况，通过给予各种优惠，如数量折扣、价格折扣、佣金和支付条件方面的优惠（延长支付期限、提供优惠信贷等）来逐步接近买方的条件，建立起共同的立场，最终达到成交的目的。这种方式与第四章提到的有关报价原则是一致的，只要能稳住买方，使之就各项条件与卖方进行磋商，最后的结果往往对卖方是比较有利的。吊筑高台普遍为欧洲国家厂商采用。

2. 运用效果

运用此策略可以树立强硬的价格形象，对于不太了解行情的对手，也许在获得本方的一两次让步后，就不会再进取，从而使本方获得较丰厚的利益；在价格议题的多次退让，可为本方在其他议题的索取赢得筹码；留出让步的足够空间，可保证本方价格目标利益不至于过损；本方的适度让步，或给予一定的优惠待遇，可使对方获得成就感、获胜感或是双赢感，从而软化其在别项议题（尤其是本方的原则议题）上的立场。

3. 运用条件

此策略一般是在对方对市场行情不太了解、交易价格不易把握或谈判时间充裕的情形下使用。

4. 实施要点

报价和还价的价位不能太偏离，实际报价和还价要有根据和一些证明材料；报价和还价的表达要自信、明确与坚定；让价要步步为营，让价的幅度不可过大，退让的速度不宜过快，次数不宜过频，一般情况下需要在对方做出一定的让步后，本方才可做出新一轮的让步；给予对方的优惠待遇要适度。

5. 应对方法

要求对方出示报价或还价的依据，或者本方出示报价或还价的依据。

案例阅读与分析 3.3

高价带来的成功

1984年，美国洛杉矶成功地举办了第23届夏季奥运会，并赢利1.5亿美元，创造了奥运史上的一个奇迹。这里除了其组织者著名青年企业家尤伯罗斯具有出色的组织才能和超群的管理才能外，更重要的是得益于他卓越的谈判艺术。第23届夏季奥运会的巨额资金，可以说基本上是尤伯罗斯谈出来的。而他运用的谈判策略正是：吊筑高台，喊价要狠。

当时，尤伯罗斯一开始就对经济赞助商们提出了很高的条件，其中包括每位赞助商的赞助款项不得少于400万美元。著名的柯达胶卷公司开始自恃牌子老，只愿出赞助费100万美元和一大批胶卷。尤伯罗斯毫不让步，并断然把赞助权让给了日本的富士公司。后来柯达公司虽经多方努力，但其影响远远不及获得赞助权的富士公司。

很高的要价并未吓跑赞助商，由于奥运会的特殊地位和作用，其他各方面的赞助商纷至沓来，并且相互之间展开了激烈的竞争。最后，尤伯罗斯在众多赞助商竞争者中挑选了30家，终于宽松地解决了所需的全部资金，并使第23届洛杉矶奥运会成为奥运历史上第一次赢利的奥运会，从而提高了奥运会的身价，也增强了奥运会承办者的信心。

（佚名）

点评：奥运会赞助商应该赞助多少、企业通过赞助能获得多高收益基本上不可能精确计算。而同行赞助商之间有竞争、攀比心态。尤伯罗斯利用这一心理吊筑高台、漫天要价，不但使奥运会举办方赢利，还提高了奥运会的影响力，也间接抬高了奥运会赞助商的身价，最终使多方受益。

二、抛放低球

1. 基本做法

抛放低球策略是指先提出一个低于本方实际要求的谈判起点，以让利来吸引对方，试图首先去击败参与竞争的同类对手，然后在与被引诱上钩的买方进行前的谈判，迫使其让步来达到自己的目的。

这种策略又叫日式报价，其基本做法是，将最低价格列于价格表中，首先以低价唤起买方的兴趣。而这种低价格一般是以对卖方最有利的结算条件为前提的，并且与此低价格相对应的各项条件，实际上又很难全部满足。只要买方提出改变有关的交易条件，卖方就可以随之相应提高价格。因此，买卖双方最终成交的价格往往高于卖方最初的要价。

2. 运用效果

运用此策略可以吸引住买方，使其坐下来并坐稳与本方交易，再用障眼法从中获取高的卖价和利益。但若被对方识破，就将给人留下虚伪、狡诈的不良形象，而使其处处谨慎行事，从而给本方后面谈判中技巧的施展带来困难。

3. 运用条件

此策略一般是在交易内容较多、成套设备交易，或是对方谈判水平不高，对市场行情不太了解的情形下使用。

4. 实施要点

与对方的交际要热情，态度要显得诚恳；对低价位交易内容需给出本方的坚定承诺，以使对方尝到甜头，不轻易退出谈判；报高价时，立场要坚定，态度要自信，当然所要的高价也需保持一定的弹性，可作适度的让步。

5. 应对方法

把对方的报价内容与其他客商（卖主）的报价内容一一进行比较和计算，并直接地提出异议；不为对方的小利所迷惑，自己报出一个一揽子交易的价格。

抛放低球虽然最初提出的价格是最低的，但它却在价格以外的其他方面提出了最利于本方的条件。对于买方来说，要想取得更好的条件，他就不得不考虑接受更高的价格。因此，低价格并不意味着卖方放弃对利益的追求。可以说，它与吊筑高台殊途同归，两者只有形式上的不同，而没有实质性的区别。一般而言，抛放低球有利于竞争，吊筑高台则比较符合人们的价格心理。多数人习惯于价格由高到低，逐步下降，而不是相反的变动趋势。

三、吹毛求疵

1. 基本做法

吹毛求疵就是故意挑剔毛病，在商务谈判中广为使用，逼对方让步。其基本做法是先用苛刻的虚假条件使对方产生疑虑、压抑、无望等心态，以大幅度降低对手的期望值，然后在实际谈判中逐步给予优惠或让步；由于对方的心理得到了满足，便会做出相应的让步。

2. 运用效果

该策略由于用“苦”降低了对方的期望值，用“甜”满足了对方的心理需要，因而容易实现谈判目标，使对方满意地签订合同，本方从中获取较大利益。

3. 运用条件

此策略一般是在对方是谈判新手，缺乏谈判经验，或己方在购买商品的情形下使用。

4. 实施要点

先向对方提出要求，不能过于苛刻，漫无边际；要“苦”得有分寸，不能与通行做法和惯例相距太远。否则，对方会觉得我方缺乏诚意，以致中断谈判；提出比较苛刻的要求，应尽量在对方掌握较少信息与资料的某些方面；尽量是双方难以用客观标准检验、证明的某些方面；否则，对方很容易识破你的战术，采取应对的措施。

5. 应对方法

充分了解信息，尽可能掌握对方的真实意图；并可采取相同的策略对付对方；采用巧掩缺陷策略也不失为一计。

案例阅读与分析 3.4

目前正是苹果大量上市的时候，水果贩的店里有一个采购员在讨价还价："多少钱一千克？""3.6元。""3.2元行吗？""少一分也不卖。"这个采购员走了。不久，又一个采购员走上前来。"多少钱一千克？""3.6元。""整筐卖多少钱？""零买不卖，整筐3.6元一千克。"接着这个采购员挑出一大堆毛病来，如从商品的功能、质量、大小、色泽等，其实是在声明：瞧你的商品多次。水果贩显然不同意他的说法，在价格上也不肯让步。采购员却不急于还价，而是不慌不忙地打开筐盖，拿起一个苹果掂量着、端详着，不紧不慢地说："个头还可以，但颜色不够红，这样上市卖不上价呀！"接着伸手往筐里掏，摸了一会儿摸出一个个头小的苹果："老板，您这一筐，表面是大的，筐底可藏着不少小的，这怎么算呢？"边说边继续在筐里摸着，一会儿，又摸出一个带伤的苹果："看，这里还有虫咬，也许是雹伤。您这苹果既不够红，又不够大，算不上一级，勉强算二级就不错了。"这时，卖主沉不住气了，说话也和气了，"您真想要，还个价吧。"双方终于以每千克3.2元的价钱成交了。

点评：第一个采购员遭到拒绝，而第二个采购员却能以较低的价格成交，这里关键在于，第二个采购员在谈判中，采取了"吹毛求疵"的战术，说出了压价的道理，这种吹毛求疵的策略，是通过再三挑剔，提出一大堆问题和要求来运用的，尽管有的是真实的，有的是虚张声势，但都可以成为讨价还价的理由，达到以攻为守的目的，使卖主把价格降低，使买主有讨价还价的余地，让对方知道，买主是很聪明的，不会轻易被人欺骗的，使买方精明强干的行为得到体现，促成卖方重视买方，从而提高买方的谈判效果。

四、巧掩缺陷

1. 基本做法

在商务谈判中，很可能存在不满和反对意见，每一件产品也不免存在被人挑剔的缺陷。就卖主而言，常常会因为害怕触怒买主或害怕买主过于挑剔而使价格跌落，故此卖主往往极力掩盖产品的缺陷，以提高产品的价格，事实也是如此。其基本做法是将本方产品的缺陷巧妙地加以掩盖，致使买方难以发现。

2. 运用效果

如果运用得当，可收到一定的效果，二流的商品可以卖出一流的价钱，增加本方利润。但如果运用不好，则弄巧成拙，给人不诚实之感，影响今后双方的长期合作，这一点要特别注意。

3. 运用条件

此策略一般是在对方是谈判新手的情况下运用，他们缺乏谈判经验、缺乏商品知识、没有鉴别商品质量的能力，或在出售新产品的情形下使用。

4. 实施要点

在和对手谈判前，首先了解清楚自己的产品和其他竞争产品相比的优缺点，并详细商定买方可能挑剔毛病的应对策略。集思广益，让内部人员尽量挑剔产品的毛病然后在此基础上找出产品缺陷的根源。当存在缺陷的根源找出来以后，则视其是否容易对付，如果容易对付，一般是利用一些有说服力的资料或事实去辩驳，而如果是不容易对付，则可能会运用安全答话和避重就轻等策略去应付。

当存在的缺陷很明显，买方又抓住其要害时，卖方应顺其自然地同意买方意见，而不是固执己见地提出辩驳或狡辩。通过同意买方的意见，满足其自尊心，有时甚至可以使买方高兴而忘乎所以，这时若再佐以强调买方如何是内行，该产品对买方如何实用，价格方面如何低廉或合理等，买方就可能欣然同意成交。

诚然在商谈当中双方应该真诚相待。作为卖方，应如实反映产品的各项性能、特点，不要滑入欺诈的泥坑。

5. 应对方法

作为买方，应事先进行广泛的商务调研，在进行商谈时，应把个人感情与原则、既定立场与利益、主观臆断与客观标准等严格分开，这样才能够不上当受骗或不被卖主的不道德伎俩所迷惑。

案例阅读与分析 3.5

2013年，雅居股份有限公司有意向长兴塑料制品有限责任公司购买一批一次性鞋套，由于对质量的疑虑，在订购价格和数量上举棋不定，双方定于在卖方公司进行进一步的磋商，顺便参看卖方工厂以便考察产品的生产流程和质量……

雅居股份有限公司首席执行官于4月28日带领谈判团队来到长兴塑料制品有限责任公司，长兴塑料制品有限责任公司的相关负责人接机并举行热烈的欢迎仪式，使对方放下戒备心理。谈判过程中，雅居股份有限公司的首席执行官一直咬着质量要求卖方降价，并且列举一系列由于质量问题而产生的巨额费用开支，如客户投诉问题、售后服务问题、使公司的财产和声誉受损、增加成本使利润缩减……长兴塑料制品有限公司技术总监避开一次性鞋套存在的一些不利因素，如容易滑倒、破裂、造成环境污染等，大力宣传产品的款式新颖独特，市场总监一再强调欧美国家对其需求量高，产品有着极大的市场潜力，当买方一再对产品质量提出质疑要求卖方降价时，卖方的售后总监强调他们公司是一家经营多年有着很大声望的公司，并且建立有完善的售后服务体系……

点评：卖方为掩盖产品的不足之处，又使对方能接受自己的价格保证自己的利润空间，谈判过程中卖方技术总监避开产品本身存在的一些不利因素大力宣传产品的款式新颖独特，市场总监一再强调产品的市场潜力，巧妙地掩饰了产品本身的不足之处，由相对被动变为相对主动，从而赢得谈判的主动权。

五、数字陷阱

1. 基本做法

数字陷阱是指卖方抛出自己制作的商品成本构成计算表（其项目繁多，记事复杂）给买方，用以支持本方总要价的合理性。在分类成本中“掺水分”，以加大成本，为本方的高出价提供证明与依据。

2. 运用效果

运用此策略可以为本方谋取较大利益，击退或是阻止对方的强大攻势。但是成本构成计算表被对方找出明显错误，则本方就会处于被动局面，易使谈判复杂化，进程缓慢。

3. 运用条件

此策略一般是在商品交易内容多，成本构成复杂，成本计算方法无统一标准，或是对方攻势太盛的情形下使用。

4. 实施要点

成本计算方法要有利于本方；成本分类要细化，数据要多，计算公式要尽可能繁杂，水分要掺在计算复杂的成本项中，水分要掺得适度。

一句话，就是要使对方难以核算清楚总成本，难以发现“水分”所在，从而落入本方设计好的“陷阱”，接受本方的要价。

5. 应对方法

尽可能弄清与所交易的商品有关的成本计算统一标准、规则与惯例；选择几项分类成本进行核算，寻找突破口，一旦发现问题，就借机大举发动攻势；寻找有力的理由，拒绝接受对方抛出的成本构成计算表，坚持本方原有的立场与要价。

案例阅读与分析 3.6

一次，中国外贸人员同英国裘皮商人进行谈判。休息时，英商凑到陪谈人员身边递烟边询问道：“今年的牛皮比去年好吧！”中方人员随意应了声：“不错。”英商紧跟一句：“如果我想买15万到20万张不成问题吧？”谈判人员仍不经意地回答：“没问题。”一支烟未吸完，英国商人已在不知不觉中摸到中方重要商情并设下圈套。

在随后的谈判中，英商主动向中方人员递出5万张牛皮的稳盘，价格比原方案高5%。中方谈判人员没料到这是花招，仅认为他要抢买，在别的竞争者面前先出高价挤垮别人以达到垄断货源之目的。为此，中方为卖得理想的价格而沾沾自喜。

可是两天之后，就有客户向中方反映，有人按低于中方的价格在英国市场抛售中国的牛皮。直到此刻，中方谈判人员冷静地分析了业务谈判的前前后后，方才恍然大悟，原来该商人有意递出价高5%的稳盘，稳住中方，因为他给的价高，其他商人便难以问津了。同时在中国牛皮高牌价下，他则在英国市场上按原价大量抛售牛皮的存货，以微小的代价先于中方出售。这样他的积压货倾销出去了，而中国向其他国家报出的价格却被全部顶了回来。

点评：商务谈判与其说是利益的抗衡，不如说是智慧的较量。谁掌握着谈判对方的底细，谁就掌握着主动权，利益的天平就会向谁倾斜。

六、巧设参照

1. 基本做法

巧设参照是指向对方抛出有利于本方的多个商家同类商品交易的报价单，设立一个价格参照系，然后将所交易的商品与这些商家的同类商品在性能、质量、服务其他交易条件等方面做出有利于本方的比较，并以此作为本方要价的依据。

2. 运用效果

通过设立有利于本方的价格参照系和相关的优势与劣势比较，可以为本方要价提供有力的证据，同时也是为抵御对方的价格进攻，树立一道屏障，为本方争取较大的利益。但此策略极耗时间与精力，若操作不当，则容易被对方抓住漏洞，反而使本方处于不利地位。

3. 运用条件

此策略一般是在存在众多同类商品交易，本方谈判实力与地位处于弱势，或本方的商品、交易条件有某些明显优势的情形下使用。

4. 实施要点

要精选其他商家的报价单，以确保本方具有比较优势；要尽可能为本方所抛出的报价单准备证明其真实性的材料；须仔细分析本交易内容、条件和报价与同类交易及其报价的可比性，事先拟定好应对对方挑漏洞的方案；在比较中，作为卖方应突出本方提供的商品在性能、质量、服务与其他交易条件等某一或几个方面的优势，同时淡化劣势。作为买方，则要尽可能多地挑出卖方提供的商品在性能、质量、服务与其他交易条件等与别的商家相比所存在的劣势，同时淡化其优势。

5. 应对方法

要求对方提供有关证据，证实其所提供的其他商家的报价单的真实性；仔细查找报价单及其证据的漏洞，如性能、规格型号、质量档次、报价时间和其他交易条件的差异与不可比性，并以此作为突破对方设立的价格参照系屏障的切入点；本方也抛出有利于自已的另外一些商家的报价单，并做相应的比较，以其人之道还治其人之身；找出对方价格参照系的一个漏洞，并予以全盘否定之，坚持本方的要价。

第三节　磋商阶段的策略

磋商的过程及其结果直接关系到谈判双方所获利益的大小，决定着双方各自需要的满足程度。因而，选择恰当的策略来规划这一阶段的谈判行为，无疑有着特殊重要的意义。

磋商既是双方求同存异、合作、谅解、让步的过程，也是双方斗智斗勇，在谈判实力、经验和智力等诸多方面展开具体较量的过程，谈判策略和技巧的作用在本阶段得到了充分体现。本节我们将分析这一阶段中较为常见的谈判策略。

一、投石问路

投石问路是指利用一些对对方具有吸引力或突发性的话题同对方交谈，或通过所谓的谣言、秘讯，或有意泄密等手段，借此琢磨和探测对方的态度和反应。

运用此策略，买方通过有意投"石"，可以更进一步了解卖方的商业习惯和动机，以及可能成交的最低价格或价格政策。通过这种迂回的方式，试探对方的价格目标，从而使本方在要价中做到心中有数，在交锋中做到攻防有度。此策略一般是在市场价格行情不稳定、无把握，或是对对方不大了解的情形下使用。

在应对此策略时，可以对部分问题做简单必要的回答，且要做到虚虚实实，让对方难于判断出本方的价格目标；向对方进行反提问，或提出与对方问题不相干的问题，或直截了当地向对方询问他交易的真实需要及其期望的交易条件；自己找出或要求对方给出真正想要购买的货物或数量；要求买方以马上订货作为条件，否则，一般不会对买方的要求进行估价；如果买方准备马上订货，一般会留有余地地对买方之要求进行估价，乘机试探买方的诚意与动机；调查分析买方购货的意图或目的，适当强调交易成功可能对买方产生的利益，以激起买方将购买欲望化为行动。

案例阅读与分析 3.7

投石问路

有一家服装公司，他们的设计人员设计了一款冬装，该冬装的款式很漂亮，价格也挺合理，各个消费层的人都很喜欢，所以销路特别好，公司根据这一情况决定扩大生产，抓紧占领冬装市场。这时需要购进大批量的面料来生产这款冬装，而由于面料的需求量相当大，面料上很小的价格差异就可能造成十分可观的费用差别，所以公司在选择面料生产厂家合作时要很谨慎。

该服装公司放出需要大批量面料的消息，在很短的时间内，就有本地和外地的面料生产厂家的推销人员主动上门来进行销售谈判，想和服装公司达成供货协议。但是这家服装公司对他们生产冬装所要面料的批量生产成本和利润不是很了解，所以对谈判价格没有十足的把握，为了选择一家合理的厂家并保证公司购买面料的花费用合理，公司的高层先派采购部人员同前来洽谈业务的销售人员进行接触进而获得一些有利的情报。在谈判的初期，谈判人员和销售人员进行了详细的谈判，一方面尽可能多地了解对方公司的情况，如产品质量、生产规模、公司实力和信誉以及初步报价，另一方面却不进行最后拍板，而是以"贵公司的情况和报价我们已经清楚了，定会如实转告公司的领导，只要你们的质量可靠，价格合理，我们领导一定会考虑贵公司的"等话来答复对方的销售人员。然后公司将各个面料生产厂家的情况和报价进行对比和分析，基本上掌握了各个生产厂家的真实情况和各方面的优势，最后选中了一家面料生产厂家作为合作对象。在谈判中由于服装公司对所需的面料各方面的情况有了初步的了解，一直占据着谈判的主导权，在产品的价格和要求上取得了较大的优势，经过双方的进一步谈判，最终达成了协议，该服装公司因此买到了质量上乘且价格较低的面料，进而取得了可观的经济效益。

点评：由于服装公司对所需面料的批量生产成本不了解，处于被动的不利状态，在进行实质性谈判前公司采用投石问路的策略来了解各个厂家的情况，经过与各个厂家的销售人员进行初步接触和谈判，对对方各公司的实际情况和报价有了一定的了解，然后进行比较，选择最适合的厂家进行谈判。在实际谈判中使用投石问路的策略来试探谈判对手的谈判立场和态度，由于对对方的实际情况、成本、价格有了基本了解，所以在实际谈判中能够始终处于优势。

二、抛砖引玉

抛砖引玉策略的基本做法是在对方询价时，本方不公开报价，而是举一两个近期达成交易的案例（本方与别的商家的交易，或是市场上的），给出其成交价，进行价格暗示，反过来提请对方出价。此策略一般是在本方不愿意先出价，而对方又期望本方先出价的情形下使用。

运用此策略的目的是将先出价的“球”踢回给对方，为本方争取好价格。运用得当，举例真实可信，可以为本方带来额外收益，强化本方在谈判中的有利地位；但若提供的成交案例经不起推敲，则本方就具有欺诈之嫌，从而使本方处于不利的谈判地位。

实施这一策略的注意要点：所举案例的成交价要有利于本方，成交案例与本交易要具有可比性，且需要提供证明材料。

案例阅读与分析 3.8

抛砖引玉

无论是漫长的外交活动史，还是纷繁复杂的商务谈判，运用抛砖引玉的技巧进行谈判的实例随处可见。

某省粮油进出口公司与某外商就一笔较大的黄豆交易进行价格谈判。买方表示愿意以每吨136美元的出价成交，而卖方的报价则是每吨150美元。经过双方认真、坦率的谈判，互相都做出一定的让步，买方从原出价136美元提高到140元，而卖方则从报价的150美元降至145美元。但由于双方都表示不能再作让步，谈判只好暂时中止。

三天之后，卖方由于资金周转出了些问题，急需现金，于是给买方打去电话，表示愿意接受每吨140美元的价格，不知买方是否还有交易的打算。买方即刻表示同意磋商。在谈判过程中，卖方坦诚地介绍了公司的情况，希望能迅速成交。买方在听完卖方陈述后，出人意料地表示仍然愿意以145美元的价格买进。为此，卖方公司喜出望外，对买方的关照和慷慨表示满意，双方的手紧紧地握在一起。

事过之后，有人问及为什么这么干？买方告诉记者：“每吨只差5美元的价格，总数3 000吨，总差额不过15 000美元。这笔金额对本方并不重要，倘若坚持非140美元一吨不买，则对今后的业务往来无丝毫的好处。如果以此作为让步，对方会加倍珍视，这份支援表现出的友好态度，无疑对于以后往来，谈判实务可是大有益处的。”

果然，从此以后，买卖中总能享受到优惠和特权。它给买方带来的长期的经济利益，远不是那15 000美元可比拟的。

点评：在这桩交易谈判中，买方将卖方自愿送上门的15 000美元拱手让给了卖方。表面看他们将要到手的利益都不要，似乎很难理解。但是，他们以此微小的眼前利益作为“砖”抛了出去，而结果引来的却是极大的长期利益和双方良好的人际关系这块“玉”。由此可见，买方的远见和巧妙运用抛砖引玉方略的谈判策略非常有价值。

三、先造势后还价

先造势后还价这一策略的基本做法是在对方开价后不急于还价，而是指出市场行情的变化态势（涨价或降价及其原因），或是强调本方的实力与优势（明示或暗示对方的弱势），构筑有利于本方的形势，然后再提出本方的要价。此策略一般是在对方有求于与本方达成交易，且市场行情明显有利于本方，或本方优势突出的情形下使用。

运用此策略可以给对方造成客观存在的心理压力，从而使其松动价格立场，并做出让步。但运用不当，有可能吓跑对方，或使对方产生抵触情绪，从而招致对方的顽强反击，使谈判步履艰难或不欢而散。

四、步步为营

步步为营策略是指谈判者在谈判过程中步步设防，试探着前进，不断地巩固阵地，不动声色地推行自己的方案，让人难以察觉，使自己的每一微小让步都要让对方付出相当代价的做法。在一切条件上都要坚持自己的观点，自己做出了一点让步，缠住对方不放，要求对方也做出让步，以消耗对方的锐气，坚守自己的阵地。此策略一般是在谈判时间充裕、谈判议题较少，或是各项议题的谈判均比较艰难的情形下使用。

运用此策略可以减少本方的让步，不做无谓的牺牲，以本方微小的代价换得对方较大的让步。如果运用不当，会加大谈判的艰难程度，严重时会导致谈判的搁浅。

使用该策略应小心谨慎，戒急躁和冒进；每次让步之前应该想好它对对方的可能影响及对方可能会有的反应；使用该策略要做到言行一致，有理有据，使对方觉得情有可原；还价要狠，退让要小而缓；要使对方感到本方的每一次让步都是做出了重大牺牲，一般情况下，本方做出一次让步后，需坚持要对方也做出一次对等（或是较大）的让步，然后本方才可能做出新一轮的让步。

应对此策略应注意以下几点。

（1）寻找并抓住对方的一两个破绽，全盘或者大部分地否定对方的要价理由。

（2）坚持本方的要价与让步策略和行动计划，不跟随对方的步调行事，不做出对等让步，坚持要求对方做出大的让步，本方其后才做出让步。

（3）向对方学习，也步步为营。

（4）用其他技巧，如最后出价、最后通牒、不开先例等来打乱对方的步调。

五、疲劳轰炸

疲劳轰炸策略是指通过干扰对方的注意力、瓦解其意志来抓住有利时机达成协议。马拉松式的谈判，本已存在的会场氛围、精力等自然障碍，再加上“疲劳策略”的运用，人为地拖延谈判时间，把对方的休息和娱乐的时间也安排得满满的，看来似为隆重礼遇，实际上也许只是一种圈套。这时，影响谈判结局的决定性因素是谈判人员的精力，而不是高明的辩论技巧。在商务谈判中，如果一方的谈判者表现出居高临下、先声夺人的姿态，那么，即可以采用“疲劳战”战术。

运用该策略，可以应对对手所提出的种种盛气凌人的问题，通过采取回避、虚与自旋的方针，暗中摸清对方的情况，寻找其弱点，逐渐消磨对手的锐气；同时本方的谈判地位也从不利和被动的局面中扭转过来。到了对手精疲力竭的时候，本方则可反守为攻，抱着以理服人的态度，摆出本方的观点，力促对方做出让步。

六、走马换将

走马换将又称车轮大战，是指在谈判桌上的一方遇到关键性问题或与对方有无法解决的分歧时，借口自己不能决定或其他理由，转由他人再进行谈判。这里的“他人”或者是上级、领导，或者是同伴、合伙人、委托人。不断更换本方的谈判代表，有助于形成一种人数、气数、伦理的强势，有意延长谈判时间将消耗对方的精力，促其做出更大让步。在商务谈判中，如果对方实力强本方实力弱，且本方对市场行情不太了解，或对所购买商品性能不够熟悉，即可以采用“走马换将”战术。

此策略的核心是更换谈判主体，通过更换谈判主体，可以侦探对手的虚实，耗费对手的精力，削弱对手的议价能力，有助于形成一种人数、气数、伦理的强势，给对手造成巨大的心理压力，同时，为自己留有充分的回旋余地，从而掌握谈判的主动权。作为谈判的对方需要重复地陈述情况，阐明观点；面对新更换的谈判对手，需要重新开始谈判。这样会付出加倍的精力、体力和投资，时间一长，难免出现漏洞和差错。

应对此策略应注意以下几点。

（1）无论对方是否准备采用该策略，都要做好充分的心理准备，以便有备无患。

（2）新手上场后不重复过去的争论，如果新的对手否定其前任做出的让步，自己也借此否定过去的让步，一切从头开始。

（3）用正当的借口使谈判搁浅，直到把原先的对手再换回来。

（4）这种策略能够补救本方的失误。前面的主谈人可能会有一些遗漏和失误，或谈判效果不如人意，则可由更换的主谈人来补救，并且顺势抓住对方的漏洞发起进攻，最终获得更好的谈判效果。

第四节　成交阶段的策略

成交阶段是谈判双方最终确立交易条件、缔结协议的过程，同时也是谈判各方利益得以最终确立的过程。从某种意义上讲，谈判者所付出的一切努力，都是为双方顺利地达成协议服务的。但是，即使到了这一阶段，谈判双方的预期已经达到一致的程度，谈判的进程仍然会因为各种主客观因素的影响而受到阻碍，缔结协议未必就成为顺理成章的事情。在这个阶段，谈判者还必须灵活地运用某些谈判策略，以便有效地引导谈判行为的发展。

一、场外交易

1. 基本做法

场外交易策略是指当谈判进入成交阶段，双方将最后遗留的个别问题的分歧意见放下，东道主一方安排一些旅游、酒宴、娱乐项目，以缓解谈判氛围，争取达成协议的做法。

在谈判后期，如果仍然把个别分歧问题摆到谈判桌上来商讨，往往难以达成协议。一是经过长时间的谈判，已经令人很烦闷，影响谈判人员的情绪，相应地还会影响协商的结果；二是谈判桌上紧张、激烈、对立的氛围及情绪迫使谈判人员自然地去争取对方让步。而即使是正常的应该的，但在最后的一个环节上的让步，让步方会认为丢了面子，可能会被对方视为战败方；三是即使某方主谈或领导人头脑很清醒、冷静，认为做出适当的让步以求尽快达成协议是符合本方利益的，但因同伴态度坚决、情绪激昂而难以当场做出让步的决定。此时，运用场外交易策略是较为恰当的。

2. 运用效果

场外轻松、友好、融洽的氛围和情绪则很容易缓和双方剑拔弩张的紧张局面。轻松自在地谈论自己感兴趣的话题，交流私人感情，有助于化解谈判桌上激烈交锋带来的种种不快。这时适时巧妙地将话题引回到谈判桌上遗留的问题上来，双方往往会很大度地相互做出让步而达成协议。

3. 运用条件

当谈判进入成交阶段，双方已经在绝大多数的议题上均已取得一致意见，只仅在某一两个问题上存在分歧、相持不下而影响成交时，即可考虑采取场外交易。

4. 实施要点

一定要注意谈判对手的不同习惯。有的国家的商人忌讳在酒席上谈生意。为此必须事先弄清，以防弄巧成拙。

二、开诚布公

1. 基本做法

开诚布公策略又称为“亮底牌”策略，这个策略与上述最后通牒及有限权力策略有类似之处，实行起来既简单又实用。开诚布公策略是指在谈判开始时，将本方的观点、立场、交易要求告诉对方，以便于对方了解，相互沟通，寻求满足双方需求的途径。买主使用这个策略的表现手法往往是：“我们非常喜欢你的产品，也喜欢你的合作态度，遗憾的是我们只有这么多钱……”或“遗憾的是政府只拨这么多款”或“公司的预算只有这么多”等。而卖方的表现手法则是：“我们成本就是多少，故此价格不能再低了”或“假如你硬要以这个价格购买则交货期必须延长，或者是你必须预付定金或预付货款”等。

2. 运用效果

有效利用此策略，往往可以迅速达成交易或争取更好的利润。在商务谈判当中买卖双方使用开诚布公这一策略之所以能收到较好的效果，是因为买卖双方均抓住了人类的天性之一，即喜欢帮助别人实现愿望这一特点。买方采取这个策略时，卖方就会自然地同情买主，并站在买方的位置之上，为买主着想给予同情而心甘情愿地让步。如果卖主作了较大的让步，买主一看目的基本达到，就可见机也作一些微小的让步，诸如稍微改变一下规格，或稍微降低一点品质，或一再致谢，用礼貌和恭维这些不花本钱的行为去满足卖主的虚荣心。于是，买卖双方很可能"皆大欢喜"地达成了协议。

3. 运用条件

该策略适用于"互惠互利型"和"皆大欢喜型"谈判，即双方需要都依赖于对方，或双方有过很好的业务交往关系。

4. 实施要点

开诚布公策略在实施时应注意以下几个问题。

（1）将本方的立场、需要、观点明确告诉对方。

（2）注意观察对方言行。

（3）"借口"的选用应有可信度。

（4）让对方感受到你的真诚。

5. 应对方法

当对方采用开诚布公策略时，己方应注意以下几个问题。

（1）首先对买主的言行不可轻信。

（2）如果买主是资信良好可靠的客户，且其他方面又允许的话，可建议改变付款方式。

（3）拿出几份不同规格型号、不同质量或不同标准的商品以及不同价格的价目表让对方挑选，暗示买方一分钱一分货，并委婉地劝告对方购买与其支付能力相称的商品。

（4）如果买方硬要以某种价格购买的话，可以考虑提高零配件的价格以弥补损失，也可以考虑薄利多销这一原则，劝说买方成批购买。

（5）找出对方真正决策的人或探取对方真正的预算秘密，这样一来，以预算的限制为借口的策略就会不攻自破，大多数买主往往会自动地放弃自己的计划而合作。

（6）假如卖方在商谈的时候首先抛出亮底牌策略时，买方的破解措施除了利用买方的亮底牌手法去破解之外，还有诸如要求额外的利益或更完善的售后服务，或改变支付方式，或者要求免费或低价提供一些零配件或辅助产品，或者精心挑剔商品中的各种毛病，以动摇卖方的议价力量。

案例阅读与分析 3.9

2012年，我国国内红豆歉收，日本一家公司又急需从我国进口一批红豆。我国有很多库存，但是有相当一部分是前一年的存货，我国希望先出售旧货，而日方则希望全是新货。双方就此展开谈判。

谈判开始后，日方首先大诉其苦，诉说日方面临的种种困难，希望得到我方的帮助。我方也开诚布公地介绍了红豆的情况：新货不足，陈货偏多，新货价格偏高，因此，希望日方购买去年的存货。虽再三说明，日方仍然坚持全部购买新货，谈判陷入僵局。我方提出供应陈货的同时也供应部分新货。日方最初的订货量为2 000吨，但改称订货量为3 000吨，要求新货为2 000吨。我方没答应，回复其3 000吨可以，但是最多只包括800吨新货。由此谈判再次中断。两天后，日方又来了，因没有找到合适的供应商，也不能再拖下去。最后成交量为2 200吨，其中700吨新货。

点评：以开诚布公的方式向谈判对手陈述自己的观点或想法，从而打开局面的坦诚式开局策略。比较适合于有长期合作关系的双方，以往的合作双方比较满意，双方彼此比较了解，不用太多的客套，减少了很多外交辞令，节省了时间，直接坦率地提出自己的观点、要求、反而更能使对方对自己产生信任感。采用这种策略时，要综合考虑多种因素，如自己的身份、与对方的关系、当时的谈判形式等。

这种开局策略有时用于谈判力弱的一方。当我方的谈判力明显不如对方，并为双方共知时，坦率地表明自己的弱点，让对方加以考虑，更表明了己方谈判的真诚，同时也表明了谈判的信心和能力。案例中双方都开诚布公自己的情况，日方知道自己是弱的一方，开始就大诉其苦，诉说自己的种种困难，希望得到中方的帮助。而我方也坦率地公布自己的红豆情况。谈判中直截了当地表明自己的观点，不拖泥带水。

三、坐收渔利

1. 基本做法

坐收渔利策略是指买主把所有可能的卖主请来，同他们讨论成交的条件，利用买卖之间的竞争，各个击破，为自己创造有利的条件。该策略取自“鹬蚌相争，渔人得利”，比喻双方争执，让第三者得利。该策略成功的基础是制造竞争，卖者的竞争越激烈，买者的利益就越大。

2. 运用效果

运用得当，可以获得额外利益。

3. 运用条件

该策略适用于通用商品的采购谈判时，其中各厂商所提供商品无太大的质量差异。

4. 实施要点

实施坐收渔利策略时一般应注意以下几点。

（1）邀请多家卖方参加投标，利用其间的竞争取胜。

（2）同时邀请几家主要的卖主与其谈判，把与一家谈判的条件作为与另一家谈判要价的筹码，通过让其进行背靠背的竞争，促其竞相降低条件。

（3）邀请多家卖主参加集体谈判，当着所有卖主的面以压低的条件与其中一位卖主谈判，以迫使该卖主接受新的条件。因为在这种情况下，卖主处在竞争的压力下，如不答应新的条件，又怕生意被别人争去，便不得不屈从于买方的意愿。

5. 应对方法

对方采用该策略时，本方的对策要因其运用的竞争方式不同而不同。

（1）对于利用招标进行的秘密竞争，要积极参加。

（2）对于背靠背的竞争应尽早退出。

（3）对于面对面的竞争，采取相反的两种对策：一种是参加这种会议，但只倾听而不表态，不答应对方提出的任何条件，仍按自己的既定条件办事；另一种是不参加这种会议，不听别人的观点，因为在会议上容易受到买方所提条件的影响。

案例阅读与分析 3.10

2013年1月，美国一家鞋业公司要订制一批成品男鞋，来到温州寻找鞋业制造商，在某酒店会议室与各鞋业制造商就价格问题进行了商务谈判。

经过一阵寒暄之后正式进入谈判议题，美国公司信心满满，提出10万双成品男鞋的订单，各公司针对自身情况进行报价。欢鸟鞋业报价68元每双；哈杉鞋业报价70元每双，并陈述自身的品牌价值以及较为先进的机器设备，并承诺能在3个月内生产完毕；嘉乐鞋业报价65元每双；帝邦鞋业报价67元每双；迪诺鞋业报价63元每双；九龙鞋业报价58元每双，陈述自有两个品牌，能确保质量；东比亚鞋业报价60元每双……很多鞋业公司都在现场根据各方的报价调整自己原先策划书上的报价，美国公司暗自窃喜，原先各公司都咬着75元每双以上的报价，这一番比价之后各自都降价这么多，一阵商讨之后，美国公司选择了报价最低且拥有自主品牌的九龙鞋业。

点评：美国公司利用自己订单量大这个吸引力，将多家鞋业公司聚集到一起谈判，既省去了跟不同商家谈判的时间，也利用各方鞋业想争取到自己这个订单的想法浑水摸鱼，趁着各方都抢着争取订单的混乱之际选择报价最低的生产商，让自己可以得到更多的收益。

四、先入为主

1. 基本做法

先入为主策略的基本做法是以各种理由争取由本方起草合同文本，并在合同草案中安排有利于本方的措辞、条款、顺序和有关解释的谈判。

2. 运用效果

先入为主策略的目的是使合同条款的内容及其履行有利于本方的整体利益，为今后履行合同争取到主动地位。

3. 运用条件

此策略具有广泛的适用性。

4. 实施要点

实施先入为主策略时一般应注意以下几点。

（1）争取由本方起草合同文本的理由要充分。

（2）斟酌选用对本方有利的措辞，巧妙对有关条款做出解释，并安排条款的顺序。

（3）明确（同时尽可能增加）对方的责任与义务，同时尽可能减少本方的责任与义务。

（4）设法缩短对方审核与双方讨论、修改合同草案的时间。

5. 应对方法

当对方采用先入为主策略时，我方可采用以下几种方法应对。

（1）也争取由本方起草合同文本，或争取起草合同文本第二稿。

（2）用足够的时间和精力对对方起草的合同进行详细的审核，尤其是对关键条款、重大责任与义务、专业术语及其有关解释要通过集体讨论的方式，逐条、逐款地斟酌与修订，在双方的讨论中明确提出修改意见，并坚持按本方的修改意见撰写合同正式文本。

（3）不同意单方起草合同文本，提出由双方各自起草一份合同草稿，然后经讨论与协商，再拟订出一份合同文本的初稿，并坚持此合同文本。

五、请君入瓮

1. 基本做法

请君入瓮策略的基本做法是一开始就拿出一份有利于本方（往往是卖方所为）的完整的合同文本，要求对方按照此合同文本的内容讨论每项条款，并最终在此基础上签约。

2. 运用效果

运用请君入瓮策略可以从谈判开始就限定对方讨价还价的范围和要价的幅度，限制对方谈判策略和技巧的发挥，占据有利的谈判地位，使谈判结果不过分偏离本方的目标，为本方争取到较大利益。

3. 运用条件

请君入瓮策略对卖方具有广泛的适用性。

4. 实施要点

请君入瓮策略的实施应注意以下几点。

（1）卖方实施此策略时须把大多数议题的要价设高。

（2）合同文本中需塞进一些不利于对方的条款，遗漏一些本方必须承担的责任与义务。

（3）注意控制局面，不要使谈判偏离合同文本的轨道。

5. 应对方法

一般来说，对方采用请君入瓮策略时应坚决拒绝接受对方提出的合同文本和谈判方式，由本方提出（或由双方协商后议定出）新的谈判方式与程序，并按此方式与程序展开谈判，并根据谈判结果另行拟写合同文本。

案例阅读与分析 3.11

2002年，云南省小龙潭发电厂就6号机组脱硫改造项目与丹麦史密斯穆勒公司签订了一系列脱硫改造合同，改造后检测结果，烟囱排放气体并未达到合同所承诺的技术指标。该电厂于2004年又与史密斯穆勒公司为此事进行交涉，要求对方进行经济赔偿。索赔谈判前，电厂在确认对方的责任方面进行了大量调研和数据收集工作。

在索赔正式谈判中，双方在责任问题上各执一词，谈判出现了僵局。史密斯穆勒公司采取了“打擦边球”的策略，试图推脱责任，把赔偿金额压到最低。合同要求脱硫率是90%，脱硫率瞬间值达到了这一指标，甚至还高于90%，对方死死盯住合同要求的脱硫率试图以瞬间值逃脱一定责任，而电厂深知对方想通过脱硫率来推脱索赔责任，在谈判中巧妙地利用这一点，专门将焦点放在脱硫率上，但要求的是长期值而不是瞬间值，以平均值来说明问题。电厂经过长期统计，平均值仅有80%左右，远远没有达到合同的要求。在脱硫剂石灰上，丹麦的国家制度规定石灰原料由国家提供，而我国则由企业自己提供。史密斯穆勒公司认为，脱硫效率低是电厂未提供合适的石灰造成的，电厂应负一定责任。双方最终达成协议：一方面，史密斯穆勒公司派遣相关人员继续进行技术改造，另一方面，史密斯穆勒公司就无法实现的合同技术指标部分进行赔偿。

点评：在谈判中，对方公司想通过脱硫率来推脱责任，但没有想到的是自己设的陷阱却成了别人对付自己的办法。在此次谈判中，电厂利用请君入瓮的策略，以其人之道还治其人之身，知道对方想通过脱硫率来推脱责任，所以巧妙地利用了这一点，通过平均脱硫率有力地回击了对方，让对方无话可说，从而在谈判中赢得了主动权。

六、金蝉脱壳

1. 基本做法

这一策略的基本做法是以各种理由为借故，例如，经请示，上级领导不同意按已谈的条件签合同；本谈判组无权（权力受限）按谈妥的条件签约等；拒绝签订合同；提出重新谈判的建议；退出谈判。

2. 运用效果

此策略是谈判下策，可以作为避免签订严重不利于本方利益合同的一种手段，或出于特殊原因，需要退出此次谈判的措施，但其会有损于本方的商业信誉与形象。

3. 运用条件

这个策略须审慎使用，切不可滥用。只有在市场发生了极大的变化，原来所谈条件无法履行或履行后须付出巨大代价的情况下才选用。

4. 实施要点

金蝉脱壳策略的实施应注意以下几点。

（1）实施此策略时要拿出理由和证据。

（2）向对方深表歉意与遗憾。

（3）相机行事。

（4）果断退出，并不去理会对方的谴责言辞。

5. 应对方法

对方实施金蝉脱壳策略时需注意以下几点。

（1）认真分析对方出此策略的原因。

（2）对确有原因的，如本方要价过高，对方获利太少，则同意调整单项利益关系，甚至同意重新开谈，全面调整利益关系。

（3）若对方是耍花招的，则要予以强烈谴责，并以向同业和大众披露其商业劣迹相要挟，直至采取行动。

七、不遗余“利”

1. 不忘最后的获利

通常，在双方将交易的内容、条件大致确定，即将签约的时候，精明的谈判人员往往还要利用最后的时刻，去争取最后的一点收获。在成交阶段最后收获的制做法是：在签约之前，突然提出一个小小的请求，要求对方再让出一点点。由于谈判已进展到签约的阶段，谈判人员已付出很大的代价，也不愿为这一点点小利伤了友谊，更不愿为这点小利而重新回到磋商阶段，因此往往会很快答应这个请求，以求尽快签约。

2. 争取最后的让步

针对磋商阶段遗留的最后一两个有分歧的问题，需要通过最后的让步才能求得一致。在许多情况下，到谈判的最后关头，往往对方管理部门中的重要高级主管会出面，参加或主持谈判。这时我们便可争取最后让步。

3. 注意为双方庆贺

在商务谈判即将签约或已经签约的时候，可谓大告成功。此时，我方可能心中暗喜，以为自己在交易中比对方得的更多，但这时我方一定要注意为双方庆贺，强调谈判的结果是我们共同努力的结晶，满足了双方的需要。同时不要忘记赞扬对方谈判人员的才干。这样做会使对方心理得到平衡和安慰，并感到某种欣慰，为以后双方的履约和往来打下良好基础。

4. 慎重地对待协议谈判的成果

要靠严密的协议来确认和保证，协议是以法律形式对谈判成果的记录和确认，它们之间应该完全一致，不得有任何误差。

第五节　商务谈判中的“随机应变”

谈判者由于文化、修养、性格及经历的不同，往往会表现出不同的谈判风格和特点。因此，这就要求谈判者根据谈判对手的不同风格，采取相应的策略。

一、对付“强硬型”谈判者的谈判策略

强硬型谈判者在谈判中，往往表现出态度傲慢、自信，并且盛气凌人。对付这类谈判者的原则是：避其锋芒，以弱制强，以柔克刚。在此，除了可以采用“沉默策略”、“忍耐策略”、“多

听少讲”策略外，还可以采用以下策略。

（1）以柔克刚策略。面对咄咄逼人的强硬型对手，己方可暂不做出任何反应，以静观动，以忍耐沉默的“持久战”来削弱对方的锐气，待其乏力时，己方待机反攻，变弱为强。

（2）争取承诺策略。强硬型的谈判者往往比较注重信誉，为此，他会对已经承诺的事情认真履行。所以，谈判中要利用各种方法，尽量争取对方对某项议题的承诺。有了这些承诺，就等于获得了有利的谈判条件。

（3）更换方案策略。谈判之前应该准备多项方案，当最初抛出的方案无法实施时，应及时更换备选方案。该策略不仅可以使己方有充分的时间去探索富有创造性的解决问题的方法，以使谈判能顺利地进行下去。同时，还可以防止己方接受不利的条件或失去符合己方利益的条件。

（4）“黑脸白脸”策略。该策略是把谈判团队分成两部分，一部分人扮“黑脸”，一部分人扮“白脸”，“黑脸”态度强硬、“以刚克刚”，“白脸”则保持沉默，观察对方的反应，思谋对策。等待谈判出现紧张氛围时，“白脸”出面缓和局面，一边劝阻自己的伙伴，一边指出这种局面出现与对方是有很大关系的，如果谈判破裂于双方都是不利的。最后建议双方都做出让步。该策略起到了软硬兼施、刚柔并济的作用。

二、对付“阴谋型”谈判者的谈判策略

在商务谈判中，有些谈判者为了满足自身的利益，常常会使用一些诡计来诱惑对方，图谋达成不公平的协议。为了维护己方的正当利益，当碰上“阴谋型”谈判对手时，应采取以下策略。

1. 反车轮战策略

车轮战是一种不断更换谈判对手，以使对方精疲力竭，从而迫使对方做出让步的策略。反车轮战策略的具体做法如下。

（1）及时揭穿对方的诡计，敦促对方停止换人。

（2）制造借口拖延谈判，直到原来的对手重新回到谈判桌上。

（3）对更换上桌的谈判对手拒绝重复以前的陈述，而静坐听其对方的“报告”。

（4）如果新上桌的对手否认过去的协定，己方也可以针锋相对地否认曾经许下的诺言。

（5）在消极对抗中，不要放过新上桌对手的新建议，抓住有利时机及时签约。

2. 对付抬价策略

抬价本是商务谈判中的常事。但“阴谋型”谈判者往往使用不合理的手段来抬价。比如，谈判双方已经商定好了价款，第二天却突然提出抬价。对付对方的这一策略，具体做法如下。

（1）在讨价还价时，就要对方做出某种保证，以防反悔。

（2）尽早争取让对方在协议书或合同上签字，防止对方反悔或不认账。

（3）如果发现对方的诡计，应及时指出，争取主动。

（4）终止谈判。

三、对付“固执型”谈判者的谈判策略

固执型谈判者的特点是固执己见、不接受任何人的建议，一切按习惯、按规章制度、按领导意图办事。对付这样的谈判者可采取以下策略。

1. 先例旁证策略

固执型谈判者的观点不是不可改变，而是不易改变。先例旁证策略，就是针对对方所坚持的观点，用已有的先例来论证新建议、新方案的合理性和可行性，以使其转变观点。

2. 制造僵局策略

在商务谈判中出现僵局是令人不愉快的。但多次实践证明，人为地制造僵局，并把僵局作为一种威胁对方的策略，会有利于己方的谈判。但制造僵局时应考虑以下条件。

（1）市场情况对己方有利。

（2）让对方相信自己是有道理的，僵局是由对方造成的。

（3）在制造僵局之前要设计出消除僵局的退路，以及完整的僵局“制造”方案。

（4）制订消除僵局后的提案。

谈判人员应该牢记：制造僵局并不等于宣告谈判结束；打破僵局的真正目的不是相互道歉，而是达成协议。

3. 以守为攻策略

固执型谈判者总是在坚持其观点时陈述各种理由。对此，一方面必须耐心和冷静，仔细倾听对方的陈述，注意发现漏洞；另一方面针对对方的观点准备详细的资料，注意诱发对方的兴趣，引导其需要，并利用漏洞与弱点组织攻势，增强谈判的力度。

四、对付“虚荣型”谈判者的谈判策略

虚荣型谈判者的特点是自我意识较强，好嫉妒、爱表现，且对外界的暗示较敏感。对付这种对手，一方面可以适当地满足其虚荣心，另一方面要抓住其弱点，打开突破口，使其妥协。具体可采取以下策略。

1. 投其所好策略

根据虚荣型谈判者的特点，在谈判中用一些他所熟悉的东西为话题，给他一个充分表现自我的机会，投其所好地使他的虚荣心得到满足，从而有利于削弱他抗衡的力度。同时，可以通过对方的“自我表现”，了解和分析对方的实情。当然，还要提防对方表现的虚假性。

2. 顾全面子策略

由于虚荣型谈判者多好大喜功、好说大话。抓住对方的这一特点，对他承诺过的、说过的有利于己方的一切话，统统记录在案，必要时还可以用“激将法”要他本人以书面的形式来确认，或对达成的每一项协议都立字为证，以防他日后否认。

总之，谈判中的策略是多种多样的，要求谈判者在实践中灵活运用。如果生搬硬套某一策略，或者孤立的使用某一策略，都不会收到好的效果。

本章小结

1. 实际谈判中，从谈判双方见面商议开始，到最后签约或成交为止，整个过程往往呈现出一定的阶段性。具体地表现为开局阶段、报价阶段、磋商阶段和成交阶段四个阶段。

2. 在具体谈判中，最终采用何种策略要由谈判人员根据当时、当地的谈判背景与形势来决定，而且谈判人员的谈判能力、本方的谈判实力，以及实际谈判中的个人及小组的力量发挥情况等都将影响策略运用的效果。

综合训练

一、不定项选择题

1. 策略是指人们谋事的（　　）。

A. 计策和方略　　B. 内容　　C. 方向　　D. 要点

2.（　　）不是商务谈判策略的特点。

A. 主观能动性　　B. 灵活性　　C. 实践性　　D. 技巧性

3.（　　）适合运用先声夺人的谈判策略。

A. 对方较为期望与本方达成交易（如本方为发标方）

B. 本方实力与优势明显，对方弱点突出

C. 再次交易可能性小

D. 对方谈判能力较低

4. 对付“强硬型”谈判者可采取的谈判策略是（　　）。

A. 以柔克刚策略　　B. 争取承诺策略　　C. 更换方案策略　　D. 黑脸白脸策略

二、名词解释

吊筑高台策略　投石问路策略　走马换将策略　黑白脸策略

三、简答题

1. 什么是商务谈判策略？

2. 在商务谈判的磋商阶段可以采取哪些策略？

3. 商务谈判开局阶段可采取的方案有哪些？

4. 在商务谈判处于被动地位时，可以采取哪些策略加以应对？

四、案例分析题

1995 年 7 月下旬，中外合资企业重庆某房地产开发有限公司（以下简称重庆公司）张总经理获悉澳大利亚著名建筑设计师尼克先生将在上海作短暂的停留。张总经理认为，澳大利亚的建筑汇聚了世界建筑的经典，何况尼克是当代著名的、有许多杰作的建筑设计师！为了把正在建设中的××大厦建设成豪华气派的，既方便商务办公，又适于家居生活的现代化综合商住楼，必须使之设计科学、合理，不落后于时代新潮。张总经理委派丁静副总经理作为全权代表飞赴上海，与尼克先生洽谈。既向这位著名设计师咨询，又请他帮助公司为××大厦设计一套方案。

丁静女士一行肩负重担，风尘仆仆地赶到上海。刚下飞机，便马上与尼克先生的秘书联系，确定当天晚上在银星假日饭店的会议室见面会谈。下午 5 点，双方代表准时赴约，并在宾馆门口巧遇，双方互致问候，彬彬有礼地进入会议室。

根据张总经理的指示精神，丁静女士一行介绍了××大厦的现状，她说："××大厦建设方案是在七八年前设计的，其外形、外观、立面等方面有些不合时宜，与跨世纪建筑的设计要求存在很大差距。我们慕名远道而来，恳请合作与支持。"丁静女士一边介绍，一边将事先准备好的有关资料，如施工现场的相片、图纸，国内有关单位的原设计方案、修正资料等，提供给尼克一行。

尼克在我国注册了"联合建筑设计有限公司"。该公司是多次获得国际大奖的甲级建筑设计公司，声名显赫。在上海注册后，尼克很快赢得了上海建筑设计市场。而且，内地市场还没有深入进来，该公司希望早日在内地的建筑设计市场上占有一席之地。由于有这样一个良好的机会，所以尼克一行对该公司的这一项目很感兴趣，他们同意接受委托，设计××大厦 8 楼以上的方案。

可以说，双方都愿意合作。然而，联合建筑设计有限公司报价 40 万元人民币。这一报价令人难以接受。据重庆公司谈判代表了解，联合建筑设计有限公司在上海的设计价格为每平方米 6.5 美元。若按此价格计算，重庆××大厦 25 000 平方米的设计费应为 16.25 万美元；根据当天的外汇牌价，应折合人民币 136.95 万元。的确，40 万人民币的报价算是优惠的了！"40 万元人民币是充分考虑了内地情况，按每平方米设计费人民币 16 元计算的。"尼克说道。但是，考虑到公司的利益，丁静女士说："20 万元（人民币）。"对方感到吃惊。丁静女士解释道："在来上海之前，总经理授权我们 10 万左右的签约权限。我们出价 20 万元，已经超出了我们的权力范围……如果再增加，必须请示总经理。"双方僵持不下，谈判暂时结束。

第二天晚上，即 7 月 26 日晚上 7 点，双方又重新坐到谈判桌前，探讨对建筑方案的设想、构思，接着又谈到价格。这次联合建筑设计有限公司主动降价，由 40 万元降为 35 万元，并一再声称："这是最优惠的价了。"

重庆公司的代表坚持说："太高了，我们无法接受！经过请示，公司同意支付 20 万元，不能再高了！请贵公司再考虑考虑。"对方谈判代表嘀咕了几句，说："鉴于你们的实际情况和贵公司的条件，我们再降 5 万元，30 万元好了。低于这个价我们就不做了。"重庆公司的代表分析，对方舍不得丢掉这次与本公司的合作机会，对方有可能还会降价，仍然坚持出价 20 万元。过了一会儿，尼克公司代表收拾笔记本等用具，根本不说话，准备退场。眼看谈判陷入僵局，这时，重庆公司的蒋工程师急忙说："请贵公司的代小姐与我公司总经理通话，待我公司总经理决定并给我们指示后再谈。贵公司看这样好不好？"由于这样的提议，紧张的氛围才缓和下来。7 月 27 日，代小姐等人打了很多次电话，与重庆公司张总经理联系。在此之前，丁静副总经理已与张总经理通话，向张总经理详细汇报了谈判的情况及对谈判的分析和看法。张总经理要求丁静女士一行："不卑不亢！心理平衡！"所以当代小姐与张总经理通话后，张总经理做出了具体指示。

在双方报价与还价的基础上，重庆公司出价 25 万元。尼克公司代表基本同意，但提出 8 月 10 日才能交图纸，比原计划延期两周左右。经过协商，当天晚上草签了协议。7 月 28 日，签订正式协议。

请问：

1. 在谈判过程中，双方主要运用了哪些谈判策略？
2. 如果你是尼克一方的代表，面对丁静女士使用的有限权力策略，如何应对？
3. 如何理解谈判中"有限的权力才是真正的权力"？

五、模拟商务谈判实践

接第二章模拟商务谈判实践，团队内部协商谈判使用的策略和技巧，与对手组织第一轮谈判。

（1）根据本章所学的商务谈判策略和技巧，各团队内部协商在初次洽谈中所使用的策略和技巧，大体设定己方的谈判底线。

（2）组织的模拟商务谈判首轮会谈，时间不超过 30 分钟（模拟商务谈判时，鼓励各队相互观摩）。洽谈应大概确定收购（出售）标的范围，达成下次是否继续谈判的口头协议。

（3）团队内部总结初次洽谈的经验教训，为下次谈判做准备。

第四章　商务谈判僵局的突破

学习目标

1. 了解谈判中僵局的种类。
2. 认识和熟悉僵局的成因。
3. 掌握突破僵局的策略与技巧。

关键概念

谈判僵局　有效退让

不论是国内还是国际实际商务谈判中，人们都有这样一个感觉，即谈判十分顺畅的时候很少，多数谈判到一定阶段，总会出现进退两难的局面，即人们通常所说的谈判陷入了僵局。

僵局之所以能够经常产生，其原因就在于来自国内不同的企业，以及其他不同国家或地区的谈判者，都各自有自己的利益出发点。当谈判进展到一定时期时，这种各自对利益的期望或对某一问题的立场和观点很难形成共识，甚至相去甚远，且各自又不愿再做进一步的让步，就形成了僵局。

当僵局出现以后，必须进行迅速的处理，否则就会对谈判的顺利进行产生影响。突破僵局，必须对僵局的性质、产生原因等问题进行透彻的了解和分析，才能正确地加以判断，从而进一步采取相应的策略和技巧，选择有效的方案，重新回到谈判桌上来。

第一节　商务谈判僵局的分类和成因

一、商务谈判僵局的分类

按人们对谈判本身的理解角度不同，商务谈判中僵局有不同的分类方法。

1. 狭义上的分类

从狭义上的理解，谈判就是交换意见、达成一致看法、签订协议的过程。站在狭义的角度来分析僵局，其种类包括谈判初期僵局、中期僵局、后期僵局三种。

在谈判初期，主要是双方彼此熟悉、了解、建立融洽氛围的阶段，双方对谈判都充满了期待。但是如果由于误解，或由于某一方谈判前准备得不够充分等，使另一方感情上受到很大伤害，就会导致僵局的出现，以至于使谈判匆匆收场。

在谈判中期，这是谈判的实质性阶段，双方需要就有关技术、价格、合同条款等交易内容进行详尽的讨论、协商。在合作的背后，客观地存在着各自利益上的差异，这就可能使谈判暂时向双方难以统一的方向发展，产生谈判中期的僵局。而且，中期僵局常常具有此消彼长、反反复复的特点。有些中期僵局通过双方之间重新沟通，矛盾便可迎刃而解，有些则因双方都不愿在关键问题上退让而使谈判时间拖延，问题悬而难解。因此，中期是僵局最为纷繁多变的，也是谈判破裂经常发生的。

在谈判后期是双方达成协议阶段。在已经解决了技术、价格等关键性问题之后，还有诸如项目验收程序、付款条件等执行细节需要进一步商议，特别是合同条款的措辞、语气等经常容易引起争议。但是谈判后期的所谓僵局不像中期那样难以解决，只要某一方表现得大度一点，稍做些让步便可顺利结束谈判。需要指出的是，后期阶段的僵局也不容轻视，如果掉以轻心，有时仍会出现重大问题，甚至使谈判前功尽弃。因为到了后期，虽然合作双方的总体利益及其各自利益的划分已经通过谈判确认，但是只要正式的合同尚未签订，总会有未尽的权利、义务、责任、利益和其他一些细节尚需确认和划分，因此不可疏忽大意。

2. 广义上的分类

从广义上讲，谈判不仅是从交换意见到签订合作协议的过程，而是伴随整个合作过程自始至终的全过程。僵局的发生也是伴随整个合作过程随时随地都有可能出现的。由此，谈判僵局可根据谈判过程分为协议期僵局和执行期僵局两大类。

协议期僵局是双方在谈判磋商阶段意见产生分歧而形成的僵持局面。执行期僵局是在执行项目合同过程中双方对合同条款理解不同而产生的分歧，或出现了双方始料未及的情况而把责任有意推向他人，抑或一方未能严格履行协议引起另一方的严重不满等，由此引起的责任分担不明确的争议。

3. 谈判内容上的分类

按照谈判内容分，不同的谈判主题会有不同的谈判僵局。

一般来讲，不同的标准、技术要求、合同条款，项目合同价格、履约地点、验收标准、违约责任等，都可以引起不同内容上的谈判僵局。

需要提出的是，有可能导致谈判僵局的谈判主题中，价格是最为敏感的一种，是产生僵局频率最高的方面。因此，从内容上讲，不论是国内还是国际商务谈判，价格僵局是经常存在的。

二、商务谈判僵局产生的原因

不论是谈判中的何种僵局，其形成都是有一定原因的。那么当我们认真而冷静地对僵局的成因进行分析时，就会发现，其原因不外乎以下几个方面。

1. 立场观点的争执

在谈判过程中，如果对某一问题各持看法和主张，并且谁也不愿做出让步时，往往容易产生分歧，争执不下。双方越是坚持自己的立场，分歧就会越大，这时，双方真正的利益被这种表面的立场所掩盖，而且为了维护各自的面子，非但不愿做出让步，反而会用顽强的意志来迫使对方改变立场。于是，谈判变成了一种意志力的较量，谈判自然陷入僵局。经验证明，谈判双方在立场上关注越多，就越不能注意调和双方利益，也就越难达成协议。甚至谈判双方都不想做出让步，或以退出谈判相要挟，这就更增加了达成协议的困难，拖延了谈判时间，容易致使谈判一方或双方丧失信心与兴趣，最终使谈判以破裂而告终。

2. 有意无意的强迫

谈判中，人们常常因有意无意地采取强迫手段而使谈判陷入僵局。特别是涉外商务谈判，由于不仅存在经济利益上的相争，还有维护国家、企业及自身尊严的需要。因此，一方越是受到逼迫，就越是不会退让，谈判的僵局也就越容易出现。

补充阅读

在国际业务中，有些外商常常要求我方向派往我国的外方工作人员支付高额报酬，或要求低价包销由其转让技术所生产的市场旺销产品，或强求购买其已淘汰的设备，如此等等，都属强迫行为。如果我方不答应，就反过来以取消贷款、停止许可证贸易等相威胁。

有时候，我国有些企业也用同样的方法强迫那些渴望与我们合作的外商接受难以理解的条件。诸如此类，都是导致僵局出现的原因。

3. 人员素质的低下

俗话说，事在人为。人的素质因素永远是引发事由的重要因素。谈判也是如此，谈判人员素质不仅始终是谈判能否成功的重要因素，而且在双方合作的客观条件良好、共同利益较一致的情况下，谈判人员素质高低往往是起决定性作用的因素。事实上，仅就导致谈判僵局的因素而言，不论是何种原因，在某种程序上都可归结为人员素质方面的原因。无论是谈判人员作风方面的原因，还是知识经验、策略技巧方面的不足或失误都可导致谈判的僵局。

4. 信息沟通的障碍

由于谈判本身就是靠“讲”和“听”来进行沟通的。信息沟通不仅要求真实、准确，还要求及时、迅速。但谈判实践中却往往由于未能达到这些要求而使信息沟通产生障碍，从而导致僵局。信息沟通障碍主要表现为：双方文化背景差异所造成的沟通障碍；由于职业或受教育程度等造成的一方不能理解另一方的沟通障碍；由于心理因素等原因造成的一方不愿接受另一方的沟通障碍；由于语言（或口译）或合同文字方面而产生的信息传递失真而使双方产生误解而出现的障碍，这些都可能使谈判陷入僵局。

5. 合理要求的差距

从谈判双方各自的角度出发，双方各有自己的利益需求。当双方各自坚持自己的成交条件，而且这种坚持虽相去甚远，但却是合理的情况时，这时只要双方都迫切希望从这桩交易中获得所期望的利益而不肯做进一步的让步，那么谈判就很难前行，交易也没有希望成功，僵局也就不可避免了。这种僵局出现的原因就在于双方合理要求差距太大，不能形成共识。在商务谈判实践中，即使双方都表现出十分友好、真诚与积极的态度，但是如果各自对所期望的收益存在很大差距，那么也难免会出现僵局。

以上是造成谈判僵局的几种因素。谈判实践中，很多谈判人员害怕僵局的出现，担心由于僵局而导致谈判暂停乃至最终破裂，其实大可不必。

谈判经验告诉我们，这种暂停乃至破裂并不绝对是坏事。因为谈判暂停，可以使双方都有机会重新审慎地回顾各自谈判的出发点，既能维护各自的合理利益又注意挖掘双方的共同利益。如果双方都逐渐认识到弥补现存的差距是值得的，并愿采取相应的措施，包括做出必要的进一步妥协，那么这样的谈判结果也真实地符合谈判原本的目的。即使出现了谈判破裂，也可以避免进行非理性的合作，即不能同时给双方都带来利益上的满足。有些谈判似乎形成了一胜一负的结局，实际上，失败的一方往往会以各种各样的方式来弥补自己的损失，甚至以各种方式挖对方墙脚，结果导致双方都得不偿失。所以说，谈判破裂并不总是以不欢而散而告终的。双方通过谈判。即使没有成交，但彼此之间加深了了解，增进了信任，并为日后有效合作打下了良好的基础，从这种意义看来，也并非坏事，在某种程度上倒可以说是一件有意义的好事。

因此，僵局的出现并不可怕，重要的是要正确地对待和认识它，并且能够认真分析导致僵局的原因，以便对症下药，打破僵局，使谈判得以顺利进行。

即学即练

2009 年开始的希腊债务危机，直到 2015 年上半年仍未解决，希腊政府和国际债权人之间的谈判由于在养老金和就业改革等重要问题上陷入僵局。希腊财政部长瓦鲁法基斯表示，欧元集团财长会议可作为希腊与债权人达成最终协议的“平台”。齐普拉斯政府寻求将谈判持续三个月却未达成协议的责任推给欧元区和世界银行（IMF），称每个债权方在希腊养老金、就业改革和基本预算盈余等多项问题上设置了不同的“红线”，导致不可能达成协议。

阅读 2015 年 3 月 19 日《经济参考报》中《拒绝透露国内改革进展引国际债权人不满 希腊债务谈判再陷僵局前景难料》（记者：廖冰清）一文，分析该次僵局的类型和产生的原因。

《拒绝透露国内改革进展引国际债权人不满 希腊债务谈判再陷僵局前景难料》：http://dz.jjckb.cn/www/pages/webpage2009/html/2015-03/19/content_3311.htm

第二节 突破僵局的原则和技巧

在谈判遇到僵局时，要想突破僵局，不仅要分析原因，还要搞清分歧的所在环节及其具体内容，例如，是价格条款问题，还是法律合同问题，抑或责任分担问题等。在分清这些问题基础上，进一步估计目前谈判所面临的形势，检查一下自己曾经做出的哪些许诺和可能存在的不当之处，并进而认真分析对方为什么在这些问题上不愿意让步，困难之所在，等等。特别是要想方设法找出造成僵局的关键问题和关键人物，然后再认真分析在谈判中受哪些因素的制约，并积极、主动地做好与有关方面的疏通工作，寻求理解、帮助和支持，通过内部协调，我们就可以对自己的进退方针做出大致的选择。然后，我们就要认真研究突破僵局的具体策略和技巧，以便确定整体行动方案，并予以实施，最终突破僵局。

一、僵局的处理原则

商务谈判者的经验证明，打破僵局要注意以下基本原则。

（1）把人与事严格区分开。真正的僵局形成后，谈判氛围随之紧张，这时双方都不可失去理智，任意冲动。必须明确冲突的实质是双方利益的矛盾，而不是谈判者个人之间的矛盾，因此要把人与事严格区分开来，不可夹杂个人情绪的对立，以致影响谈判氛围。

> 在模拟商务谈判实践中难免产生僵局和紧张氛围，此时必须将人与事严格区分开来，不可将日常生活中与其他同学关系的亲疏远近带进模拟商务谈判。

（2）努力做到双方不丢面子。面子就是得到尊重，人皆重面子。在商贸谈判中没有绝对的胜利者和失败者，商贸谈判的结果都是在各有所得和各有所给的条件下共同努力取得的。因此任何一方，都必须尊重对方的人格，在调整双方利益取向的前提下，使双方的基本需求得到满足，不可让任何一方下不了台，而造成丢面子、伤感情的局面。

（3）尽可能实现双方的真正意图。僵局的解决，最终表现为双方各自利益的实现，实际上是实现了双方的真正意图。做不到这一点，对方利益完全不保证，就不会有僵持局面的结束。

谈判双方必须遵循上述这些原则，主动积极地打破僵局，采取一定的策略，争取及时缓解。

二、打破僵局的策略和技巧

常见的用以突破僵局的策略与技巧主要有以下几种。

1. 从客观的角度来关注双方利益

在谈判陷入僵局的时候，人们总是自觉不自觉地脱离客观实际，盲目地坚持自己的主观立场，甚至忘记了自己的出发点是什么。因此，为了有效地克服困难，打破僵局，首先要做到从客观的角度来关注利益。

在某些谈判中，尽管主要方面双方有共同利益，但在一些具体问题上双方存在利益冲突，而又都不肯让步。这种争执对于谈判全局而言可能是无足轻重，但是如果处理不当，由此而引发的矛盾，当激化到一定程度即形成了僵局。由于谈判双方可能会固执己见，因此找不到一项超越双方利益的方案，因此很难打破这种僵局。这时，应设法建立一项客观的准则，即让双方都认为是公平的，既不损害任何一方面子，又易于实行的办事原则、程序或衡量事物的标准，这往往是一种“一解百解”的枢纽型策略，实际运用效果很好。

在客观的基础上，要充分考虑到双方潜在的利益到底是什么，从而理智地克服希望通过坚持自己的立场来赢得谈判的做法，才能回到谈判的原始出发点，才有可能突破谈判的僵局。

2. 从不同的方案中寻找替代

商务谈判过程中，往往存在多种可以满足双方利益的方案，而谈判人员经常简单地用某一方案，而当这种方案不能为双方同时接受时，僵局就会形成。实践中，这种例子不胜枚举。

事实上，不论是国际商务谈判，还是国内业务磋商，都不可能总是一帆风顺的，双方之间磕磕碰碰是很正常的事情。这时，谁能够创造性地提出可供选择的方案，谁就能掌握谈判的主动权。当然这种替代方案一定既能有效地维护自身的利益，又能兼顾对方的利益要求。不要试图在谈判开始就确定一个什么唯一的最佳方案，因为这往往阻止了许多其他可供选择的方案的产生。相反，在谈判准备期间，就能够构思出彼此有利的更多方案，往往会使谈判如顺水行舟，顺畅无误地到达目的地。

案例阅读与分析 4.1

范蠡贩马

春秋时期诸侯割据、战事不断，范蠡发现了一个巨大的市场需求：吴越一带需要大量战马，而齐国多牧场，马匹便宜又骠悍。如果能将北方的马匹低成本、高效率地运到吴越，一定能够大获其利。可问题是：买马不难，卖马也不难，就是运马难。千里迢迢、人马住宿费用代价高昂且不说，更要命的是当时正值兵荒马乱，沿途常有强盗出没。经过一番调查，了解到北方有一个很有势力、经常贩运麻布到吴越的巨商姜子盾，姜子盾因常贩运麻布早已用金银买通了沿途强人。于是，范蠡就把主意放在了姜子盾的身上。

思考讨论：如果你是范蠡，应该提出什么方案和姜子盾谈判呢？建议个人或小组讨论谈判方案，不超过 3 分钟，之后汇总，看能得出多少套可行方案。

> 汇总相关方案后，观看中央电视台 2012 年纪录片《中国商人·第一集 大道圣途》22 分 30 秒～23 分 50 秒片段，看看范蠡如何解决此问题：http://jishi.cntv.cn/2012/12/10/VIDA1355145918163128.shtml。

3. 从对方的无理要求中据理力争

有时，当商务谈判陷入僵局时，客客气气商议、平平和和谅解并不一定能解决问题。如果这种僵局完全是由于对方理屈所致，那么我们就要勇敢地据理力争，从而主动打破僵局。

如果僵局的出现是由于对方提出的不合理要求造成的，特别是在一些原则问题上所表现的蛮横无理时，要做出明确而又坚决的反应。因为这时任何其他替代性方案都将意味着无原则的妥协，且这样做只会助长对方的气焰，增加对方日后的欲望和要求，而对于我方来讲，却要承受难以弥补的损害。因此，要同对方展开必要的争执，让对方自知观点难以成立，不可无理强争，这样就可能使他们清醒地权衡得与失，做出相应的让步，从而打破僵局。

需要指出的是，当我方面对对手的无理要求和无理指责时，采用一些机智的办法对付，往往比直接进行交锋要有效，这也是谈判的艺术所在。

4. 站在对方的角度看问题

谈判实践告诉我们，谈判双方实现有效沟通的重要方式之一就是要设身处地，从对方的角度来观察问题，这同样是打破僵局的好办法。

当谈判陷入僵局时，如果我们能够做到从对方角度思考问题，或设法引导对方站到我方的立场上来思考问题，彼此就能够多一些理解。这对消除误解与分歧、找到共同点、构筑双方都能接受的方案有积极的推动作用。先应审视我们所提的条件是否合理，是不是有利于双方合作关系的长期发展；然后从对方的角度看看他们所提的条件是否有道理。

实践证明，如果善于用对方思考问题的方式进行分析，会获得更多突破僵局的思路。可以肯定地说，站在对方的角度来看问题是很有效的，因为这样一方面可以使自己保持心平气和，可以在谈判中以通情达理的口吻表达我们的观点；另一方面可以从对方的角度提出解决僵局的方案，这些方案有时确实是对方所忽视的，所以一经提出，就会很容易为对方所接受，使谈判顺利地进行下去。

5. 从对方的漏洞中借题发挥

谈判实践告诉我们，在一些特定的形势下，抓住对方的漏洞，小题大做，会给对方一个措手不及，这对于突破谈判僵局会起到意想不到的效果，这就是所谓的从对方的漏洞中借题发挥。

从对方的漏洞中借题发挥有时被看成一种无事生非、有伤感情的做法。然而，对于对方某些人的不合作态度或试图恃强欺弱的做法，运用这种方法反击，往往可以有效地使对方有所收敛。相反，不这样做反而会招致对方变本加厉的进攻，从而使我方在谈判中进一步陷入被动局面。事实上，当对方不是故意为难我方，而我方又不便直截了当地提出来时，采用这种旁敲侧击的做法，往往可以使对方知错就改，主动合作。

6. 当双方利益差距合理时即可釜底抽薪

谈判陷入僵局时，如果双方的利益差距在合理限度内，即可采用釜底抽薪策略来打破僵局。釜底抽薪同孤注一掷、背水一战相似，是一种有风险的策略。它是指在谈判陷入僵局时有意将合作条件绝对化，并把它放到谈判桌上，明确地表明自己无退路，希望对方能让步，否则情愿接受谈判破裂的结局。

运用釜底抽薪策略解决僵局的前提是，双方利益要求的差距不超过合理限度。只有在这种情况下，对方才有可能忍痛割舍部分期望利益、委曲求全，使谈判继续进行下去。相反，如果双方利益的差距太大，只靠对方单方面的努力与让步根本无法弥补差距时，就不能采用此策略，否则就只能使谈判破裂。

需要指出的是，这一策略不可轻易随便地采用，必须在符合上述前提条件时方可运用。但是，当谈判陷入僵局而又实在无计可施时，这一策略往往是最后一个可供选择的策略。另外，在整个谈判过程中，我们应该严格地遵守商业信用和商业道德，不能随意承诺，但一旦承诺就要严格兑现。因此，如果由于运用这一策略而使僵局得以突破，我们就要兑现承诺，与对方签订协议，并在日后的执行中，充分合作，保证谈判协议的顺利执行。

7. 有效的退让

对于谈判的任何一方而言，坐到谈判桌上来的目的是成功，达成协议，而绝没有抱着失败的目的前来谈判的。因此，当谈判陷入僵局时，我们应清醒地认识到，如果促使合作成功所带来的利益要好于因坚守原有立场致使谈判破裂的结果，那么有效的退让也是我们应该采取的潇洒的一策。

实际谈判中，达到谈判目的的途径往往是多种多样的，谈判结果所体现的利益也是多方面的。当谈判双方对某一方面的利益分割僵持不下时，往往容易轻易地使谈判破裂。一个成熟的谈判者，这时应该明智地考虑在某些问题上稍做让步，而在另一些方面去争取更好的条件。例如，在引进设备的谈判中，有些谈判人员常常会因为价格上存在分歧而使谈判不欢而散，而像设备的功能、交货时间、运输条件、付款方式等问题尚未来得及涉及，就匆匆地退出了谈判。事实上，作为购货的一方，有时完全可以考虑接受稍高的价格，而在购货条件方面，就有更充分的理由向对方提出更多的要求，如增加相关的功能、缩短交货期限、在规定的年限内提供免费维修的同时争取在更长的时间内免费提供易耗品或分期付款等。这样做比起匆匆而散的做法要经济得多。

经验告诉人们：在商务谈判中当谈判陷入僵局时，如果对国内、国际情况有全面了解，对双方的利益所在又把握得恰当、准确，就应以灵活的方式在某些方面采取让步策略，去换取另外一些方面的收益，以挽回本来看来已经失败的谈判，达成双方都能够接受的协议。

以上列举了一些突破谈判僵局的策略与技巧，实践中还有许多策略在此不一一列举。其实有些策略只能凭谈判人员自己去感知，难以用文字表达清楚。

总之，要想突破谈判僵局，就要对僵局的前因后果作周密的研究，然后在分析比较了各种可能的选择之后，才能确定实施某种策略或几种策略的组合。

突破僵局策略能否运用成功还要归结于谈判人员的经验、直觉、应变能力等素质因素，从这种意义上讲，僵局突破是谈判的科学性与艺术性结合的产物。在分析、研究及策略的制订方面，谈判的科学成分大一些；而在具体运用上，谈判的艺术成分大一些。

需要指出的是，在具体谈判中，最终采用何种策略应该由谈判人员根据当时、当地的谈判背景与形势来决定。

一种策略可以有效地运用于不同的谈判僵局之中，但一种策略在某次僵局突破中运用成功，并不代表适用于另一个同样起因、同种形式的谈判僵局。即使僵局构成因素稍有差异，策略的使用效果也可能会迥然不同。

应变能力强、谈判实力也强的一方配以多变的策略，一般能取得较好的成果。

本章小结

1. 按人们对谈判本身的理解角度不同，谈判中僵局有不同的分类方法。从狭义上讲，可分为初期僵局、中期僵局、后期僵局三种；从广义上讲，可分为协议期僵局和执行期僵局两大类；从谈判内容分，不同的标准、技术要求、合同条款、项目合同价格、履约地点、验收标准、违约责任等，都可以引起不同内容上的谈判僵局，而其中价格僵局是经常存在的。

2. 形成谈判僵局的原因大致包括：立场观点的争执，有意无意的强迫，人员素质的低下，信息沟通的障碍和合理要求的差距。

3. 打破僵局要做到：注意把人与事严格区分开，努力做到双方不丢面子，尽可能实现双方的真正意图等基本原则。

4. 常见的用以突破僵局的策略与技巧主要有：从客观的角度来关注双方利益，从不同的方案中寻找替代，从对方的无理要求中据理力争，站在对方的角度看问题，从对方的漏洞中借题发挥，当双方利益差距合理时即可釜底抽薪，有效的退让。

综合训练

一、不定项选择题

1. (　　)不是僵局形成的原因。

A. 立场观点的争执　B. 有意无意的强迫　C. 人员素质的低下　D. 交流的苦难

2. (　　)符合商务谈判僵局的处理原则。

A. 尽可能实现双方的意图　B. 努力做到双方不丢面子

C. 利益绝不让步　D. 把人与事严格区分开

3. (　　)是突破商务谈判僵局的技巧。

A. 从客观的角度来关注双方利益　B. 从不同的方案中寻找替代

C. 站在对方的角度看问题　D. 当双方利益差距合理时即可釜底抽薪

二、名词解释

谈判僵局　有效退让

三、简答题

1. 商务谈判僵局的种类有哪些?
2. 商务谈判过程中，产生谈判僵局的原因有哪些?
3. 常见的用以突破僵局的策略与技巧有哪些?
4. 如何解决潜在的僵局?

四、案例分析题

案例 1

柯泰伦曾是苏联派驻挪威的全权代表。她精明强干，可谓女中豪杰。她的才华多次在外交和商务谈判上得以展示。有一次，她就进口挪威鲱鱼的有关事项与挪威商人谈判。挪威商人精于谈判技巧，狮子大开口，出了个大价钱，想迫使苏方把出价抬高后再与买方讨价还价。买卖双方坚持自己的出价，谈判氛围十分紧张。各方都拿出了极大的耐心，不肯调整己方的出价，都希望削弱对方的信心，迫使对方做出让步。谈判进入了僵持的状态。

柯泰伦为了打破僵局，决定迂回逼进。她对挪威商人说:“好吧，我只好同意你们的价格啦，但如果我方政府不批准的话，我愿意以自己的工资支付差额，当然还要分期支付，可能要支付一辈子的。”柯泰伦这一番话表面上是接受了对方的价格，但实际上却是对对方的心理攻势。他们怎么能让贸易代表自己出工资支付合同货款呢？她巧妙的语言技巧恰当地拒绝了对方的要求。挪威商人对这样的谈判对手无可奈何，只好把鲱鱼的价格降下来。

请问：柯泰伦是如何打破谈判僵局的？她运用了哪些谈判技巧？

案例 2

中国K公司与法国G公司就计算机制造技术的交易在北京进行谈判。K公司接触一些厂家后，认为G公司的技术很符合需要，有意与G公司成交。G公司也认为自己的技术不错，有竞争性，同意与K公司谈判。

经过技术交流与谈判后，中方专家表现的赞许态度使法方感到极为自信、自得。当进入商务谈判时，G公司主谈人杜诺先生的态度变得非常强硬，而且不大尊重K公司的主谈人邢先生，对邢先生的说理和友善的态度全然不当回事。意思是：我就这条件，同意，就签合同；不同意，就散。对此局面，K公司邢先生不能说同意，更不能说散，怎么办呢？

邢先生设计了一个方案：让助手继续与杜诺先生谈判，把参与人员减少了一半，原则是能谈就谈，谈不拢也陪着杜诺先生谈。一天过去了，杜诺先生没见到邢先生，问其助手："邢先生去哪儿了？"助手答："无可奉告。"第二天上午谈判仍无大的进展。杜诺先生要求见邢先生，助手答应下午安排。

下午邢先生见了杜诺先生问：谈判进展如何，杜诺先生说"进展不大"并问邢先生为什么不参加谈判。邢先生一笑说，"我有我的事。"杜诺先生问，"我们的交易怎么办？"邢先生说，"我的助手有能力与您谈判所有问题。""可到目前为止进展不大呀！"杜诺先生说。邢先生回答，"原因不一定在我助手这方面。"杜诺先生一笑说，"我希望您能参加我们的谈判。"邢先生说，"我也乐意，等我安排好时间再说。"并说"我还有事，希望您与我的助手合作愉快！"随即告辞。

随后的谈判，中方再调整谈判时间，一天改为半天，半天时间还安排得靠后。这样断断续续又过了两天，杜诺先生要求与邢先生面谈。

邢先生与杜诺先生见面了。杜诺先生抱怨"K公司不重视G公司的谈判！"邢先生认为，"不对，K公司一直很重视，尽管工作很忙，也未断过与G公司的谈判。"杜诺先生反驳说，"如果重视，为什么您本人不参加谈判了？贵公司参加谈判的人都没有决定权，而且时间的安排也不紧凑。"邢先生说，"有可能您的问题太复杂，他们一时难以答复，时间不紧凑是误会。我们可是忙得很，没闲着。"杜诺先生追问，"您忙什么？有什么比我公司谈判更重要的吗？"邢先生神秘地笑了，"杜诺先生，这可是我公司内部的安排，我得服从啊！"杜诺先生沉默了一会儿，很严肃地对邢先生讲，"我公司来京谈判是有诚意的，不论贵方有多忙，我希望应先与我公司谈。"邢先生说，"是呀！我最早是与您谈的，不正反映我方的重视么？"杜诺先生说，"可贵方现在没有这么做？邢先生说，"可当我与贵方谈时，贵方并未注意我方的意见，我公司也不能浪费时间呀！"杜诺先生说，"我希望邢先生给我讲实话，是不是贵公司正在与别人谈？"说着在黑板上画了一幅图：一个大楼写着K公司的名字，楼内有一个乌龟，背上写着E公司。后门等着一个乌龟，背上写着W公司。然后，笑着问邢先生："是不是这样？"邢先生笑了，说"您的消息真灵通。"杜诺先生马上严肃起来，庄重地说："邢先生，不管事态是否如此，我公司强烈要求给我们机会，我本人也希望与您本人直接谈判。"邢先生收住笑容，也认真地回答："我理解贵方的立场，我将向上级汇报，调整我的工作，争取能与您配合谈判该项目。"

邢先生与杜诺先生恢复来谈判。双方一改过去的作风，很通情理地进行了相互妥协，最后达成了协议。

请问：请问邢先生运用什么策略打破谈判僵局并取得谈判成功的？

五、模拟商务谈判实践

接第三章模拟商务谈判实践，团队内部总结经验教训。

（1）总结首轮谈判经验教训，重点总结策略和技巧的使用。

（2）根据本章所学内容，制订今后模拟商务谈判中僵局的处理策略。

第五章　商务谈判人员的基本素质要求

学习目标

1. 了解作为一个合格的商务谈判人员应该具备的基本素质。
2. 了解个性特征对谈判的潜在影响。
3. 了解和掌握谈判过程中有可能出现的心理问题及其对策。

关键概念

素质　心理承受力

本章主要讲解商务谈判人员的基本素质，包括谈判人员的性格、思想观念、业务能力和谈判者的追求四个方面。

第一节　谈判人员的性格

性格是一个人在对现实的稳定的态度和习惯化了的行为方式中所表现出来的人格特征，是个性中最重要和显著的心理特征。一个有效率的、优秀的谈判人员，首先应该有良好的气质、性格。现代商业谈判对谈判者自我观念、性格、气质和能力的要求越来越高，因为谈判者良好的个性是谈判成功的基本保证。谈判人员的性格不尽相同，下面简单介绍几种谈判人员的性格类型。

一、权力型

1. 特点

权力型谈判人员性格一般有以下几个特点。

（1）对权力、成绩狂热地追求，以对他人和对谈判局势施加影响为满足。为了取得最大成就、获得最大利益，他们不惜 切代价。在多数谈判场合中，他们想尽一切办法使自己成为权力的中心，我行我素，不给对方留下任何余地。一旦他们控制了谈判，就会充分运用手中的权力，向对方讨价还价，甚至不择手段，逼迫对方接受条件。

（2）敢冒风险，喜欢挑战。他们不仅喜欢向对方挑战，而且喜欢迎接困难和挑战，因为只有通过接受挑战和战胜困难，才能显示出他们的能力和树立起自我形象。一帆风顺的谈判会使他们觉得不过瘾。只有经过艰苦的讨价还价，调动全部力量获取成功，他们才会感到满足。

（3）急于建树、决策果断。这种人求胜心切，不喜欢、也不能容纳拖沓、延误。他们在要获得更大权力和成绩的心理驱使下，总是迅速地处理手头的工作，然后着手下一步的行动。因此，他们拍板果断、决策坚决。对大部分人来讲，决策是困难的过程，往往犹豫、拖延、难下决断。这种人则正相反，他们对决策毫不推脱，总是当机立断、充满信心。

总而言之，权力型的人强烈地追求专权，全力以赴地实现目标，敢冒风险，喜欢挑剔，缺少同情，不惜代价。在谈判中，这是最难对付的一类人。这是因为：如果你顺从他，你必然会被剥夺得一干二净；如果你抵制他，谈判就会陷入僵局甚至破裂。

2. 对策

要对付这类谈判对手，首先必须在思想上有所准备，要针对这类人的性格特点，寻找解决问题的突破口。正像这种类型的人的优点非常明显一样，他们的缺点也是十分明显。

（1）不顾虑冒险要付出代价，一意孤行。

（2）缺乏必要的警惕性。

（3）没有耐心，讨厌拖拉。

（4）对细节不感兴趣，不愿陷入琐事。

（5）希望统治他人，包括自己的同事。

（6）必须是谈判的主导者，不愿当配角。

（7）易于冲动，有时控制不住自己。

针对他们身上存在的缺点，可从以下几个方面来应对。

（1）要在谈判中表现出极大的耐心，靠韧性取胜，以柔克刚。

（2）努力创造一种直率的并能让对方接受的氛围。

（3）要尽可能利用文件、资料来证明自己观点的可靠性。必要时，提供大量有创造性的情报，促使对方接受自己的观点。

二、说服型

1. 特点

说服型谈判人员的性格一般有以下两个特点。

（1）具有良好的人际关系。他们需要别人的赞扬和欢迎，受到社会承认对他们来说比什么都重要。他们也喜欢帮助别人，会主动消除交际中的障碍。在和谐融洽的氛围中，他们如鱼得水，运用自如，能力的发挥能达到极致。

（2）处理问题决不草率行事，更不会盲从，往往三思而后行。他们对自己的面子、对对方的面子都竭力维护，绝不轻易做伤害对方感情的事。在许多场合，即使他们对对方的提议不同意，也不愿意直截了当地拒绝，总是想方设法说服对方或阐述他们不同意的理由，用词委婉，不轻易得罪人。

2. 对策

要辨别此类人的需要和弱点是十分困难的。因为他们把自己掩蔽于外表之下，处理精明，工于心计，说话谨慎，不露锋芒，外表和蔼，充满魅力。他们比较随和，善于发现和迎合对手的兴趣，在不知不觉中把人说服。

他们的弱点并不十分明显，要认识这一类人员，需要透过表面现象分析其本质。他们的性格中可能潜在着这样的弱点。

（1）过分热心与对方搞好关系，忽略了必要的进攻和反攻。

（2）对细节问题不感兴趣，不愿进行数字研究。

（3）不能长时间专注于单一的具体工作。

（4）不适应冲突氛围，不喜欢单独工作。

明确了这类谈判者的性格弱点，就可以制订相应的对策。具体的方案如下。

（1）要在维持礼节的前提下，保持进攻的态度，并注意双方感情的距离，不要与对手交往过于亲密。必要时，保持态度上的进攻性，引起一些争论，使对手感到紧张不适。

（2）可准备大量细节问题，使对方感到厌烦，产生尽快达成协议的想法。

（3）在可能的条件下，努力造成一对一的谈判局面。

> **补充阅读**
>
> 说服型性格谈判者多重视礼仪问题，此时礼仪问题需要加倍注意。推荐课外阅读中国礼仪网《谈判中说服的礼仪》一文：http://www.welcome.org.cn/tanpanliyi/2008-5-25/TanPanZhongShuoFuDeLiYi.html

（4）预备一些奉承话，必要时给对方戴个高帽子，这很有效，但必须恭维得恰如其分。

总之，在谈判活动中，最普遍、最有代表性的人是说服型的。在某种程度上，这种人比权力型的人更难对付。后者容易引起对方的反感，前者却容易为人所忽视。在说服者温文尔雅的外表下，很可能暗藏雄心，与你一争高低而不露声色。

三、执行型

1. 特点

执行型谈判人员的性格一般有以下两个特点。

（1）最为明显的特点是对上级的命令和指示以及事先的计划坚决执行。缺点在于没有自己的主张和见解，缺乏创造性，维持现状是他们最大的愿望。

（2）喜欢照章办事，适应能力较差。他们需要不断地被上级认可、指示。特别是在比较复杂的环境中，面对各种挑战，他们往往不知所措，很难评价对方提出新建议的价值，自然也很难拿出有建设性的意见。

2. 对策

从上述执行型的特点可以容易发现，这种人的弱点一般有以下几点。

（1）讨厌挑战、冲突，不喜欢新提议、新花样。

（2）没有能力把握大的问题，不习惯也不善于从全局考虑问题。

（3）不愿很快决策，也尽量避免决策。

（4）不适应单独谈判，需要得到同伴的支持。

（5）适应能力差，有时无法应付复杂、多种方案的局面。

根据上述的弱点，在谈判中应该注意这样一些问题。① 跟其配合，使谈判更有效率，争取缩短谈判的每一具体过程。② 准备详细的资料支持自己的观点；执行型谈判人员常会要求回答一些详细和具体的问题，因此必须有足够的准备来应对。③ 讲话的态度、措词也很重要，冷静、耐心都是不可缺少的。

四、疑虑型

1. 特点

疑虑型谈判人员考虑事物多看到的是问题，凡事都往失败、困难处想，他们体验或知觉到的风险比一般人要大得多。他们担心产品使用性能风险、资金风险、社会风险、舆论风险等，这样一来，这种高风险知觉者宁愿把选择范围限制在一个很小的范围内，他们为了避免做出错误的选择，宁可放弃一些好的选择；同时，他们为了减少产品购买风险，还喜欢选择自己熟悉或习惯的牌号的商品。而低风险知觉者的选择范围要大得多，他们喜欢购买新产品，对牌号的忠诚也远不如高风险知觉者。

因此受疑虑心理动机支配的人，在谈判中不大放得开，他们缺乏创造性、灵活性，习惯于按既定计划行事，每当对方提出新问题或新建议，他们都是持怀疑态度，不轻易表示自己的意见，处事谨慎，他们宁愿选择风险小、投资少、收获也小的方案，而不喜欢风险大的计划。

2. 对策

此种类型的谈判对手要以非常坚定的口气向其介绍产品功能，突出稳定性及售后服务的可靠性，让对手被你的坚定所感化。通常也可以使用假设成交的方式，让其拿主意，坚定购买的决心。

第二节　谈判人员的思想观念和业务能力

一、商务谈判人员的思想观念

商务谈判人员正确的思想观念是商务谈判成功的重要保障，正确的思想观念包括忠于职守、遵纪守法、百折不挠、意志坚定、诚实无欺、讲求信誉、谦虚谨慎、团结协作等。

1. 忠于职守、遵纪守法

商务谈判人员不论是代表国有单位、集体企业、民营企业与国内其他单位或个人进行谈判，还是参加国际经贸谈判，都必须忠于自己职守，遵守法律和职业道德。在当前市场经济条件下，谈判人员在国内谈判中就会遇到形形色色的对手，有的人会施展“千方百计”，用金钱等进行诱惑、拉拢。所以，谈判人员必须要有良好的思想品质、灵敏的政治嗅觉，自觉抵制各种腐败思想作风的侵蚀。

2010 年 3 月 29 日，力拓职员胡士泰用不法手段窃取国家机密，致使中国钢铁企业损失重大……

思考与讨论

上海市第一中级人民法院 2010 年 3 月 29 日下午对被告人胡士泰等非国家工作人员受贿、侵犯商业秘密案作出一审判决，分别以非国家工作人员受贿罪、侵犯商业秘密罪，判处被告人胡士泰有期徒刑 10 年；另外三人判处有期徒刑 14 年不等。

观看东方新闻视频后讨论：这是一个什么样的案件？你怎样看待这一案件？如果将来自己坐在胡士泰的位置上，怎么做才不会身陷囹圄？

新浪网转载东方新闻《力拓案胡士泰被判十年徒刑》（视频）：http://video.sina.com.cn/p/finance/g/20100329/201760508202.html

新浪网《力拓案一审宣判——胡士泰被判十年徒刑》专题报道：http://finance.sina.com.cn/focus/lituo_2009/index.shtml

2. 百折不挠、意志坚定

谈判人员一定要有坚强的事业心和高度的责任感，发挥自己的智慧和能力，百折不挠地去克服一个又一个的困难，全心全意地完成自己所承担的任务。

作为谈判的代表，一旦坐到谈判桌上，要给对方一种气势，要非常自信，树立必胜的观念；态度积极，坚持正确的主见，镇定沉着，临危不乱，坚信自己一定能取胜。

案例阅读与分析 5.1

越受到挫折，决心越要坚定

美国标准石油公司创始人约翰·D·洛克菲勒是世界上第一位亿万富翁。他16岁时，为了找到一份谋生的工作，每天早上7点离开住处去面试。他不顾被人拒之门外的尴尬，一连坚持了8个星期。他在走遍各大公司被拒之门外的情况下，并没有放弃，而是“敲开一个月前访问过的第一家公司”，从头再来。

为了找份工作，同一家公司洛克菲勒去了两三次，越受到挫折，决心越坚定。1855年9月26日上午，他走进一家农产品运输代理公司，老板仔细地看了看他写的字，然后说：“留下来试试吧。”老板让他马上工作，工资的事提也没提，过了三个月，他才拿到第一笔补发的微薄工资。这是洛克菲勒的第一份工作，是他记不清被拒绝多少次后得到的工作。他一生都把9月26日当成“就业日”来庆祝，对其重视程度胜过自己的生日。

百度百科“洛克菲勒”词条：http://baike.baidu.com/view/55079.htm

思考与讨论： 你身上有洛克菲勒这种恒心和毅力吗？你会不会像洛克菲勒这样去工作、学习？

3. 谦虚谨慎、团结协作

谈判的过程所涉及的知识面非常广，因此，单凭一个人的知识和能力总是有限的，必须依靠谈判班子的每一个成员以及幕后顾问班子的协作和支持，才能取得谈判的成功。

所以，无论个人的经验多么丰富，能力多么强，都要虚怀若谷。谈判桌上的氛围和时机是瞬息万变的，我们需要谨慎处理。

4. 诚实无欺、讲求信誉

诚实无欺是每一家企业经营的基本原则，也是每个谈判者应具备的道德风范，是树立国家和企业良好信誉的基本前提。企业与企业之间的关系，既是竞争的关系，又是相互协作、相互配合的关系，不择手段的种种做法在法制健全的市场经济当中是绝对行不通的。当然，商场如战场，诚实守信不等于毫无心机，把自己的底数全盘托出，把谈判的主动权拱手让人。在商务谈判中，为使交易顺利达成，使用暗示、夸大、假动作等谈判策略和谈判技巧，前提必须是没有害人之心。反过来说，如果只知道运用策略和技巧，抛弃了基本道德规范，无异于欺诈。

所以，谈判策略与技巧的运用还是要坚持信誉，一旦协议达成，必须按质、按量、按时履行协议条款，以信誉赢得顾客，赢得未来。

案例阅读与分析 5.2

同仁堂历经历三四百年不倒的秘密

以济世养生为宗旨的北京同仁堂，创建于清康熙八年（1669年），由于“配方独特、选料上乘、工艺精湛、疗效显著”，自雍正元年（1721年）起，同仁堂正式供奉清皇宫御药房用药，历经八代皇帝，长达近二百年。老一辈创业者深知伴君如伴虎，不敢有丝毫懈怠，终于造就了同仁堂人在制药过程中小心谨慎、精益求精的企业精神。

在300多年的历史长河中，历代同仁堂人树立“修合无人见，存心有天知”的自律诚信意识，确保了“同仁堂”这一金字招牌的长盛不衰。有一次，当经销商在广告中擅自增加并夸大某种产品的药效时，同仁堂郑重登报予以纠正并向消费者道歉。同仁堂作为中国驰名商标，享誉海外。

同仁堂官网：http://www.tongrentang.com/

同仁堂商标已参加马德里协约国和巴黎公约国的注册，受到国际组织的保护。成为拥有境内、境外两家上市公司的国际知名企业，实现了良性循环。

二、商务谈判人员的业务能力

商务谈判是一项复杂的工作，要顺利达到预期的目标，相关人员必须具备一定的业务能力，如应具备合理的知识结构、洞察能力、预见能力、分析判断能力、灵活应变能力、决策能力、语言能力、核算能力、心理承受能力等。

1. 合理的知识结构

合理的知识结构是指既有专业的理论知识，又有广博的知识面，具有推动事业发展实际需要的最合理、最优化的知识体系。建立起合理的知识结构，培养科学的思维方式，提高自己的实用技能，有利于在谈判过程中游刃有余。

2. 洞察能力

在谈判之前你并不十分了解你的对手，很多信息只有在谈判桌上才会发现。这就需要具备良好的观察能力和思考能力。

绝不忽视对方语言、行动以及表情上的蛛丝马迹。敏锐的洞察力是其他能力，诸如分析力、判断力、想象力和预见力的基础。具有洞察力，才能有准备、详细地观察谈判形势的细微变化，捕捉到有价值的大量谈判信息；才能迅速掌握谈判对手的真实意图，根据掌握的信息和对方的言谈举止加以分析综合，做出合理判断；才能依据交易双方的经济实力在双方交锋的谈判桌上灵活多变；才能根据谈判的内外环境和主客观条件正确判断谈判的发展趋势。

观色重要，察言也一样重要。莫里斯说过：“要做一个善于辞令的人，只有一种办法，就是学会听人家说话。”谈判中“听”是了解谈判人员和把握对方立场观点的主要手段和途径。只有在清楚地了解了对方立场和观点的真实含义之后，才能正确地提出己方的方针和对策。看和听并不是观察判断力的全部，关键在于对所见所闻的信息做出正确、迅速的判断。否则，视而不见、听而不闻，也起不到什么效果。

3. 预见能力

正式的谈判就如作战一样，变化无穷。因此，事先要有全盘的考虑，要能从各个方面预见谈判可能出现的各种情况、产生的各种结果。一旦决定要去谈判，便要着手全盘规划、设计。谈判有主动邀约，也有被动应战。主动邀约时，谈判者要制订出最高的目标以及谈判的范围与原则；参与谈判的每一位团队成员都必须彻底了解目标及其应用方式，利用弹性的技巧完成任务。在被动应战的情况下，就要考虑是否还有其他方案可以代替，以免委曲求全。

主持谈判的代表必须是统帅大局的人，如同作战部队的最高统帅一样，要有战略意识、长远眼光，针对谈判内容的轻重、对象的层次，事先决定兵力部署，先谈哪个，后谈哪个，谈判小组成员如何分工、如何配合，提前都要有一个计划，做到胸有成竹，把整个谈判的进程纳入自己事先布置的轨道中。

4. 分析判断能力

分析判断能力是以谈判者丰富的业务知识和长期的经验积累为基础，在实践中谈判者逐步养成的一种能力，是商务活动中极可贵的资源。

一是对市场形势的分析判断。有经验的谈判者总是密切地注视着有关商品或服务的市场形势，能够从微弱的信息中对可能发生的市场变化趋势做出正确的分析判断，从而应用于商务谈判的实际。事实证明，当某种商品或服务的市场尚处于若明若暗的形势下，首先能做出正确分析判断的人，就能掌握主动权，赢得更大的利益。

二是对谈判对手的分析判断。有经验的谈判者通过会上会下的接触，透过各种现象，包括对手运用的夸大、假象、声东击西等策略，能迅速、准确地判断出其经营规模、资金情况、购销形势、管理水平和信誉状况。特别是对其购销形势的分析，做出其对产品需求或供给状况的判断，将在很大程度上决定对手在谈判中的态度，这是制订相应谈判策略的重要根据。

5. 灵活应变能力

谈判桌上瞬息万变，我们需要有一定的应变能力。知识的渊博是随机应变的前提。唯此，才能以不变应万变、临危不乱、镇定自若。谈判人员不仅要有良好的专业基础知识，熟悉谈判所涉及有关专业方面的内容，对商务和有关法律有较深的了解，而且还需要掌握丰富的、多方面的知识。有时，商务谈判并不局限于商务、技术、法律方面的内容，可能还涉及诸如地理文化、风俗习惯等其他方面的内容，这就要求谈判人员有多方面的知识、技能来应付。

案例阅读与分析 5.3

灵活应变

某企业新招聘了一批应届大学生，公司总经理为表诚意准备抽出时间见见这些新来的员工。但是总经理在点新员工名字的时候，把 "黄烨" 误读成了 "黄桦"。结果连叫了几声，也没有一个人答应，最后那个叫黄烨的大学生才慢慢站起来，轻轻地跟总经理说，自己名字叫 "黄烨"。

总经理闻听此言十分尴尬，脸也涨红了，无法下台时，公司的一个十分聪明的员工站起来当众对总经理说，自己是公司的打字员，那个名字是自己无意中打错了。总经理赞赏地看了他一眼，对打字员说以后要认真，一定要注意，不要再出错了。

后来，那个聪明的员工被公司重用为公关部经理，并且在后来的工作中也取得了很好的业绩。

点评：笔者起初看到这则故事时，也只是觉得这是一篇再普通不过的文章了。后来再细细一琢磨和品味，觉得这则小故事内容虽少，却饱含着重要而深刻的寓意，故事中聪明的打字员的应变能力很强，对突发事件的把握能力也非常恰当，值得我们大家去学习。

6. 决策能力

决策能力是谈判过程中非常关键的一种能力。谈判人员必须十分熟悉谈判项目的有关情况，能依据谈判形势的变化，抓住时机，果断地做出正确决策。当谈判人员就交易的具体内容协商讨论之后，进入拍板决策阶段，是签合同，还是不签合同，需要谈判人员做出决断。

谈判者的决策能力的高低与自信心等有直接的关系。自信心强，处理问题迅速、果断。敢于冒险的人，决策能力相对比较强；反之，则比较弱。

决策时间的长短也能反映人决策能力的差别。一般来讲，行为谨慎的人，决策时间会比较长；另外，决策能力较差的人，决策时间也会比较长。决策能力的强弱还要根据决策结果和决策所考虑的内容去分析。当一个人决定做某件事或不做某件事，事实证明他经常是对的，那么他的决策能力就相对比较强。

决策能力不单是人的某一方面能力的表现，从某种程度上说，它是人的各项能力的综合体现。决策能力是建立在人们观察、注意、分析的基础上，运用判断思考、逻辑推理做出决断的能力。因此，培养和锻炼谈判人员的决策能力，就必须注意各种能力的平衡发展。

7. 语言能力

准确、规范的语言表达是谈判人员应该具备的基本要求。一个优秀的谈判者，要像语言大师那样精通语言，通过语言的感染力强化谈判的艺术效果。如果说话含糊不清、吐字不准、措词不当，就会影响谈判人员相互之间的沟通和交流，也是谈判人员讲话的大忌。

案例阅读与分析 5.4

沙特阿拉伯的石油大亨亚马尼的谈判艺术

有一位美国石油商人曾经这样评价亚马尼："亚马尼在谈判的时候总是低声细语，绝不高声恫吓。他最厉害的一招是心平气和地重复一个又一个问题，最后把你搞得筋疲力尽，不得不把自己的祖奶奶都拱手让出去。他是我见过的最难打交道的谈判对手。"

百度百科"哈迈德·扎基·亚马尼"词条：http://baike.baidu.com/view/6374648.htm

讨论交流：通过百度百科词条了解亚马尼的成就，分析"有理不在声高"这一俗语的含义，与朋友交流对这句话的理解和体会。

从本质上讲，谈判就是谈话的过程，它是由一系列的问题构成的。谈判各方相互提出许多问题，彼此做出回答。提出一个问题，就等于一项请求，对一个问题的回答，实际上也是某种程度的让步。在问和答的过程中，使事情得以深入，使协议得以达成。

8. 心理承受能力

谈判的过程一般是对事不对人的。但有些对手常常使得谈判由对事不对人引申为对事又对人，这样，谈判人员的心理承受能力就将发挥重要作用了。

良好的心理承受能力指的是谈判人员身体所具备的一种韧性，一种面对环境的从容和宁静，不受身外的人和事物的影响，专注于工作的中心，进行有理、有利、有节谈判的能力。

9. 核算能力

商务谈判的归根到底是一种商务活动，所以它的出发点和归宿点都是经济利益。因此，整个谈判的过程实际上就是经济利益的不断核算和调整的过程。

因此，谈判人员也要有丰富的会计知识和核算能力，熟练掌握有关产品的各项经济指标，能够在各种方案的商谈中，找到自己的利益所在，进退自如。

视野拓展

海尔集团首席执行官张瑞敏曾经讲到，一个人成功与否，取决于五个因素：学会控制情绪、健康的身体、良好的人际关系、时间管理、财务管理。2015 年 6 月 2 日、6 月 3 日《广州日报》/大洋网曾转载网络文章《人不成熟的五个特征》，该篇文章所说的五个特征如下：立即要回报；不自律；经常被情绪所左右；不愿学习，自以为是，没有归零心态；做事情不靠信念，靠人言。

结合本节所学知识、张瑞敏的观点和上述网文，与朋友一同分析自己在商务谈判方面还需要提高哪些素质与能力。

《人不成熟的五个特征》（一）：http://gzdaily.dayoo.com/html/2015-06/02/content_2937798.htm

《人不成熟的五个特征》（二）：http://gzdaily.dayoo.com/html/2015-06/03/content_2938662.htm

第三节　谈判者的追求和规则意识

一、谈判者的追求

谈判者的追求指的也就是谈判目的，即谈判者在整个谈判过程中要实现的目标。这样，谈判者的追求目标会贯穿整个谈判过程的始终，直接影响谈判。因此，科学、合理地把握谈判者的追求，对于谈判有着巨大的意义，下面简单介绍几种谈判者的追求类型。

（一）可能的追求

从大量的谈判实务综合分析来看，谈判者的追求主要有以下五种可能的追求目标。

（1）为了企业和国家利益。谈判者追求在整个谈判过程中为自己所在的企业获得最大的经济效益或为国家和民族争取最大的利益。对自己的业务要求精益求精，思想作风要求谦虚谨慎，工作作风要求优质高效，对谈判伙伴要求集思广益，所有的一切言论与行为全部围绕“追求企业与国家的最大利益。”

（2）为了完成工作。有的谈判人员对待自己所承担的谈判任务，仅仅只是将它看成自己维持生存的工作。因此，他们追求的是“谈判的结束”，而不是谈判的效果，在谈判的整个过程中，他们按部就班，依作息时间表行动。只要完成工作，至于谈判对手的心理感受如何则不予考虑。

（3）为了客户。谈判者的目的是迎合客户的要求，客户同意就同意，客户反对就反对，至于客户的同意与反对是否客观、合理则是次要的。

（4）为了晋升。有的谈判者面临晋升的机会，可以去追求谈判成功作为“晋见礼”。特别是该谈判手在企业中正处在提升的关口，接受了谈判任务。如果谈判成功，就可以作为政绩示人，并在上司面前表功。因此，在谈判的过程中，更注意上级的态度、同事的反应、谈判的成功；至于谈判结果的公正性与合理性则是第二位的。

（5）为了钱财。有的谈判人员则是以谈判业务作为自己谋求利益的手段，追求个人经济利益的得失。因此，该种谈判人员关注的不是谈判结果对委托人如何，而是生意成交之后能够给自己带来多少利益。

（二）不同追求心理的利用与防范

谈判者的各种追求给谈判可能带来消极或积极的影响。如何利用对手追求目标的积极因素，堵住自己的心理漏洞，是十分重要的。

（1）成功判断谈判对手的心理追求。判断对手追求的目标是利用心理追求的前提，要判定对手的心理追求，必须在谈判交锋一开始即注意对手的心理追求；除了观察之外，还应根据对方的言谈或其助手的言谈举止、自己有意识的旁敲侧击、非正式或正式的谈话等信息予以核实。

（2）不失时机地利用追求的心理。谈判实务证明，利用对手追求的心理，总是可以取得良好的效果。这是因为从对手的内心世界进入，比较容易动摇对方的谈判立场。优秀的谈判者总是将对手的追求心理作为自己运用策略的依据，谈判实务证明效果良好，因为从谈判者的内心世界下手，自然容易动摇其谈判立场。所谓利用，主要是从两个角度而言：乘虚而入和借力而用。

（3）注意保护自己心理追求上的秘密。这里所谈的保护，主要指的是不要被对手利用，不要毫无顾忌地表现自己的心理追求。一般而言，谈判者的心理是个人的秘密。说到保护个人心理秘密，当然不是指保护追求个人私欲、财迷心窍的心理追求的秘密。由于时间的限制及各种复杂的因素，谈判者不可能在心理追求定位完美的情况下上阵，那么，消极的谈判心理追求一定存在。为了不被对手利用，就要保守秘密。所以，无论是消极的还是积极的心理追求，谈判者都要在谈判中注意保密。

（三）谈判者追求心理阶段变化的对策

谈判者的追求变化较多，在阶段性的谈判中更可明显地看到这种变化。在谈到对策时，自然包括双方的追求心理。

1. 己方追求心理阶段变化的对策

对于己方，要注意三种可能的追求方面的心理因素。

（1）饱而不贪。所谓饱而不贪，即谈判的基本目标已实现，可以扩大战果，但不可以“吃双份”。许多谈判者经过努力实现了自己的谈判目标，就加大谈判压力，试图争取更大的战果。从工作责任心的角度应该赞赏，但是从谈判规律的角度来看，应该分析评论。如果谈判双方势均力敌，你的条件所得也应包括对方的“努力”，对方的“努力”包括其“自卫与进攻”的行动。一般而言，该结果应该就是终局，若再任意加条件就可能起到反作用。

（2）饥而不急。所谓“饥而不急”，指的是在谈判的过程中得到的结果离己方的要求差距很远时，不能急躁。从谈判实务的角度来看，有时以硬派作风出现的谈判人员向对手施加压力，强迫对手做出让步，这时可能会使谈判氛围骤变，把对手压跑。所以，谈判时单方不应该着急，着急对于谈判无益，并且谈判结果属双方共有而不是单方所有，所以应该是双方共同协商而不是单方的压迫可以解决问题的。

（3）荒而不慌。所谓“荒而不慌”，指的是当谈判的过程毫无进展时，或者谈判对手强硬的态度让自己感到无所适从时，不应该慌乱。

如果一旦出现这种情况，要冷静思考，分析出现这种情况的种种可能原因，然后根据谈判对手的各种现实表现来判断自己的分析是否正确，再根据分析的结论来采取不同的对策。

2. 对手追求心理阶段变化的对策

对于谈判对手的可能追求，要密切注意两种可能的追求方面的心理因素。

（1）予之不松。所谓予之不松，指的是在谈判各阶段的变化中，对手可能因为谈判的进展而产生更大的欲望，使得谈判更难达成一致协议。具体做法是：要对手说明道理，给予对手让步的时机，控制每次让步的分量。因此，在每个阶段让步的过程中，要尽力扼制对手追求更大利益的欲望，扼制的手法是让对方说出理由并针对这些理由做出有力的反驳，另外，在谈判的途中，也要控制住让步的时机，不能让对手感觉获得这些利益很容易。

（2）紧之有望。所谓“紧之有望”，指的是在谈判的各阶段中，对手久攻不下，感觉非常沮丧时，要给对手一种希望，支持对手将谈判继续下去。具体做法是：在强硬时，不讲绝话，要留有活口——希望。例如，不讲“这是绝对不可能的……”，同时配上“对贵方的要求我们需要请示研究”“若在贵方立场会接受这样的条件吗”等说法。此外，还应该掌握紧的节奏。紧之有望，就是紧一紧，松一松；打一下，再摸一摸的做法。因此，在每个谈判阶段，要注意卡住紧的节奏。另外，在谈判的过程中语言的表达也非常重要，不要使用“绝”语，如“这是绝对不可能的”之类，要让对手感到既有回旋的余地，但是想达到希望又有一定的困难。

二、谈判者的规则意识

从事商务谈判的人员，在商务活动中应该要有坚定的商业规则意识，即商务谈判工作者在处理自己与谈判对象的关系、个人同企业和国家的关系时应遵守的行为规范和准则。

1. 树立自己的商业信誉

一名成功的商务谈判者必须树立自己的商业信誉和谈判信誉。你可以不在乎外界对你的争议，甚至你也可以制造争议，但你不能失去信誉，否则就不是一个合格的商务谈判者，而是一个骗子。

商业信誉反映多层次多要素对企业声誉所产生的影响力，其内涵极其丰富，并且随着经济的发展和社会的进步，商业信誉的内涵也在不断扩展。西方制度经济学派认为商业信誉是指企业“已经建立起的惯例的业务联系，诚实可信的名声、商标、牌记、专利权、版权、法律保障或者保密的特别方法的专用权、特殊原材料来源的独家控制”。在现代，商业信誉已经扩大到产品质量、广告宣传、品牌策划、售后服务等多个方面，既包括企业有形资产的建设，也包括无形文化的发展。归纳起来，商务谈判者首先要树立的商业规则意识就是要注意自己的商品信誉和企业信誉。

2. 注意谈判分寸

古语有云“毋以善小而不为，毋以恶小而为之”，说的是做人的道理；而商务谈判也是如此，不要因为利润少就不去谈判，也不要因为风险小就放松警惕，否则就会因小失大。

3. 慎重选择谈判搭档

无论是团队还是个人，我们都渴望有商务谈判的黄金搭档，但无论是朋友、同事，抑或亲人，不一定是谈判搭档的最佳选择。你选择的谈判搭档一定是和你有一年以上合作经历的人，他必须是个实在而且能踏实干事的人，他考虑更多的是你们之间共同的利益，而这个共同利益高于个人利益。

补充阅读

团队里最好不要有家庭成员，因为以你的核心团队接受的是你个人，而不是你的家庭成员。无论你的家庭成员是谁，有多大的本事，或者可以给你们的团队带来多大的谈判帮助，一般也不要让他们成为你的谈判搭档。

4. 不要用黑白道的规则去解决谈判冲突

商业有商业自身的游戏规则，如果商务谈判者不是专业的商业人员，也不能随便利用黑道规则去解决商业冲突和谈判冲突；同样，即使商务谈判者有很好的社会背景与资源，也不能轻易利用这些资源来解决商务谈判中的僵局。因此，商务谈判者就必须遵守商业中的一切游戏规则，合理利用市场规则去解决谈判冲突。

本章小结

1．商务谈判人员的个性心理特征以及谈判心理策略都会影响到谈判的最终结果。

2．了解谈判人员的心理特征，以及人的个性在谈判中的习惯表现之间的可能联系，能够更多地了解自己区别于他人的心理品质，如能力、性格和气质等；也能更多地了解对手的个性类型，包括习惯、性格等心理特征，做到知己知彼。

3．根据谈判人员在谈判中的强硬程度和合作态度，可将性格类型分为四种：权力型、说服型、执行型和疑虑型。

4．谈判者的追求指的就是谈判目的，即谈判者在整个谈判过程中要实现的目标。谈判者的追求目标会贯穿整个谈判过程的始终，直接影响到谈判结果。

综合训练

一、不定项选择题

1．商务谈判人员的基本素质要求包括（　　）。

A．性格　　B．思想品德　　C．知识技能　　D．业务能力

2．对付“权力型”的谈判对手，应做到（　　）。

A．保持态度上的进攻性，引起一些争论，使对手感到紧张不适

B．要在谈判中表现出极大的耐心，靠韧性取胜，以柔克刚

C．努力创造一种直率并能让对方接受的氛围

D．要尽可能利用文件、资料来证明自己观点的可靠性。必要时，提供大量的、有创造性的情报，促使对方接受自己的观点

3．对付“说服型”的谈判对手，应做到（　　）。

A．在可能的条件下，努力造成一对一的谈判局面

B．努力创造一种直率并能让对方接受的氛围

C．预备一些奉承话，必要时给对方戴个高帽子，这很有效，但必须恭维得恰如其分

D．可准备大量细节问题，使对方感到厌烦，产生尽快达成协议的想法

4. 作为谈判的代表，一旦坐到谈判桌上，要给对方一种气势，要非常自信，树立必胜的观念，就要做到（　　）。

A. 镇定沉着，临危不乱　　B. 态度积极，坚持正确的主见

C. 相信自己一定能取胜　　D. 在对手面前绝不低头

二、名词解释

心理承受力　规则意识

三、简答题

1. 举例说明谈判者心理与商务谈判之间的关系。
2. 不同的心理追求是如何影响商务谈判的？
3. 举例说明不同的性格类型对商务谈判有什么样的影响。
4. 商务谈判人员应该具备什么样的业务能力，如何培养？

四、案例分析题

案例 1

湖南德丰是一家经营工业品的公司，业务比较繁忙。其幕后股东是国内一家大型企业集团，但该情况并不为外界所知。公司由于业务发展的需要，原有的办公地点已不适合公司日益扩大的业务发展和管理要求，需要租赁办公室，但总公司有严格的预算管理，希望年租金不超过 8 万元。

公司的行政总监李兵（以下简称李总监）负责落实此事，经多方实地查看和比较，最后看中了省进出口集团公司综合性办公大楼中的一套，但省进出口集团公司的后勤管理处按照以前的出租条件，对该套房的年租金要求是 11 万。为了能以 8 万元的租金达成协议，湖南德丰行政部先去进行了试探性的商谈。以下是节选的部分商谈内容。

后勤管理处周处长：我们这套房子上一家公司的租金就是 11 万元，所以你们的租金不可能低于这么多。

小王：我们公司规模小，且这一两年也没什么利润，公司不可能租住如此贵的房子。你们优惠一点租给我们吧！

周处长：这不行。我们一直是这样的价钱，并且这几天也有其他的公司过来看了，我们不担心租不出去。

小王：我们公司的预算只有 8 万，不能出这样的价钱，还是希望你们能考虑我们公司，以优惠的价格租给我们。

周处长：不行。

李总监在听了小王的汇报后，先到网上查询了省进出口集团公司的情况，然后又去实地以陌生人的方式向办公大楼的工作人员了解了一些情况，第二天便胸有成竹地去了。

李总监：周处长，你可能还不太了解我们公司，实际上我们是集团下面的控股公司，但集团公司由于一些原因，不便向外公开。××集团你是知道的，是国内非常著名的企业集团。

周处长：哦，你们是××集团的。那小王怎么给我说你们公司规模小？

李总监：那是因为我们刚进入湖南市场，市场虽然才刚刚启动，但我们的发展速度非常快，所以你要是租给我们的话，我们在近几年能长期地租下去，这样你们就不需要经常寻找客户了。别忘了，上一家公司就是因为经营不善、无法维持退租的。

周处长：对你们优惠一点可以，但是8万元太低了，总公司肯定不能接受。

李总监：我看见你们办公大楼内还有酒店，也属于你们后勤处管理吧。

周处长：对，正常对外营业。

李总监：我们经常有省内外的客户及总公司人员过来，每年的住宿费和招待费不下十几万，如果我们以后安排所有的客户和公司过来的出差人员住在你们酒店，有相关的宴请招待也在你们这，对你们酒店的生意可是非常有帮助的。

周处长：这倒是，以后在我们酒店消费可以办理会员卡，享受优惠。那既然你们公司这么大，业务也很好，怎么才只出8万元呢？

李总监：我们集团是一家以财务管理见长的公司，每一项开支公司都有严格的预算，也正是因为如此严格而科学的管理，所以我们集团才发展得如此之快。另外，我看你们大楼的人气不足，如果我们进驻的话，我们集团间频繁的高层人员来往一定会提升你们办公大楼的人气和档次。

……

最后，双方以8万元成交。

问题：

1. 结合该案例，讨论作为一个商务谈判人员，怎样根据谈判者不同的心理追求来变化谈判对策，以其取得良好的谈判效果？

2. 以上案例体现了谈判人员哪些基本素质？

案例2

据2012年10月29日《九江晨报》（记者： 吴雪倩）报道，在九江学院图书馆一楼的勤工俭学服务点，3名政法学院大三的学生合伙开了一个小卖部，专卖饮料、零食、文具等小杂货。有意思的是，当这3位小老板都不在时，这个小卖部就会变成“无人小超市”，买东西付钱采取自助式，按价签将钱放入收银盒内就行，自取找零。一个多月以来，3名“小老板”每天中午来小卖部整理货物，如果下午没课就会待在店里，晚上打烊时再记录当天的总账并将钱收走。因为不记流水账，他们判断货物有没有少全凭感觉，“其实用‘无人售货’的方式也是没办法的事，但是我相信到现在没有少过一块钱。”他说，自己也不能说所有人都自觉，但是进图书馆的人都要有校园卡，如果这次没付钱那么可能是因为没零钱或现金，下次肯定会补上的，“进来的都是同学，如果不相信别人我们就不会做这个事了。”

中新网转载《九江学院3名学生开办“无人超市”》全文链接：http://www.jx.chinanews.com/2012/1029/37313.html

请问：

1. 你如何看待这种无人售货方式？

2. 设想一下，生活在一个讲究诚实守信的社群中和生活在一个尔虞我诈的社群中，感觉会有什么不同？

3 假设你所在社群中绝大多数人都能做到诚实守信，但也有少数不讲信用的人靠此发财，你会怎么做？

4. 假设你所在的社群多数人认为诚实守信的人太吃亏，你是否愿意做一个诚实守信、讲求信誉的表率？

五、模拟商务谈判实践

接第四章模拟商务谈判实践，小组内部讨论，组织第二轮谈判。

（1）根据本章所学及首轮谈判情况，分析本团队及对手团队每名成员的性格类型，根据对方成员的性格特点，制订应对策略。

（2）分析、总结本团队成员的业务能力情况，根据团队分工和自身业务能力的不足，个人做针对性学习。

（3）讨论本团队规则意识是否得到了体现或应用，制定改进措施。

（4）自行组织第二轮谈判（主方为松下集团），时间不超过30分钟。不考虑初轮谈判实际结果，设首轮接触中松下拟出售三洋品牌及全部业务，海尔则对“SANYO”和“AQUA”品牌、三洋电机在日本的白电业务（生产基地、研发中心、销售渠道）感兴趣，本轮洽谈内容应包括确认收购（出售）标的、协商收购（出售）价格等。

（5）第二轮谈判完成后，团队内部总结第二轮谈判的经验和教训。

第六章　商务谈判人员的情绪与心理分析

学习目标

1. 了解情绪的基本概念，知晓情绪会对人的活动产生重要的影响。
2. 谈判者情绪的分类。
3. 了解并掌握谈判人员情绪调节与控制的基本方法和技巧。
4. 了解谈判心理的基本概念。

关键概念

情绪　心理

在谈判活动中，商务谈判人员的情绪会随着需要和期望满足的情况而千变万化。在错综复杂的商务谈判中，免不了会出现情绪的变化和波动。当异常的情绪波动出现时，要善于采用适当的策略办法对情绪进行调控，而不能让情绪对谈判产生负面影响。本章内容将重点探讨谈判人员情绪的调节和控制。

第一节　商务谈判人员情绪概述

情绪是人脑对客观事物能否满足自己的需要而产生的一定态度体验。人的情绪对人的活动有着相当重要的影响。对于人来说，能够敏锐地知觉他人的情绪，善于控制自己的情绪，巧于处理人际关系的人，才更容易取得事业的成功。

谈判人员的情绪是指谈判的行为主体对谈判关系、谈判对象和整个过程的情感心态的外在表现。

如前所述，谈判行为是谈判人员在一定的谈判环境中，为改变谈判客体而进行的有目的的活动。谈判人员之间在谈判活动中形成了相互作用、相互牵制、相互影响的关系，这种关系反过来又必然会作用于谈判者，引发相应的心理反应，产生并日外化为一定的情绪和态度，表现出谈判者肯定或否定、赞成或反对的态度和轻松或紧张、愉快或烦闷的情绪。这种谈判者主体的心理感应与外在表现，就是谈判者的情绪。

一、谈判人员情绪和谈判活动的相互影响

商务谈判者情绪的优劣会直接影响谈判者的行为效果，关系谈判的得失。良好、健康的谈判情绪，会使谈判双方精神愉快、心情舒畅，形成友好、和谐的谈判氛围，双方的立场就容易接近，分歧也容易化解，而不佳的谈判情绪会使谈判各方精神压抑，心情苦闷，形成僵持、冷漠的谈判氛围，导致各方互为抵制、对抗。

1. 影响谈判人员情绪的因素

如果谈判者之间利益差异不大，谈判中的冲突就较少，谈判的氛围就比较轻松，谈判的情绪也比较稳定。谈判者的情绪稳定，反过来又促进谈判者之间的关系融洽，谈判起来就愉快、友好。

正面情绪会提高我们喜欢别人的程度，改进我们对人类本性的看法和善解人意的能力，同时减少我们的侵略性和敌意。例如，让谈判者在谈判前收到一份小礼物，那么，这份礼物就会营造出“好心情”来。结果显示：这些心情好的谈判者在接下来的谈判中，能够达成有创意和整合式的协议，不仅如此，他们也比较不愿意使用高度竞争性的战略。

如果谈判者之间的利益差异较大，谈判中的冲突也相对明显，谈判的氛围就比较紧张，谈判者的心理压力情绪变化也较大。如果谈判者不能加以控制，这种情绪就会作用于谈判，导致谈判者之间的关系对立，谈判难度就加大。

负面情绪对谈判结果的影响作用表现在：一是己方的负面情绪会给对方施加压力；二是己方的负面情绪极易刺激对方，引起对方的强烈反应。如果各方当事人均充满了强烈的斗志，根本没有共同协调以解决问题的心情，那么，谈判很容易陷入僵局，甚至可能破裂。

2. 谈判人员情绪对谈判活动的影响

谈判者的情绪对谈判活动的影响，具体表现在以下三个面。

（1）情绪影响谈判者的双方关系。谈判者的情绪状态影响谈判中的双方关系。感受好的情绪状态，常常以亲切、友善、温和、乐观的言行表现出来，给对方传递相互肯定、相互信赖的信息，有利于建立合作性的相互关系。反之，不佳的情绪状态会令对方失望、沮丧，使彼此的关系变得冷漠、疏远、相互猜疑，缺乏信任感。

（2）情绪影响谈判氛围。情绪不仅影响谈判的相互关系，而且直接对谈判氛围带来影响。良好的情绪状态会使谈判氛围轻松、愉快、和谐、活跃，形成友好协商的氛围；而不佳的情绪状态，会给谈判氛围带来阴影，形成压力，制造紧张空气，妨碍谈判进行。

（3）情绪影响谈判者的正确判断。谈判者的情绪状态，会严重影响谈判者的行为选择，当谈判者情绪好的时候就可以提高兴趣，增强信心，以积极的情绪力量，转化为积极的行为选择，以提高行为的效果；当谈判者情绪恶劣时，就可能干扰理性决策，以消极的情绪力量转化为外在的行为，进而降低谈判者的正确决策，最终影响谈判的整体效果。

二、谈判人员情绪的分类

从不同的角度进行划分，谈判者情绪的类型各有不同。这里我们主要从谈判者的情绪性质和情绪状态两个层面来加以说明。

（一）从谈判者的情绪性质上分类

从谈判者的情绪性质上可以分为欢愉情绪、失望情绪、愤懑情绪、恐惧情绪。

（1）欢愉情绪。一般是指谈判者对谈判的结果乐观，对自己的能力自信，并在实践中得到体验的一种谈判情绪。谈判者的这种情绪，一般是基于对谈判结果自信，需要已经得到满足或将要得到满足的一种积极情绪状态。这种情绪可以提高工作效率，对谈判有积极的推动作用。

（2）失望情绪。多指谈判者对谈判的结果悲观，对自己能力缺乏自信，并在实践中体验着的一种谈判情绪。谈判者的这种情绪，多是预感谈判结果对己不利，需求无法得到完全或部分满足的一种消极情绪状态。这种状态会降低工作效率，甚至会给谈判带来损害。

（3）愤懑情绪。谈判者由于对谈判结果失望，对对方不满和需求无法得到满足的心情沉积在实践中体验的一种沮丧情绪。这种情绪常常表现为迁怒对方，立场对抗，对谈判具有破坏性，往往会导致谈判陷于僵局，甚至造成谈判破裂。

（4）恐惧情绪。它是指谈判者对谈判结果和对手以及对自己能力的怀疑，而形成的害怕的心理压力，在实践中的一种情绪体验。情绪一般是由于谈判难度较大，对手强硬难以应付，自己准备不足，又缺乏能力而产生的焦虑心理的沉积。这种消极情绪会严重影响自己谈判能力的发挥和谈判活动的健康发展，给己方带来不利的后果。

（二）从谈判者情绪状态上分类

谈判者情绪从状态上可以分为常态情绪、热态情绪、激奋情绪和应激情绪。

1. 常态情绪

谈判者的常态情绪是指谈判者在通常情势下，所持有的较持久、稳定的一种通常心态情绪体验。谈判者的常态情绪也可表现为乐观、苦闷、焦虑等，但其体验较弱，仅仅是一种倾向，并不会引起情绪的较大波动。注入谈判者不同常态情绪倾向的因素很多，如对谈判的态度、谈判者的关系、谈判环境、谈判者的性格修养，都可能影响谈判者的心境，使之表现出某种倾向性。

谈判者常态情绪是影响谈判行为、谈判氛围的重要因素。良好的谈判者常态情绪，可以为谈判的顺利进行提供情绪上的保障，而不好的常态情绪则会影响谈判的健康发展。

2. 热态情绪

谈判者的热态情绪是指谈判者在谈判过程中所表现出来的感情浓烈、深厚和相对稳定的情绪体验。这种情绪的形成，一般是由于谈判者受到来自外部刺激，对谈判议题或谈判对方产生兴趣，对谈判前景看好的心境外化。这种热态情绪是常态中的倾向性发展，而且往往是与谈判对手的情绪状态相呼应的。

谈判者的热态情绪，会促进谈判进程，消化谈判矛盾，有益于谈判成果的取得。因此，谈判者最好能把情绪调适至热态，保持对谈判的兴趣，以感召或呼应谈判对手的情绪，为谈判的成功提供良好的氛围。

3. 激奋情绪

谈判者的激奋情绪是指谈判者在谈判活动中，偶然产生的一种暂时性激烈的情感体验。激奋情绪既可表现为极度高兴，也可表现为极度痛苦、悲伤、愤怒和恐惧。谈判者激奋情绪，一般是指由于外部的强烈刺激而导致的情绪波动，如兴高采烈、暴跳如雷、惊恐不已、呆若木鸡等，都是一种激奋感情心态的外化。

当谈判者受到某种刺激而导致心理上的异常反应时，认识问题、思考问题的能力就会降低，往往会受情绪操纵，做出不良反应。但是激奋情绪也不都是消极的，有的激奋情绪有益于加大工作强度，推动谈判发展。例如，当谈判桌上传来某种有利谈判的喜讯，就会激发谈判热情，推动谈判的进展。

4. 应激情绪

谈判者的应激情绪是指谈判者在谈判活动中，由于情势突然发生变化而产生的极度紧张的情绪状态。这种情绪状态较之激奋情绪更具突发性和剧变性。根据实验证明，应激状态会改变人体内部的激活水平，使心率加快、血压、内分泌、肌肉等紧张程度发生明显变化，有时还会伴有额头冒汗、浑身冒汗、双手颤抖等。在应激状态时，常常能使一些人手足失措，难以自持。

总之，谈判者各种情绪都会对谈判工作有直接影响，谈判者要想维持良好的谈判氛围，确保谈判成功，就要力避消极情绪状态对人的理智与行为的不良影响，保持或调节到最佳情绪状态，以使谈判效率最大化，取得最佳的谈判成果。

第二节　谈判人员情绪的调节和控制

在错综复杂的商务谈判中，免不了会出现各种情绪的变化和波动。当异常的情绪波动出现时，要善于采用适当的策略办法对情绪进行调控，而不能让情绪对谈判产生负面影响。

一、了解、掌握对方的情绪状态

1. 让对方的情绪公开表现出来

有时，谈判双方具有针锋相对的情绪时，会使双方的精神处于亢奋状态。容易使双方丧失理智，忘记自己的实质利益所在，往往会使谈判双方越走越远，无法达成共识。这时，不妨坦诚地道出自己所判断出的情绪问题，引导对方也认识到这个问题，从而把双方的情绪公开化，增进双方对这个问题的了解，把双方拉回到理性磋商的层面上来。

把自己和对方的情绪问题坦诚地都拿出来，放到桌面上加以考虑和讨论，不但能够强调这个问题的严重性和强度，而且，能够削减谈判时的“针锋相对力度”，进而促使谈判走向积极的一面。通过双方情绪的公开化，会使双方压抑的情绪得到疏解，使双方的注意力重新回到实质问题上来。这时，双方在实质问题上的合作就可能取得进展。

2. 容许对方发泄情绪

一般来说，人一旦把自己的不满说出来，就会有一种解脱感。因此，要想巧妙地应付对方的愤怒、沮丧和其他负面的情绪，最好的方法是给对方一个能够发泄情绪的机会。容许对方发泄情绪，会使对方压抑的心情疏解过来，对于这个道理，人们在日常生活中也会有所体会。

补充阅读

如果一个职业女性下班后，正想开口告诉丈夫自己在公司里遇到的不顺心事，丈夫却抢着说："好了！我知道你工作相当辛苦，对不对？"这时，这个职业女性恐怕就不会向自己的丈夫倾诉了，那她心中的沮丧和委屈的感觉就会更加强烈；相反，如果这位丈夫能认真地听妻子倾诉委屈，相信等她说完，她心中的不快便会一扫而光。这时她的丈夫若再略加安慰，便会"锦上添花"，她的心情便会好起来。

谈判者如果能耐心地容许对方发泄情绪，那么，当对方把自己心中的郁闷情绪发泄完时，必然能够非常理性地投入谈判。在这个过程中，谈判者应该默默地倾听，让对方把想说的话说完。当然，如果谈判者偶尔说一句："请你继续说下去！"则效果会非常好。在对方发泄完以后，谈判者不必对对方的不满发表评论，更不必去承认对方的不满是多么有理由，只要让对方把话说完，他心中就不会再有负面情绪了。

3. 不要反击对方爆发的情绪

当对方宣泄情绪时，极易引起自己情绪性的反应，因此，一定要注意保持自己平静的心态，控制好自己的情绪，有时甚至得压抑自己。为了掌握对方的情绪，控制谈判的进程，有时压抑自己也是必不可少的。因为在这种情形下，只有压抑、控制自己，才能有效地影响对方，使谈判朝着正确的方向前进。

补充阅读

1950年，美国钢铁业界为防患于未然，组织了一个调停委员会来缓和劳资双方的强烈对立。他们创造了一个压制情绪问题的特殊方法：他们规定，在同一时间，只允许一个人发怒，其他人都必须对此保持沉默。这样，就避免了强烈的情绪性反应，使说话者能"顺利地"发泄完情绪。

4. 缓和对方的情绪

谈过恋爱的人会知道：要使恋爱中的男女停止争吵，男方应主动向女方馈赠能表达爱情的小礼物（如红玫瑰等）。在谈判中有些方法也与此类似，代价很少，功效却很大。例如，主动与对方握手，邀请对方聚餐，一段略表歉意的话，带一份小礼物给对方的孩子等，这些办法都不需要付出很大代价，都能有效地消除对方的敌意和对抗情绪。

二、如何使谈判人员的情绪达到最佳状态

谈判活动是一种高度理性的智力竞争活动，谈判者始终应以理性的、平和的心态和积极的情绪状态，来保证谈判工作的效率。那么怎样保持谈判者的最佳情绪状态，首先要了解谈判者的积极情绪与消极情绪的不同表现。

（一）谈判的积极情绪表现

谈判者的积极情绪主要表现在以下几个方面。

（1）谈判开局时，谈判者精神状态饱满，在谈判桌上给人留下的“第一印象”是主动、热情、友好、大度。

（2）谈判开始后，谈判者言谈举止坚定自信、潇洒自如、情感真诚、态度和蔼。

（3）在双方协商问题时宽厚、礼让、和气、风趣。特别是认真倾听，保持相互交谈的兴趣。

（4）把友谊作为谈判的纽带，“买卖不成仁谊在”。

（5）遇到意见分歧时，心平气和，耐心劝说，与人为善，尽快消解矛盾。

（6）尽量避免无休止的论争，善于灵活、技巧地打破僵局。

（7）主动让步，善于用妥协赢得双方需要的结果。

（8）善始善终，情绪稳定，给人留下“建设性的合作伙伴”的总体印象。

（二）谈判消极的情绪表现

在谈判的过程中，常见的消极情绪主要有以下几种。

（1）谈判开局亮相状态不佳，缺乏热情、主动、坦率、友好的表现。

（2）言谈举止，情绪低落、反应冷漠。

（3）磋商问题时精力不集中，谈论议题难以深入。

（4）遇到意见分歧时易于激动，常常感情用事。

（5）性情急躁、缺乏耐心和谅解精神。

（6）遇到谈判僵局时常常滋生对抗情绪。

（7）不善于用妥协寻求和解。

（8）情绪极不稳定、反差很大，令对方无法信任。

谈判者保持什么样的情绪状态，对谈判的效率会有很大的影响。心理学家赫布的研究成果告诉我们：当谈判者的情绪激活水平极低，如萎靡不振、昏昏欲睡、打不起精神时，谈判的效率非常低。随着谈判者情绪激活水平不断提高，如精神振奋、积极思考、精力专注、研究对策时，谈判者的效率也就随之不断提高。当谈判者的情绪激活水平调整到一个最佳状态时（如积极思考、研究对策、精神饱满、思维活跃就是最佳状态的标志），谈判的效率也就最高。这时，如果谈判者的情绪激活水平再提高的话（如过于兴奋、过于紧张），谈判的效率反而会随之下降。这表明，这时的情绪对谈判者造成了负面影响，干扰了谈判工作。因此，谈判者在谈判中应注意自己的情绪状态，调适自己的情绪水平，力争把自己的情绪调整在最佳状态，使自己在谈判效率上的活力充分发挥出来。

（三）增强双方的情感交流

情感是谈判者对谈判对手能否满足自己需要的态度体验，谈判者的情感始终处于对其意识的支配地位，它常常以内隐的形式出现。情感是情绪的内在依据，因此，加强与谈判对手的情感沟通，是影响对方的情绪、进而控制谈判进程的重要手段。

1. 满足对方自尊和被人尊重的需要

自尊就是谈判者能维护自己的尊严，既不向对方卑躬屈膝，也不受对方侮辱。自尊是谈判者的一种情感需要。在谈判中，不能侮辱对方的人格，要以礼待人，不要把双方在实质利益上的对立演变成“个人恩怨”。应“强硬对事、温和对人”。要尊重对方，注意顾及对方的颜面，把谈判导向“对事不对人”的氛围，满足对方尊重上的需要，这是双方建立起私人情感的前提和基础。

2. 满足对方友谊的需要

对方也许想通过谈判找到一个能长期真诚合作的伙伴，建立互惠互利的关系，也就是说，谈判对方可能会希望与自己建立起真挚的友谊。谈判者应注意判断对方是否怀有这种期望，即判断对方是否怀有“既做生意，也做朋友”的愿望。如果对方这种愿望很强烈，则己方可以采取合作的态度，致力于长期友好合作关系的建立，同时也可以发展起私人间的友谊。如果对只想做“一锤子买卖”，对方在谈判中的进攻性会很明显，这时若想建立起长期合作的友谊，则比较困难。

案例阅读与分析 6.1

一个顾客到花旗银行去换一些崭新的钞票作礼金。银行职员换好后把它放在盒子里交给他，并且加上了一张自己的名片，上面写道：“谢谢您想到了我们银行。”那位顾客不久就来这里开了一个户头，并在以后9个月中存入了25万美元。

花旗银行成功地运用“情感投资”赢得了这位顾客的心。这位顾客可能没有想到自己的换钱行动得到感谢而不是冷眼，因此情感上受到了感动。

点评：花旗银行的情感投资代价虽小，但收效却不小。由此，我们可以得到启示：情感投资是一种“投入小，产出大”经营的策略。情感投资的常用方法就是表示对对方的关怀。另外，宴请与馈赠礼品也是常用的手段。

3. 利用情绪增强谈判力量

前面几点讲的是一般情况下谈判者在情绪上应采取的策略。有时，谈判者也可以有意识地采取一些非常规的情绪手段，来有效地影响对手，达到自己的目的。把情绪作为一种武器，它既可能滋生力量，也可能把谈判搞砸。从这个意义上讲，非常规的情绪手段是一把“双刃剑”。它既可能“伤着”对方，增加己方的相对实力，也可能“伤着”自己，使自己处于不利境地。因此，谈判者在考虑采用非常规的情绪手段时，一定要认真掂量，仔细权衡，切不可犯“冒进”的错误。

情绪手段运用得好，的确可以滋生力量。很多谈判者在谈判实践中运用了这一规律。尼克松在回忆与赫鲁晓夫的“厨房辩论”时说：“有的时候他会吵吵嚷嚷、兴高采烈、豁达开朗，表现出友好和几乎是迷人的魅力……可是他的情绪又有好几次似乎已经到了失去控制的地步……他用大拇指按住我的胸口大声叫嚷。后来我发现，他从来不发脾气，而是故意利用这种脾气……他是脾气的主人，而不是脾气的奴仆。”可见，赫鲁晓夫是运用情绪手段的高手。

> 厨房辩论指的是 1959 年 7 月 24 日在莫斯科举行的美国国家博览会（American National Exhibition）开幕式上，时任美国副总统理查德·尼克松与苏联部长会议主席尼基塔·赫鲁晓夫之间展开的一场关于东西方意识形态和核战争的论战（两人之间的辩论均通过他们的口译员传达）。辩论是在厨房用具展台前进行的，故称“厨房辩论”，百度百科有此事件的详细介绍：http://baike.baidu.com/view/111378.htm

下面就介绍一些可以在谈判中滋生力量的情绪手段。

（1）发怒。发怒可以引起对方的注意，表示发怒者的决心，进而可以产生胁迫对方的效果。发怒为什么能滋生力量呢？因为发怒能使对方感觉不舒服，进而给对方产生压力感。当然，“发怒”也是一把“双刃剑”，一定要谨慎从事。

案例阅读与分析 6.2

提到“发怒”，可能很多人都知道当年赫鲁晓夫在联合国开会时，用皮靴敲桌子的情形。当时人们无不为他的暴怒所震惊。一些人继而联想到，他可能会把整个世界炸毁，如果他愿意的话。据说几个月后，有人放大了赫鲁晓夫用鞋敲桌子的照片，令人惊讶的是赫鲁晓夫的双脚上都有鞋子，如果这个情况属实的话，那么发怒就是赫鲁晓夫有预谋的一个行动计划。

对此，我们今天很难查验真相，不过，赫鲁晓夫借着发怒很好地表明了他的立场和决心，他极可能想借此来引起对手特定的反应，在某种程度上他达到了目的。

（2）悲痛。悲痛可以获得对方同情，瓦解对方斗志，筑起牢不可破的长城。在谈判中“悲痛”可以化为“力量”，瓦解对方的决心，为自己争得更多利益。当然，作为一种非常规的情绪手段，“悲痛”在谈判实践中并不经常用到。

案例阅读与分析 6.3

据说，一家公司多年来，一直想开除一位领班。但这家公司对解聘的事非常谨慎，绝不会把某人叫到办公室告诉他：“你被开除了”；而是由人事经理和将被解职的雇员谈起“在公司范围之外的生活”及其他的事业选择，以暗示对方公司的决定。通常，员工都会自动辞职，为自己挣回面子。但是公司的人事经理在过去的一年中已经找这位领班“畅谈”了四次，每次都暗示对方，公司目前已不需要他了。不过，那个领班总是抽抽噎噎，唉声叹气，搞得人事经理为之气馁，再也没有心情去找他谈了。这位领班成功地博得了人事经理的同情，使自己免遭解雇的命运。

（3）大笑。大笑是自己开心的表现，可以帮助我们掌握对方的反应，给自己创造选择和改变话题的自由。

案例阅读与分析 6.4

假如你是一个卖邮票的人，有一位顾客走过来，拿起一张邮票，对你说："我愿出10元钱买下这张邮票。"这时，你对对方大笑起来，你猜对方会有何反应，对方十有八九会认为自己的出价太低。当然，对方也有可能依然很镇静，观察了对方的反应以后，你就可以选择和转换话题了。如果对方表现得惶恐不安，你就可以说："你在做梦吧，10元钱？"如果对方表现得很镇静，你可以说："看得出你是一个行家，我们好好谈谈吧。"

（4）让对手感到愧疚。人们在心理上总是不愿意去占不该占的便宜的，所以，让对手感到他的要求有点过分，引发对手的愧疚感，极有可能会使对手做出让步。

案例阅读与分析 6.5

印度民族解放运动领导人甘地，为争取民族独立发起和领导了一场非暴力抗议活动。在那场非暴力抗议运动中，甘地用他那瘦弱的躯体发出了"如果不让印度独立，我就绝食，我会日益瘦弱，我的死会使你们永远愧疚"的呼声。甘地为了一个崇高的理想而使用了让对手感到愧疚的策略。

当日本松下电器公司还是一家乡下小厂时，它的创始人松下幸之助总是亲自出马推销产品。每逢遇到杀价高手，松下幸之助就是使用让对手愧疚的策略。他总是说："我的工厂是家小厂，炎炎夏日，工人在炽热的铁板上加工制作产品，大家汗流浃背，却努力工作，好不容易制出了产品，依照正常利润的计算方法，应当是每件某某元，现在你杀的价使我们感到了切肤之痛，务请用某某元承购。"

三、平息谈判对手愤怒的方法

一般来说，谈判对手的感情冲动，往往有三种目的：一是为了从气势上压倒你；二是为了激怒你；三是为了尽快发泄心中的怨恨之气。在谈判过程中，当对手感情冲动时，首先要明白，冲突不是目的，获得收益才是目的。这时候可以运用各种方法缓解对手的感情冲动。

（1）让坐。感情冲动者基本上都是站立着的。为了缓解对方的冲动，最好请他们坐下来说话，最好坐在较矮的沙发上，坐着的人是很难大怒的，坐的姿势会大大限制胸部扩张，使其怒气不足。

（2）拖延。较为激烈的情绪状态，一般均不能长时间维持，过上一段时间自然就会平缓得多。因此，时间是抹平感情冲动的良药。拖延，也就是利用时间来缓解感情的冲动，待其平静后再进行正式的谈判。可以用请喝茶、请抽烟、请吃饭、休会、出去打打球等方法，使对方平静下来。

（3）换环境。对方感情冲动时，可以通过换环境来缓解对方冲动的感情。

（4）漠视。对于暴怒者争论，可以尽可能漠视它，要么装作没听见，要么不发表任何意见，要么绕过去，要么要求对方"再说一遍"。

案例阅读与分析 6.6

第一次世界大战后重新讨论并签订对土耳其和约的国际会议。1920年，协约国将奴役性的《色佛尔条约》(又译《塞夫勒条约》)强加于战败的土耳其。土耳其人民在凯末尔·阿塔图尔克的领导下，击败英国支持的希腊干涉军，迫使协约国重新讨论对土和约。1922年11月20日，以英国、法国、意大利、日本、希腊、罗马尼亚、南斯拉夫等协约国为一方，土耳其为另一方，在瑞士洛桑召开和会，企图胁迫土耳其签订不平等条约。

英国谈判代表是外交大臣乔治·寇松，他是当时一位颇有名气的外交家。他身材魁梧，声音洪亮。土耳其派伊斯麦特·伊诺努参加谈判，伊诺努身材矮小，有点耳聋，当时对协约国一方来说还是个名不见经传的人。

寇松轻视伊诺努，在谈判中常常表现出嚣张、傲慢、不可一世的态度。其他列强也盛气凌人，以势压人。在这种十分不利的谈判条件下，伊诺努从容不迫，不卑不亢，镇定自若。每当英国外交大臣寇松大发雷霆、声色俱厉、咆哮如雷时，伊诺努总是若无其事地坐在那里静听。等寇松声嘶力竭地叫骂完了，伊诺努才不慌不忙地张开右手，靠在耳边，把身体移向寇松，十分温和地说："您说什么？我还没听明白呢！"意思是请寇松再说一遍。

伊诺努正是用漠视战术与列强在谈判席上苦苦周旋了八个月，最后在不伤大英帝国的面子的同时，维护了土耳其的利益，胜利地结束了谈判，1923年7月24日达成了著名的《洛桑条约》。该条约承认土耳其的独立、主权和领土完整，是土耳其民族独立斗争的重大胜利。

> 推荐读者通过百度百科"土耳其独立战争"词条了解洛桑会议的时代背景：http://baike.baidu.com/view/2871417.htm
>
> 土耳其共和国成立后，伊诺努两度出任总理，1938年当选土耳其总统，百度百科"伊斯麦特·伊诺努"词条有简介介绍：http://baike.baidu.com/view/806682.htm

点评：在列强面前，土耳其虽然是民族独立斗争战胜方，但却显得弱小无助；而列强是不甘心失败的，不会甘心失去原有利益，更重要的是土耳其的地理位置更使列强担心土耳其独立后海上通道的问题。多种因素使洛桑会议变得异常艰难，谈不好就会战火重开。伊诺努的谈判艺术值得我们借鉴。

第三节　商务谈判心理

心理是人脑对客观现实的主观能动的反映。人的心理活动一般有感觉、知觉、记忆、想象、思维、情绪、情感、意志、个性等。人的心理是复杂多样的，在不同的专业活动中，会产生各种与不同活动相联系的心理。

商务谈判心理是指在商务谈判活动中谈判者的各种心理活动。它是商务谈判者在谈判活动中对各种情况、条件等客观现实的主观能动的反映。

一、商务谈判心理的特点

一般而言，一名成熟的商务谈判人员的心理具有以下几个特点。

（1）内隐性。它是指商务谈判心理是藏之于脑、存之于心，别人是无法直接观察到的。而由于人的心理会影响人的行为，行为与心理有密切的联系，因此，人的心理可以反过来从其外显行为加以推测，从而能够充分地了解对方的心理状态。

（2）相对稳定性。它是指人的某种商务谈判心理现象产生后往往具有一定的稳定性。正是由于商务谈判心理具有相对稳定性，人们才可以通过观察分析去认识它，而且可以运用一定的心理方法和手段去改变它，使其有利于商务谈判的开展。

（3）个体差异性。它是指因谈判者个体主客观情况的不同，谈判者个体之间的心理状态存在着一定的差异。它要求人们在研究商务谈判心理时，既要注重探索商务谈判心理的共同特点和规律，又要注意把握不同个体心理的独特之处，以有效地为商务谈判服务。

（4）策略性。它是指谈判者为尽可能多地获得利益必然要在谈判中采取一定的谈判策略，以智取胜。事实上，注重心理策略的谈判者容易在谈判中占得先机，获得优势。如欲擒故纵、声东击西、以退为进、明修栈道等都是心理策略的具体表现。孙子曰："凡战，以奇胜，以正合。"

视野拓展

谈判心理战

谈判，是跟人在谈，所以谈判一定要研究人，把人的心理研究清楚。谈判没有标准答案，它没有一个绝对性的流程。因为在谈判的过程中，其实是双方心理的博弈、语言的交锋，其中有太多的不确定性，你提前设计好的情境，在谈判中不一定能实现，这其实也是谈判最大的魅力。

推荐读者阅读官迅伟《采购谈判心理战》一文进行更深入的学习。

《采购谈判心理战》
http://www.jiangshi99.com/article/content/96028.html

二、商务谈判心理的分类

为便于对商务谈判的心理活动有更深的了解，可以对其进行多角度的分类。

1. 按谈判进程分类

按照谈判的进程可分为谈判前、谈判中和谈判结束三个阶段的心理活动。

谈判者在谈判前、谈判中和谈判结束的心理状态是不同的。一般而言，谈判前是谈判者的准备期，表现为紧张而又彷徨不安；谈判中由于讨价还价、妥协让步等无不伴随着剧烈的心理震荡和心理互动，是反应最为激烈的心理活动期；谈判结束是签订协议的时期，心理表现为兴奋、满足或沮丧、不满意等。

2. 按谈判者的人员组成分类

按照谈判者的人员组成可分为个体谈判心理和群体谈判心理、主谈人谈判心理和谈判成员心理。

在谈判小组成员超过两个，就存在个体谈判心理和群体谈判心理。群体谈判心理又可以分为主谈人谈判心理和谈判成员心理。一般而言，谈判小组中主谈人的心理对整个群体谈判心理有着决定性的作用。

3. 按谈判过程中谈判者的心理变化分类

按照谈判过程中谈判者的心理变化可以分为心理正向加强与心理负向受挫。

在谈判过程中，谈判者的心理经常会发生变化。如果谈判的发展趋势是向着自己的愿望和目标靠近，则心理变化表现为心理正向加强，越靠近目标或者超出期望目标，正向加强的强度越强；如果谈判的发展趋势是背离自己的愿望和目标，则心理变化表现为心理负向受挫，越偏离目标或者越低于期望目标，正向受挫的强度越强。

“行为心理学家认为，我们不仅可以从一个人的面部表情识别其话语的真实性，更可以通过其肢体动作看出其话语的真实性，因为说谎是一种复杂的心理行为。一般来说，无论一个人的说谎技术如何高明，为了掩盖谎言，他都会无意中做出一些小动作，因此，善于观察的人，光看一个人的动作就可以推断对方心理状态。在谈判桌上，当发现对方有以下任一动作时，你就需要长个心眼，综合各种已知信息判断对方心理的真实意图。

（1）遮掩嘴部。行为心理学家戴斯蒙·莫里斯博士做过这样一个实验：他让研究人员把护士作为测验对象，要她们有意识地对病人谎报病情。通过录像观察，这些护士在说谎时，比平常实话实说时使用了更多的用手掩饰嘴部的动作。由此他得出结论：手遮嘴的动作有说谎的嫌疑。在商务谈判过程中，对方不自觉地时常出现用手捂嘴的动作，当说到与之相关的关键点时，他甚至假装咳嗽以便用手来遮嘴，这时就要对这人说话的真实性多加留意，因为此时也许正是对方说谎心理的外在表现。

（2）摸鼻子。行为心理学家研究表明，一个人在说谎时，鼻子的神经末梢就会被刺痛，摩擦鼻子能够缓解这种不舒服的感觉。另一种说法认为，当比较坏的想法进入大脑之后，人就会下意识地指示手去遮住嘴，但又怕表现的太明显，因此会就势在鼻子上触摸一下。一般而言，摸鼻子的动作对说话者来说表示欺骗，对听话者来说则表示对说话者的怀疑。当然，有的人在说谎的时候也不一定摸鼻子或捏鼻子，只是轻轻地在鼻子下方擦几下。由于动作幅度较小，很多时候几乎察觉不到。如果在商务谈判过程中对方有这种动作，那么就要分析对方的言下之意乃至语言的真实性了。

（3）摸耳朵。有的人在撒谎时，通常会下意识地抚摸自己的耳朵，就如孩童双手掩着两耳的姿势一样。除了摸耳朵之外，也有人会揉耳背、拉耳垂或把整只耳朵拗向前面掩住耳孔。当然这种动作也常常能反映说话者的害羞或紧张的心理。

（4）揉眼睛。眼睛是心灵的窗口，人的许多秘密都会通过这个窗口流露出来。因此，在商务谈判过程中，有的人会用这种姿势来掩饰眼前的欺诈、怀疑情绪。男人在说谎时常常会用力揉眼睛，假如是撒个弥天大谎，心中有一些忐忑，他还会把视线转往别处，通常是往地面。女人在说谎时则喜欢在眼睑下方轻轻摸一下。

（5）搔脖子。有研究表明，人们在说谎时，面部和颈部组织往往会有刺痛感，而且必须用揉或抓来缓解。还有研究表明，说谎的人在感到对方怀疑时，脖子往往会冒汗。尤其当某人的话与事实严重不符时，这种表现会特别明显。其实只要通过仔细观察，我们就可以发现这样一个规律：人们由于内心的躁动，会用手去搔脖子，每次大约搔 5 下，很少有超过或少于 5 下的。搔脖子表明行为者对所面对的事情有所怀疑或不肯定。

在谈判过程中，对方同你说"我能够理解你的想法"之类的话时，却用一只手的食指搔抓耳部下方或脖子的一侧，那么他此时的心理就是：不敢苟同。换句话说，虽然他口头是向你传递的是一种正面信息，但是他的体态语言则传递着一种负面的心理信息，这种负面信息多表示怀疑或者不肯定。在这种情况下，谈判过程就要避免轻信他的话。

（6）用手拉衣领。在谈判的过程中，如果你看到对方下意识地拉了一下衣领，你就需要长点心眼，以没有听清为由，让他再重复一遍对你说过的话。如果对方之前说的是谎言，在接下来的重复回答中就会出现支支吾吾、前言不搭后语的现象。这时，你再进而注意观察对方的神态，那么对方是不是在撒谎你便能判断个八九不离十了。

以上一些小案例，只能算是心理学在商务谈判中的简单运用，要想在商务谈判中真正把握对方的心理，还需学习专业的心理学知识并加以运用，才能有所成效。

三、谈判中的需要心理

谈判是为了达成某种协议，有目的就有一定的需要心理。成功的谈判会产生成功感，失败的谈判会产生挫败感……这些都是谈判中需要心理的表现。

需要是人对客观事物的某种欲望，是个体客观需求的主观反映。它同人的活动相联系，是人的行为活动的内在驱动力。

人的活动总是受某种需要所驱使，而行动的目的又总是反映某种需要。所以，商务谈判活动也是建立在人们需要的基础上，是满足各方需要的过程。

商务谈判中需要心理主要有以下几个特点。

（1）需要具有对象性，它是指需要总是包含具体的内容，如以某价格购买一批货物，或以市场价出售某件产品等。

（2）需要具有选择性，人们形成的需要是多种多样的，但已经获得满足需要的经验，能使人们对需要的内容进行选择。

（3）需要具有连续性，它是指人的需要不断地出现、满足、再出现、再满足，周而复始，不断上升。

（4）需要具有相对满足性，它是指人的需要在某一具体情况下所达到的满足标准。人的行为活动要达到一定的目的，但目标的满足只是相对的。

（5）需要具有发展性，人的需要出现与满足，再出现再满足，不是简单的重复，而是不断发展、不断上升。一方面表现为标准的不断提高；另一方面表现为需要的内容不断变化。

四、需要层次论

人的需要是多种多样的。一般有物质性需要、精神性需要、自然性需要和社会性需要等。根据美国人本主义心理学家马斯洛需要层次论的观点，人有生理需要、安全需要、社会需要、尊重的需要、自我实现的需要等五个层次的需要。而在商务谈判中，最后三个层次的需要更显重要。

（1）生理需要。人要维持生存，就会对食物、空气、活动、睡眠产生需要，而且必须得到满足。这是人最基本的需要。现代各种类型的交易洽商活动，无论怎样紧张、激烈，参加谈判的人员都要保证这种生理需要的满足，以恢复体力，提高谈判活动的效率。

（2）安全需要。安全需要指人的安全感、稳定感、秩序感。表现为参与交易谈判的洽商者普遍对交易中的风险比较关注、担心。对安全需要较为敏感的人，宁可放弃有吸引力的大笔交易，而选择比较稳妥保险的小额交易，甚至放弃交易。

（3）社会需要。社会需要是指寻求和改善人际关系的需要，是在前两种需要满足的基础上产生的，是人的一种较高层次的需要。商务谈判是一种社会交往活动，而广泛的社会交往、良好的人际关系是谈判成功的保证。在经济文化较发达的社会，人们的行为活动更多地表现为社会需要。

（4）尊重的需要。尊重的需要包括自尊、自重、威信和成功，具体表现为希望自己有能力、有成就，能胜任工作，渴望得到别人的赏识和高度评价，得到名誉和荣耀。在谈判活动中表现为谈判人员喜欢显示自己的身份、地位、权威；要面子，喜欢听别人的恭维话，喜欢排场、阔气与豪华等。人们在谈判时可能会为了面子与尊严愤而退出谈判，也可能为了取得令人钦佩的谈判业绩而废寝忘食地工作。

案例阅读与分析 6.7

有一位商人看到一个衣衫褴褛的铅笔推销员，顿生一股怜悯之情。他不假思索地将10元钱塞到卖铅笔的人手中，然后头也不回地走开了。走了没有几步，他忽然觉得这样做不妥，于是连忙返回来，并抱歉地解释说自己忘了取笔，希望不要介意。最后，他郑重其事地说："和我一样，都是商人"。

一年之后，在一个商贸云集、热烈隆重的社交场合，一位西装革履、风度翩翩的推销商迎上这位商人，不无感激地自我介绍道："您可能早已忘记我了，而我也不知道您的名字，但我永远不会忘记您。您就是那位重新给了我自尊和自信的人。我一直觉得自己是个推销铅笔的乞丐，直到您亲口对我说，我和您一样都是商人为止。"

点评：商人这么一句简简单单的话，竟能使一个自卑的人顿然树立起了自尊，使一个处境窘迫的人重新找回了自信。正是有了这种自尊与自信，才使他看到了自己的价值和优势，终于通过努力获得了成功。不难想象，倘若当初没有那么一句尊重鼓励的话，纵然给他几千元也无济于事，断不会出现从自认乞丐到自信自强的巨变。这就是尊重，这就是尊重的力量。

（5）自我实现的需要。自我实现的需要是一种使人能最大限度地发挥自己的潜能并完成某项工作的欲望。谈判者自我实现的需要是通过谈判取得的成绩体现的。谈判者在谈判中获得的利益越大，自我实现需要的满足程度就越高。

五、谈判中的谋略心理

孙子曰："上兵伐谋，其次伐交，其次伐兵，其下攻城""不战而屈人之兵，善之善者也"，其战略思想就是要通过智谋去战胜对手。现代商务谈判同样需要谋略心理，它要求谈判人员在谈判中运用各种谋略，迫使谈判对手放弃原来的企图，而实现本方的谈判目标。

谈判谋略是指根据谈判前和谈判中收集到的信息而有意识地造成特定的环境，故意采取某种行为、做法和语言表达等一系列相互关联的事件，对谈判对手的心理产生影响以迫使对手做出让步，从而达到本方预定的谈判目标的一整套方案或办法。它有自身的特点和规律。

（一）谈判谋略与相关概念的区别

1. 谈判谋略与谈判目标

谈判目标是谈判一方设定的理想谈判条件，具有标记的性质，目标的实现程度通常是由谈判的进展程度反映的。

谈判谋略是为实现谈判目标而采取的措施，是服务于谈判目标的，具有实践的性质。谈判谋略的正确实施有利于谈判目标的实现。

2. 谈判谋略与谈判技巧

二者既有紧密联系又有明显区别。

谈判谋略是为了实现谈判目标而确定的行动方针和驾驭整个谈判过程的方法，是针对全局的，具有相对稳定性。

谈判技巧则是使用方法、实施方针过程中表现出来的技能，具有灵活应变和现场反应的特点，是针对某个阶段、某一方面的方式方法。

3. 谈判谋略与谈判策略

谈判策略是商务谈判人员在谈判过程中为实现特定的谈判目标而采取的各种方式、措施、技巧、手段及其反向与组合运用的总称。

谈判策略要服从整体利益和总体目标，具有派生性、单一性、应变性和针对性等特点。而谈判谋略是针对谈判目标的一整套方案和办法，具有完整性和相对稳定性。

（二）策划谈判谋略应贯彻的思想

一般而言，策划谈判谋略应贯彻以下几种思想。

（1）造势。谈判前和谈判中要调动一切可调动的力量为本方服务，求助于势或巧妙地造势，形成有利于本方的谈判声势，以提高本方的谈判实力。

（2）治气。谈判谋略的策划要立足于瓦解谈判对手的斗志和士气，而培养和激励本方谈判人员的士气，从而保持高昂的斗志。

（3）治心。治心的谋划要求谈判者运用心理战突破谈判对手的心理防线，迫使对方改变谈判态度，使其认同本方的观点，直至接受。

（4）治力。治力的谋划要求谈判人员充分了解谈判对手的实力及其主要的影响因素，来制订本方的避实就虚战略，以本方的长处攻击对方的短处，从而提高本方的谈判实力。

（5）治变。治变的谋划要求谈判人员具有灵活的战术意识和良好的谋略心理，能随着谈判形势和环境的变化不断调整本方的谈判方案，以适应谈判的需要。

六、谈判中需要的心理状态

谈判人员良好的心理素质是谈判取得成功的重要基础条件。谈判人员需具备的心理状态包括坚定的信心、对谈判的诚心、在谈判中的耐心，这些良好的心理状态是谈判者解决各种矛盾、抗御谈判心理挫折的条件和取得谈判成功的基石。

1. 信心

良好的心理状态是取得谈判成功的心理基础。信心是谈判者充分施展自身潜能的前提条件，是谈判者赢得谈判的力量。实践证明，缺乏信心往往是商务谈判遭受失败的一个重要原因。没有信心，就难以勇敢地面对压力和挫折，因此只有具备必胜的信心，才能促使谈判者在艰难的条件下通过坚持不懈的努力而取得谈判的成功。

谈判者必须具备必胜的信心，不是盲目的自信和自负，而是在充分准备、充分占有信息和对谈判各方实力科学分析的基础上，相信自己要求的合理性、所持立场的正确性及说服谈判对手的可能性。必胜的信心是符合职业道德的，只有满怀信心，才能有勇、有谋、百折不挠，达到既定目标，才能虚怀若谷、大智若愚，赢得对方的信任，取得合作的成功。

2. 诚心

商务谈判是一种建设性的谈判，是两方或两方以上的合作，而合作能否进行，能否取得成功，需要取决于谈判各方合作的诚心。诚心应贯穿于谈判的全过程。具有诚心，以诚相待，不但是商务谈判应有的出发点，也是商务谈判人员应具备的心理素质。诚心是谈判的心理准备，只有在谈判各方致力于合作的基础上，才会全心全意地考虑各方合作的可能性和必要性，才会合乎情理地提出本方的要求和认真考虑对方的要求。所以，诚心是各方合作的基础，也是影响、打动谈判对手的策略武器。

希望通过洽商来实现各方合作的谈判人员，会进行大量细致、周密的准备工作，拟订具体的谈判计划，收集大量的信息情报，全面分析谈判对手的个性特点，认真考虑谈判中可能出现的各种突发情况。有了诚心，各方的谈判才有坚实的基础，才能求大同存小异，相互理解和让步，以达到最佳的合作目标。诚心能使谈判各方达到良好的心理沟通，保证谈判氛围的融洽稳定，能排除谈判中一些细枝末节的干扰，使各方谈判人员的心理活动处于最佳状态，建立良好的互信关系，从而提高谈判的效率。

3. 耐心

耐心是谈判者在心理上战胜谈判对手的一种战术与谋略，是取得谈判成功必不可少的心理素质。在谈判中，耐心是抗御压力的必备品质和争取机遇的前提，谁缺乏耐心，谁就会失去商务谈判中的主动权。

耐心可以使谈判者认真地倾听对方的诉说，观察对手的行为举止和表现，获取更多的信息，冷静、客观地谈判，准确地分析形势，恰当地运用谈判策略与方法；耐心可以使谈判者调控自身的情绪，融洽谈判氛围，缓和谈判僵局；耐心使谈判者正确区分人与问题，学会采取对人软、对事硬的态度；耐心也是对付脾气急躁、性格鲁莽、咄咄逼人的谈判对手的有效办法，是实施以柔克刚的最为理想的策略方法。具有耐心也是谈判者心理成熟的标志，它有助于谈判人员对客观事物和现象做出全面分析和理性思考，有助于谈判者做出科学的决策。

补充阅读

商务谈判过程中，谈判桌是必备的工具。一方面是为了工作的方便，更重要的是，不同的情况采用不同的桌子可以产生不同的效果。具体来说，不同面积、不同形状的桌子会给谈判带来不同的影响，从而在谈判中起到不一样的指导作用。在现实中，桌子按照形状可以分为长方形、圆形、正方形、椭圆形、环形以及其他几何形状的桌子。

正方形的桌子通常出现在小饭店或者麻将馆，以至于在我国一般是不将其选作办公室用桌子的，所以首先将其排除。

长方形桌子：这里说的长方形桌子指的是普通大小的办公桌。一般在办公室中使用，可以用于小型的商务谈判，但是因为这种桌子一般不是双面或者全周可用的设计，以至于桌子背面或侧面的谈判人员产生不被重视的感觉，可能影响谈判的进程。

圆形桌子：这里所说的圆形桌子指的是直径在70～150cm的圆桌，这当中直径在100cm左右的桌子最为常用。这样的桌子适合四人以下的谈判。因为圆桌可以最大可能降低主客之分、级别地位落差，所以圆桌最能够体现双方的平等地位。在心理上双方都不会有太多的压力，有利于双方达到预期的谈判目的。另外，采用圆桌的另一优势在于，谈判人员之间的空间距离相对于其他形状的桌子比较容易调整，简单来讲就是方便谈判人员将自己的椅子任意拉近或远离对方，从空间距离到心理距离都可以进行调整。

椭圆形桌子：椭圆形桌子基本上具备了圆形桌子的优点，并且可以将其尺寸扩大，又不会像大圆桌那样给人不舒服的感觉。因为人数较多的时候，谈判人员可以分布在桌子的周围，人数较少的时候，又可以集中到桌子的尖端，比较灵活。在双方人数较为接近，又能够让双方尽可能“壁垒分明”体现立场。所以说，谈判人数在四人以上八人以下的情况，推荐使用椭圆形桌子。

环形桌子：这里说的环形桌子指的是围成一圈的桌子，包括在平面上看起来排布成方形环、长方形环以及圆形、椭圆形环状的桌子。这类桌子一般在会议室、会客室当中比较常见。当谈判人数较多（八人以上），尤其是存在第三方时，常常会使用这样的安排。采用这种布局会给谈判双方正式、尊重的感觉。

其他几何形状桌子：根据个人的喜好或者是办公场所内部装潢风格的需要，也有可能使用其他几何形状的桌子。但在进行商务谈判时还是应该体现出公事公办、大方得体、互相尊重的工作素质，因此不推荐使用奇形怪状的桌子。另外，有些桌子可能会引起谈判方的不满，如三角形的桌子，这种桌子被有些国家或地区的警方预审时所使用，因为这种布局会对单个人一方产生巨大的心理压力，并不适用于以合作为最终目标的商务谈判。

即学即练

不要激怒我

语言和态度是人与人之间沟通时的两大主要方面。面对对抗的时候，有的人说出话来是火上浇油，有的人说出来就是灭火器，效果完全不同。读者可通过以下游戏和讨论感受“激怒性词汇”。

游戏背景：自行制订统一使用的简单商务谈判场景，如员工和老板谈年终奖金问题。

游戏道具：每个小组自行准备若干张白纸、人手一支笔。

游戏方法：所有人员 3 人一组，但要保证是偶数组，每两组互为对手进行游戏。

游戏时间：30 分钟。

游戏程序：

（1）在 3 分钟时间内，本小组成员用头脑风暴法列举尽可能多的会激怒别人的词语（符合所定的商务谈判场景，但不准出现脏话、粗俗语言等）。

（2）在 10 分钟内本小组成员协商编写一分钟剧本，尽可能多地使用第（1）步罗列出来的激怒性词汇。（注意保密，不能使对手组事先了解本小组所准备的内容）

（3）一个小组按剧本表演，对手组成员用纸笔记下表演中用到的激怒性词汇。表演结束后两小组共同确认表演中的确有效地激怒性词汇并记分。两个小组对调表演、记录角色。

评分规则：

（1）表演中用到的激怒性词汇每个记一分。

（2）不是临时发挥，的确为事先准备的激怒性词汇每个加一分。

（3）产生“激怒”效果（指者声情并茂、表演恰当）的词汇，每个再加 2 分。

成绩排名：所有小组中，获得分数最高的小组为“激怒王族”。

思考讨论：

1. 什么是激怒性词汇？自己倾向于在什么时候使用这些词汇？
2. 听到对方使用激怒性词汇时，一般有何反应？你是否会控制情绪，如何控制情绪？
3. 回忆自己使用激怒性词汇的历史，介绍当时对方的反应，讨论激怒性词汇的危害。
4. 讨论今后应该如何避免使用激怒性词汇。

本章小结

1. 商务谈判心理是指在商务谈判活动中谈判者的各种心理活动。它是商务谈判者在谈判活动中对各种情况、条件等客观现实的主观能动的反映。具有内隐性、相对稳定性、个体差异性、策略性等特点。

2. 商务谈判心理可以按谈判进程、谈判者的人员组成、谈判过程中谈判者的心理变化分成不同的类型。

3. 需要是人对客观事物的某种欲望，是个体客观需求的主观反映。它同人的活动相联系，是人的行为活动的内在驱动力。需要具有对象性、选择性、连续性、相对满足性、发展性等特性。

4. 马斯洛需要层次论：人有生理需要、安全需要、社会需要、尊重的需要、自我实现的需要等五个层次的需要。

5. 谈判谋略是指根据谈判前和谈判中收集到的信息而有意识地造成特定的环境，故意采取某种行为、做法和语言表达等一系列相互关联的事件，对谈判对手的心理产生影响以迫使对手做出让步，从而达到本方预定的谈判目标的一整套方案或办法。策划谈判谋略应贯彻造势、治心、治气、治力、治变的思想。

综合训练

一、不定项选择题

1. 商务谈判人员的情绪对谈判活动的影响包括（　　）。

A. 双方的关系　　B. 谈判氛围　　C. 最终结果　　D. 谈判者的决策

2.（　　）不是积极谈判的情绪表现。

A. 在双方协商问题时宽厚、礼让、和气、风趣。特别是认真倾听，保持相互交谈的兴趣

B. 谈判开局时，谈判者以饱满的精神状态。谈判桌上的“第一印象”——主动、热情、友好、大度

C. 不善主动，用妥协寻求和解

D. 谈判开始后，谈判者言谈举止坚定自信、潇洒自如、情感真诚、态度和蔼

3. 平息谈判对手愤怒的方法有（　　）等。

A. 让座　　B. 拖延　　C. 换环境　　D. 漠视

4. 商务谈判心理是指在商务谈判活动中谈判者的各种心理活动，它是商务谈判者在谈判活动中对各种情况、条件等客观现实的（　　）的反映。

A. 主观能动　　B. 客观　　C. 情绪　　D. 态度

5. 商务谈判心理有（　　）等特点。

A. 相对稳定性　　B. 个体差异性　　C. 策略　　D. 内隐性

6. 需要层次理论中，（　　）更为高级。

A. 安全需要　　B. 自我实现的需要　　C. 尊重的需要　　D. 社会需要

二、名词解释

谈判人员的情绪　应激情绪　商务谈判心理　自我实现的需要

三、简答题

1. 什么是商务谈判心理、群体谈判心理、群体谈判效能、谈判谋略？
2. 谈判中的需要心理体现在哪些方面？
3. 如何策划谈判谋略？

四、案例分析题

案例1

日本某公司与美国一家贸易公司进行了一场许可证贸易谈判。

谈判伊始，美方代表便滔滔不绝地向日方介绍情况，而日方代表则认真倾听，不做过多的表态。美方代表介绍了相关情况之后，向日方代表征询意见，日方代表却说：“真对不起，我们还没弄明白。”美方代

表说："哪里不明白呢？"日方代表说："全不明白，请允许我们回去研究讨论一下。"于是，第一轮谈判就这样结束了。

一个月之后，日本公司换了另外一个谈判小组前来和美方谈判。第二轮谈判一开始，日方就声明因怕上一组谈判人员误导，所以他们完全不了解情况。美方代表只好又滔滔不绝地介绍了一番。不了，美方发言一结束，日方代表仍以"还是不明白，请允许我们回去研究讨论一下"为由，使第二轮谈判又结束了。几星期后，日方故伎重演，又换了第三组谈判人员，仍然以"不明白，需要研究讨论"结束了谈判，只是告诉美方一旦有结果一定通知。

半年过去了，正当美国公司因得不到日方的回音而烦躁不安，埋怨日方缺乏诚意时，日方突然派了一个由公司董事长亲自率领的代表团飞抵美国。在美方毫无准备的情况下，要求立即谈判，并抛出了最后的一揽子方案。措手不及的美方不得不在仓促之间同日方达成了明显有利于日方的协议。

请问：日本公司代表为什么频频表示听不懂？用意何在？

案例 2

20 世纪 30 年代，英国商人查尔斯向我国香港兴隆皮箱行订购了 2 000 只皮箱，价值港币 20 万元。合同写明一个月取货，逾期不能按质量交货，卖方必须赔偿 50%的损失。当兴隆皮箱行的经理王灿如期交货时，查尔斯却说，皮箱内层使用了木材，就不能算是皮箱，因此上诉法院，要求按照合同的规定赔偿损失。王灿委托当时香港著名的律师王文锦出庭作辩护。由于港英法院对查尔斯的偏袒，形势对王灿非常不利。

在法庭上，查尔斯气焰嚣张，信口雌黄，强词夺理。面对这一切，王文锦从容不迫地从口袋中取出一只特大号怀表，高声问法官："法官先生，请问这是什么表？"法官答道："这是英国伦敦出口的名牌金表。可是这与本案毫无关系！""有关系。"王文锦高举金表，面对法庭上所有的人继续问道："这是金表，没人怀疑了吧？但是，请问这块金表除了表壳是镀金以外，内部的机件都是金制的吗？"此时，法官发觉自己不知不觉中了王文锦的"埋伏"，但为时已晚，王文锦接着说："既然没有人否定金表的内部机件可以不是金做的。那么，兴隆行的皮箱案，显然是原告无理取闹，存心敲诈而已！"法官在众目睽睽之下，理屈词穷，只得宣判威尔斯诬告罪，罚款 2 000 元港币结案。

通过以上案例我们不难发现，在商务谈判过程中，我们会面临许多意想不到的状况，此时，我们应该沉着冷静，善于治变，才能维护自身的合法利益。

问题：请运用本章所学的谈判谋略心理分析上述案例。

五、模拟商务谈判实践

接第五章模拟商务谈判实践，结合本章内容，小组内部组织分析、讨论。

（1）前期模拟商务谈判中，双方是否管控好了各自的情绪、都出现过什么问题、当时的应对措施是否恰当？

（2）协商制订今后模拟商务谈判中利用对方情绪变化的办法和控制己方情绪的措施。

（3）分析前期模拟商务谈判中双方成员的肢体动作及其反映出的心理状态。

第七章　商务谈判的语言艺术

学习目标

1. 了解商务谈判语言的类型。
2. 熟悉商务谈判语言的运用原则及影响因素。
3. 掌握商务谈判各类语言的运用技巧。
4. 通过案例分析，能够在实践中逐步运用商务谈判语言。

关键概念

有声语言　无声语言

语言是人类用来进行信息交流的符号系统。商务谈判的整个过程就是谈判者利用语言进行表达和交流以实现谈判目的的过程。如何把谈判者的判断、推理、论证的思维成果、思想感情表达出来，语言的恰当使用成了谈判成功的关键环节之一。

第一节　商务谈判的语言

商务谈判的过程是谈判者的语言交流过程。语言在商务谈判中犹如桥梁，占有重要的地位，它往往决定了谈判的成败。因而在商务谈判中如何恰如其分地运用语言技巧，谋求谈判的成功是商务谈判必须考虑的主要问题。

一、商务谈判语言的分类

我们这里所说的“商务谈判语言”并非仅指交谈中所说的“话”，一颦一笑、举手投足都是在表达某种信息，这些都是传递信息的“语言”。在商务谈判中有声语言是基础，但它不是全部，甚至有时候起关键作用的并不是有声语言，口齿不太伶俐甚至略有口吃的谈判大师并不少见，这需要读者注意。

商务谈判的语言多种多样从不同的角度或依照不同的标准，可以把它分成不同的类型。同时，每种类型的语言都有各处运用的条件，在商务谈判中必须相机而定。

（一）依据语言的表达方式分类

依据语言的表达方式不同，商务谈判语言可以分为有声语言和无声语言。

有声语言是通过人的发音器官来表达的语言，一般理解为口头语言。这种语言是借人的听觉传递信息、交流思想。

无声语言又称为行为语言或体态语言，是指通过人的形体、姿态等非发音器官来表达的语言。一般理解为身体语言。这种语言是借人的视觉传递信息、表示态度、交流思想等。在商务谈判中巧妙地运用这两种语言，可以产生珠联璧合、相辅相成、绝妙默契的效果。

（二）依据语言表达特征分类

依据语言表达特征，商务谈判语言可分为礼节性的交际语言、专业性的交易语言、模糊语言、威胁性的军事语言和幽默诙谐的文学语言。

1. 礼节性的交际语言

礼节性的交际语言是指商务谈判中所有委婉、礼貌的表达方式的用语。礼节性交际语言的特征在于语言表达中的礼貌、温和、中性和圆滑，并带有较强的装饰性。在一般情况下，这类语言不涉及具体的实质性的问题。礼节性交际语言的功用主要是缓和与消除谈判双方的陌生和戒备敌对的心理，联络双方的感情，创造轻松、自然、和谐的氛围。

常用的礼节性交际语言有：“欢迎远道而来的朋友”、“很荣幸能与您共事”、“愿我们的工作能为扩大和加强双方的合作做出贡献”等。礼节性的交际语言在运用时，如果能根据情况适当地增加一些文字色彩，其效果会更好。

2. 专业性的交易语言

专业性的交易语言是指在商务谈判过程中使用的与业务内容有关的一些专用或专门的术语。专业性的交易语言是商务谈判中的主体语言，该语言的特征表现为专业性规范性和严谨性。在商务谈判中，为了避免在理解上的差别，需要将交易用语用统一的定义和统一的词汇来表达，甚至表达形式也加以符号化、规格化，从而使其语言具有通用性。另一方面，要使谈判双方的权利、责任、义务落在实处，确保执行，减少风险，只有用严谨的措词、逻辑性很强的语言来对此加以描述和规定。

如国际贸易会用到“FOB Shanghai”等短句，其中中的“FOB”即是国际贸易术语之一，如果贸易双方约定遵守国际商会（ICC）《2010 国际贸易术语解释通则》，则其基本含义为“由买方负责派船到装运港上海，卖方在上海港口的船上交货”。当然国际贸易术语表达的含义并不只这些，还会包括运输保险费用由谁出，出口、进口清关由哪方负责、什么运输方式等（可参考表 7.1）。贸易双方使用这种规范的专业交易语言，极大地简化了商务谈判及交易的复杂程度，有效地减少了贸易争端。

表 7.1 《2010 国际贸易术语解释通则》部分贸易术语的基本含义

贸易术语	交货地点	风险转移	出口清关	进口清关	运输运费	保险保费	运输方式
FAS	装运港船边	货交船边后	卖方	买方	买方	卖方不办	水上运输
FOB	装运港船上	货物装上船后	卖方	买方	买方	卖方不办	水上运输
CFR	装运港船上	货物装上船后	卖方	买方	卖方	卖方不办	水上运输
CIF	装运港船上	货物装上船后	卖方	买方	卖方	卖方	水上运输

3. 模糊语言

在商务谈判中，往往出于说话者的立场和语言表达的策略需要，谈判的人在使用规范、精确语言同时，也常用模糊语言来保证谈判的严谨、礼貌和高效。在弹性语言中，模糊语言是谈判中经常使用的留有余地的重要手段，灵活性强和适应性强是模糊语言两个最为典型的特点。谈判中对某些复杂的事情或意料之外的事情，不可能一下子就做出准确的判断，就可以运用模糊语言来避其锋芒，做出有弹性的回答，以争取时间作必要的研究和制定对策。另一方面，留有余地的弹性语言在谈判过程中的合理运用，可以使我们避开直接的压力而给谈判带来主动。

常用的留有余地的弹性语言有“最近几天给你们回信”、“十点左右”、“适当时候”、“我们尽快给你答复”等，这些用词都具有灵活性，可使自己避免盲目做出反应而陷入被动局面。

交际意图是交际者通过社会交际所要达到的目的或要获得的结果。国际商务谈判是贸易双方就有形或无形资产的交换或者买卖事宜进行协商并取得一致行为的过程。国际商务谈判中，谈判人员所使用的语言一般具有规范性、精确性等特点。但是有时候为了特定的交际目的，谈判人员常常有意使用模糊语言，具体体现在以下几个方面。

（1）保护面子，争取主动。在国际商务谈判中，当遇到一些不容易做出正确估计或判断的时候，在需要勉强发表见解的场合下，谈判者使用的语言则更要注意含蓄和婉转，此时往往为了保护自己的面子，谈判者会使用模糊语言做出有弹性的回答，从而争取时间做必要的研究和制定政策。正由于模糊语言的灵活性、强适应性，成为他们达到自身交际目的的有力的语言手段。

（2）打破僵局，促进交易。模糊语言具有内含明确、外延无限的特点，能给言语交际双方留下一个缓冲的余地。在商务谈判中，双方谈判僵持不下是常见的事。在谈判的交际过程中，为打破僵局，促使交易进一步进行，恰到好处地使用一些模糊性语言，谈判双方更易互相接受对方，营造好的合作氛围，使得谈判过程变得更加顺利。

（3）规避风险，争取利益最大化。由于模糊语言外延界限不太明确，可造成语义上的虚化。在商务谈判过程中，谈判双方常使用模糊语言来达到掩饰回避、迂回表达、声东击西的作用，从而达到提高谈判效率，增强谈判弹性，实现自我保护的目的。

案例阅读与分析 7.1

有一次某外商向我方购买香料油，出价40美元一千克。我方开口便要价48美元。对方一听急了，连连摇头说：“不，不，你怎么能指望我出45美元以上来买呢？”我方立即抓住时机追问一句：“这么说您是愿意以45美元成交，不是吗？”对方只得说：“可以考虑。”最终以45美元成了交。这一成交数字比我方原定的数字要高出许多。

点评：本例中，美方情急之下忘记使用模糊性语言，直接透露了自己的价格底线，在后续的谈判中陷入相对被动。

4. 威胁性的军事语言

威胁性的军事语言进入谈判领域，主要是起强化态度，从心理上打击对方的作用，也用于振奋参加谈判人员的工作精神和意志。威胁性的军事语言具有干脆、简明、坚定、自信、冷酷无情的特征，因而往往会强化谈判双方的敌对意识，会使谈判变得更加紧张。

威胁性的军事语言在谈判中排斥了犹豫不决，也给谈判双方创造了决战氛围，加速了谈判过程。另外，也可以在谈判中使自已尽可能在有利的情况下达成协议，但不宜过多使用。

常用的威胁性的军事语言，如“非如此不能签约”、“最迟必须在某月某日前签约，否则我方将退出谈判”，威胁性的军事语言使用的是一种决断式的语气。

案例阅读与分析 7.2

1986年，南方某玻璃厂与美国E玻璃公司谈判设备引进事宜，在全套引进与部分引进这个问题上僵住了。当然我方希望是国内能生产的不打算进口（部分引进）。玻璃厂代表为使谈判达到预期目标，决定采取劝诱策略。他说：“你们E公司的技术、设备和工程师都是世界第一流的。你们投进设备，搞技术合作，帮我们厂搞好，只能用最好的东西，因为这样我们能够全国第一，这不仅对我们有利，而且对你们更有利。”E公司当然听后很高兴，这时氛围随之活跃起来了。于是玻璃厂代表话锋一转，接着说：“我们厂的外汇的确很有限，不能买太多的东西，所以国内能生产的就不打算进口了。现在你们也知道，日本、比利时、法国等都在跟我们厂合作，如果你不尽快跟我们达成协议的话，那么你们就要失去中国的市场，人家也会笑你们E公司无能。”这番话打破了僵局，最后达成协议。玻璃厂省下了一大笔资金，而E公司也因帮助该厂成了全国同行业产值最高、能耗最低的企业而名声大振，赢得了很高的声誉。

点评：本例中玻璃厂谈判代表恰当地使用威胁性语言，尽快达成了合作协议。读者应注意玻璃厂代表在使用威胁性语言时以“戴高帽”来活跃氛围，而且该谈判接近结束，这时使用“威胁性语言”才加速了E公司谈判人员放弃继续讨价还价。

视野拓展

将批评夹在赞美中，将威胁放在颂扬之后，这是提升批评、威胁效果的基本方法。如果只有批评或威胁，没有赞美和颂扬，激起对方的恶感，效果会大打折扣，且很可能还会起反作用。

美国前总统约翰·卡尔文·柯立芝提出肥皂水效应——将批评夹在赞美中，推荐读者课外通过百度百科“肥皂水效应”词条做进一步了解。

肥皂水效应
http://baike.baidu.com/view/963027.htm

5. 幽默诙谐的文学语言

幽默诙谐的文学语言是思想学识、智慧和灵感在语言运用中的结晶，它诙谐、生动，富有感染力，能引起听众强烈共鸣。幽默诙谐的文学语言大体上具备六个主要特征，即不协调性、不一致性、反常规性、奇巧得体性、精炼含蓄性、失败-胜利性。

在日常生活中，具有幽默感的人几乎毫无例外地受到欢迎，在谈判桌上也是一样。幽默诙谐性语言是用一种愉悦的方式让谈判双方获得精神上的快感，从而润滑人际关系，祛除忧虑、紧张。有不少俗语使用恰当会有很好的幽默感，如 “不怕慢，就怕站”、“笑一笑，十年少”；说出来押韵、有趣的，如“一不做，二不休，搬倒葫芦洒了油”；用比喻的“有了千田想万田，做了皇帝想成仙”、“起大早，赶晚集”，等等。

案例阅读与分析 7.3

丘吉尔的幽默回答

在第二次世界大战时期，英国首相丘吉尔到美国会见美国总统罗斯福，要求共同打击德国法西斯。一天，美国总统罗斯福去看他，事先未通报，总统进入内室，正逢丘吉尔一丝不挂地在洗澡。罗斯福大感困窘，进退两难。丘吉尔见状，咧嘴一笑，拍着肚皮说：“总统先生，您瞧，帝国在阁下面前可什么也没隐瞒啊！”一句话说得罗斯福也乐了。后来双方谈判很成功，英国得到了美国的援助。丘吉尔正是借助幽默，既摆脱了窘境，又乘机暗示了英国对美国的态度，一语双雕。

点评：化尴尬为幽默是能力，建议读者在日常生活中多加练习。

二、商务谈判语言运用的原则

语言表达是有技巧的，但没有特定的语言表达技巧适合所有的谈话内容，就商务谈判这一特定内容的交际活动来讲，语言表达应遵循以下原则。

1. 针对性原则

谈判语言的针对性是指语言运用要有的放矢，对症下药。

谈判要看对象，每一场谈判都有其特定的目标、谈判对手，谈判时间和地点。在谈判中必须针对这些特殊性来考虑语言的运用。具体来说，不同谈判议题与不同的谈判场合都有不同的谈判对手，需要不同的谈判语言；同一谈判议题，考虑到不同的谈判对手的接受能力、性格、知识水平以及需求的侧重不同，也要求应用不同的谈判语言；对于同一谈判对手来说，随时间场合的不同，其需要、价值观等也会有所不同，在谈判中都要有针对性地使用语言。

2. 准确性原则

准确性原则是指谈判中必须使用具体、准确并有数字证明的语言，除非是出于某种策略需要用模棱两可或概念模糊的语言。准确性原则的基本要求有以下几点。

（1）谈判用语不要含糊难解，态度不要模棱两可。

（2）谈判者在谈判中必须审慎地讲话。

（3）谈判中必须使用具体、准确并有数字证明的语言。

（4）谈判者如果出于表达的策略上的需要，故意运用一种模糊语言，但是使用模糊语言时，也要求它具有准确性。

策动谈判的动力是需要和利益，谈判双方通过谈判说服对方理解、接受己方的观点，最终使双方在需要和利益方面得到协调和适应。所以这是关系到个人和集体利益的重要活动，语言表述上的准确性就显得至关重要了。谈判双方必须准确地把己方的立场、观点、要求传达给对方，帮助对方明了自己的态度。

3. 隐含性原则

隐含性原则是指将激烈的问题用委婉、曲折的方式表达，从而顺利达到谈判的目的。基本要求有以下几点。

（1）当遇到机密、不友好言行或活动场合等不宜直接陈述时，可以采用隐含性原则的策略间接地表达。

（2）隐含性原则的应用策略强调“言有尽而意无穷，余意尽在不言中”，让人领会弦外之意。例如，“你说的大部分事情我都同意”，言外之意是还有一些事情我不同意。

（3）要防止不准确的表达。

隐含性原则是一种营造和谐氛围建立良好人际关系、确保语言交际顺利进行的常见言语手段，能达到理想的交际效果。

4. 赞美性原则

赞美性原则是指在谈判的过程中使用赞同、肯定的语言。赞美策略在商务谈判中也起到融洽的作用。从语用策略上理解，只要对方说出的话语有利于双方的接近，有利于双方谈判意图的理解，都应予以赞美。赞美性原则基本要求有以下几点。

（1）赞美要基于事实，赞美的话要具体、明确。

（2）选择的赞美目标应是对方熟知的，并以为是最值得赞美的人或事。

（3）赞美要态度诚恳，讲究赞美方式，尊重谈判对方人员的个性、个人意识。

（4）肯定要恰如其分，既不要言过其实，又不可词不达意。

（5）重视被赞美者的言行、情绪及心理反应。

案例阅读与分析 7.4

美国华克公司承包了一项建筑，要在一个特定的日子之前，在费城建一座庞大的办公大厦。开始计划进行得很顺利，不料在接近完工阶段，负责供应内部装饰用铜器的承包商突然宣布：他无法如期交货。糟糕，这样一来，整个工程都要耽搁了！要付巨额罚金！要遭受重大损失！于是，长途电话不断，双方争论不休。一次次交涉都没有结果。华克公司只好派高先生前往纽约。

高先生一走进那位承包商的办公室，就微笑着说：“你知道吗？在布洛克林巴，有你这个姓氏的人只有一个。哈！我一下火车就查阅电话簿想找到你的地址，结果巧极了，有你这个姓的只有你一个人。”

“我一向不知道。”承包商兴致勃勃地查阅起电话簿来。“不错，这是一个很不平常的姓。”他有些骄傲地说：“我这个家庭从荷兰移居纽约，几乎有200年了。”他继续谈论他的家族及祖先。当他说完之后高先生就称赞他居然拥有一家这么大的工厂，承包商说：“这是我花了一生的心血建立起来的一项事业，我为它感到骄傲，你愿不愿到车间里去参观一下？”高先生欣然而往。

在参观时，高先生一再称赞他的组织制度健全、机器设备新颖。这位承包商高兴极了，他声称这里有一些机器还是他亲自发明的呢！高先生马上又向他请教：那些机器如何操作？工作效率如何？到了中午，承包商坚持要请高先生吃饭。他说："到处都需要铜器，但是很少有人像你这样对这一行感兴趣的。"

吃完午餐，承包商说："现在，我们谈谈正事吧。自然，我知道你这次来的目的。但我没有想到我们的相会竟是如此愉快。你可以带着我的保证回到费城去，我保证你们要的材料如期达到。我这样做会给另一笔生意带来损失，不过我认了。"

高先生轻而易举地获得了他所急需要的东西。那些器材及时运到，使大厦在契约期限届满的那一天完工了。

（刘文广 等，2001）

思考与讨论：你平时赞美别人多吗？你被别人赞美时内心产生什么样的变化？正文所列赞美的几项原则如何落实在自己身上？

5. 说服性原则

说服性原则是指在谈判的过程中，从互利和"双赢"的角度出发，说服别人改变他们的感受、信仰或行为。说服性原则的基本要求有以下几点。

（1）要从对方有谈成的假设开始，让对手以为你的想法和他是相同的。

（2）不要把对方置于对立面，避免出现谈判的紧张局面。

（3）在总结时应该包括一个对所举证据的总结，这会提醒你谈判对手为什么要赞同你。

（4）在陈述的部分加入一个结尾，提醒对手为什么要改变，而最有效的途径是让他们想到未来，并提示他们改变未来最好的方式是采取某种行为。

6. 情感性原则

情感性原则是在谈判的过程中，语言表达注入感情因素，以情感人，以柔克刚，以诙息怒。人皆有理性的一面，也有情绪的一面。谈判桌上的劝说，不仅意味着晓之以理，还意味着动之以情。情感性原则的基本要求有以下几点。

（1）语言表达时要在考虑时间、地点、对象、事项等外部条件的基础上，重视语言的感情因素。

（2）语言表达应使语言在主观和客观上协调、在身份和情感上协调、在目的和对象上协调、在内容和形式上协调。

（3）恰如其分地表示己方的感情倾向。

视野拓展

总之，要收到良好的说话效果，就必须注意说话的方式。语言表达要努力做到：态度诚恳、观点明确；准确真实、通俗易懂；主次分明、层次紧凑；语言生动、叙述流畅。

做到这些需要不断练习，蒋红梅《演讲与口才实用教程》（978-7-115-37011-2，33.00 元）一书可供练习中参考。

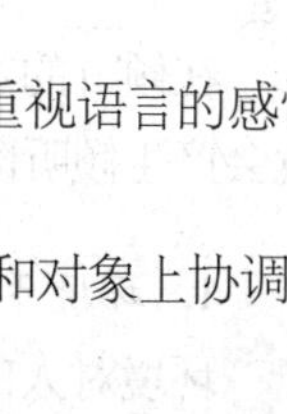

第二节　商务谈判中的有声语言艺术

本节分别从倾听、提问、答复、叙述、辩论和说服等几方面分别阐释商务谈判中有声语言的运用。

一、倾听

常言道，会说不如会听。谈判是双方沟通和了解的活动，掌握资讯是十分重要的。倾听是一种直接、简便地了解对方资讯的方式。

（一）倾听的类型

如果对倾听进行分类，一般可分成以下几类。

（1）人物导向型倾听。以倾听的过程中，倾听者的重心更多地集中在发言人的身上，借以探知发言人的性格，确定谈判对手的谈判风格。

（2）动作导向型倾听。在倾听的过程中，倾听者的重心落在讲话人的肢体语言表达上。这样一方面可以获知发言人的风格，另一方面也可以验证发言人的语言表达的真实性情况。

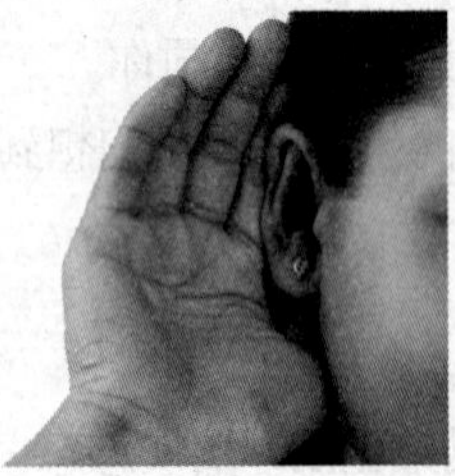

（3）内容导向型倾听。在倾听的过程中，倾听者的重心放在讲话人的表达的内容上，并且做笔记。这种倾听类型更多的是关注谈判的最终目标能否顺利达成。

（4）时间导向型倾听。在倾听的过程中，倾听者的重心集中放在时间进度上。这种倾听者对于发言人的发言内容没有兴趣，只是关心该次发言的时间问题。

（二）倾听的障碍

在倾听的过程中，如果人们不能集中自己的注意力，真实地接受信息，主动地进行理解，就会产生倾听障碍。影响倾听效率的障碍主要有以下三个。

1. 环境干扰

环境对人的听觉与心理活动有重要影响，环境中的声音、气味、光线以及色彩、布局，都会影响人的注意力与感知。布局杂乱、声音嘈杂的环境将会导致信息接收的缺损。

2. 信息质量低下

双方在试图说服、影响对方时，并不一定总能发出有效信息，有时会有一些过激的言辞、过度的抱怨，甚至出现对抗性的态度。

信息低下的另一个原因是，信息发出者不善于表达或缺乏表达的愿望。例如，当人们面对比自己优越或地位高的人时，害怕“言多必失”以致留下坏印象，因此不愿意发表自己的意见，或尽量少说。

3. 倾听者主观障碍

在谈判的过程中，造成谈判效率低下的最大原因就在于倾听者本身。

（1）个人偏见。

案例阅读与分析 7.5

曾有媒体报道，在一次国际会议上，以色列代表团的成员在阐述其观点时，用了非常激烈的方式，他们抱怨泰国代表对会议不表示任何兴趣或热情，因为他们“只是坐在那里”，而泰国代表则认为以色列教授非常愤怒，因为他们“用了那么大的嗓门”。所以，在团队中成员的背景多样化时，倾听者的最大障碍就在于自己对信息传播者偏见，而无法获得准确的信息。

点评：在商务谈判中，在谈判人员的成分比较复杂的情况下，更需要懂得倾听的重要性。

（2）先入为主，也就是我们常说的，第一印象往往决定了将来。人们在倾听过程中，对对方最先提出的观点印象最深刻，如果对方最先提出的观点与倾听者的观点大相径庭，倾听者可能会产生抵触的情绪，而不愿意继续认真倾听下去。

（3）以自我为中心。人们习惯于关注自我，总认为自己才是对的。在倾听过程中，过于注意自己的观点，喜欢听与自己观点一致的意见，对不同的意见往往是置若罔闻，这样往往错过了聆听他人观点的机会。

（三）倾听的技巧

1. 全神贯注、集中精力地倾听

专心致志地倾听讲话者讲话，要求谈判人员在听对方讲话时，要特别聚精会神，同时，还要配以积极的态度去倾听。

在商务谈判过程中，当对方的发言不易理解，甚至令人难以接受时，万不可不懂装懂，因为这样的做法对谈判非常不利。作为一名商务谈判人员，应该养成有耐心地倾听对方讲话的习惯，这也是一个良好的谈判人员个人修养的标志。

2. 通过记笔记来达到集中精力

记笔记的好处在于，一方面，可以帮助自己回忆和记忆，而且也有助于在对方发言完毕之后，就某些问题向对方提出质询，同时，还可以帮助自己作充分的分析，理解对方讲话的确切含义与精神实质；另一方面，通过记笔记，给讲话者印象是重视其讲话的内容，当停笔抬头望望讲话者时，又会对其产生一种鼓励的作用。

3. 有归纳地倾听对手发言

在专心倾听的基础上，为了达到良好的倾听效果，可以采取有鉴别的方法来倾听对手发言。通常情况下，人们说话时是边说边想，想到哪说到哪，有时表达一个意思要绕着弯子讲许多内容，从表面上听，根本谈不上什么重点突出，因此，听话者就需要用心倾听的基础上，归纳总结传递过来的信息的真伪，去粗取精、去伪存真，这样即可抓住重点，收到良好的听的效果。

4. 克服先入为主的倾听做法

先入为主地倾听，往往会扭曲说话者的本意，忽视或拒绝与自己心愿不符的意见，这种做法实为不利。因为这种听话者不是从谈话者的立场出发来分析对方的讲话，而是按照自己的主观框框来听取对方的谈话。其结果往往是听到的信息变形地反映到自己的脑中，导致本方接受信息不准确、判断失误，从而造成行为选择上的失误。

5. 创造良好的谈判环境，使谈判双方能够愉快地交流

人们都有这样一种心理，即在自己所属的领域里交谈，无需分心于熟悉环境或适应环境；而在自己不熟悉的环境中交谈，则往往容易变得无所适从，导致正常情况下不该发生的错误。可见，有利于己方的谈判环境，能够增强自己的谈判地位和谈判实力。

6. 注意不要因轻视对方、抢话、急于反驳而放弃倾听

人们在轻视他人时，常常会自觉不自觉地表示在行为上。比如，对对方的存在不屑一顾、或对对方的谈话充耳不闻等。在谈判中，这种轻视的做法百害而无一益。因为这不仅表现了自己的狭隘，更重要的是难以从对方的话中获得我们所需要的信息。同时，轻视对方还可招致对方的敌意，甚至导致谈判关系破裂。

谈判中，抢话的现象也是经常发生的。抢话不仅会打乱别人的思路，也会耽误自己倾听对方的全部讲话内容。因为在抢话的同时，大脑的思维已经转移到如何抢话上去了。这里所指的抢话是急于纠正别人说话的错误，或用自己的观点取代别人的观点，是一种不尊重他人的行为。

另外，谈判人员有时也会出现在没有听完对方讲话的时候，就急于反驳对方某些观点，这样也会影响到收听效果，事实上，如果我们对对方的讲话听得越详尽、全面，反驳起来就越准确、有力。

不管是轻视对方，还是急于抢话和反驳，都会影响倾听效果，必须加以注意。

案例阅读与分析 7.6

有一家美国汽车公司，想要选用一种布料装饰汽车内部，有三家公司提供样品，供汽车公司选用。公司董事会经过研究后，请他们每一家来公司做最后的说明，然后决定与谁签约。

三家厂商中，有一家的业务代表患有严重的喉炎，无法流利讲话，只能由汽车公司的董事长代为说明。董事长按公司的产品介绍讲了产品的优点、特点，各单位有关人员纷纷表示意见，董事长代为回答。而布料公司的业务代表则以微笑、点头或各种动作来表达谢意，结果，他博得了大家的好感。会谈结束后，这位不能说话的业务代表却获得了50万码布的订单，总金额相当于160万美元，这是他有生以来获得的最大的一笔成交额。

事后，他总结说：如果他当时没有生病，嗓子还可以说话的话，他很可能得不到这笔大数目的订单。因为他过去都是按照自己的一套办法去做生意，而忽视了倾听的重要性。

思考与讨论：从本例中，感受到倾听的重要性了吗？我们自己在倾听方面有什么需要改进的或说有什么缺点需要克服？

二、提问

“会说不如会听”这句俗语，后面还有一句“会听不如会问”。灵活、巧妙地使用提问的技巧，不仅可以获知自己想要的信息、传达消息和表达感受，还可以为处理异议和成交做铺垫，打破冷场或僵局，做出结论。

1. 提问的类型

提问方式有很多种，常用的有以下几种提问方式。

（1）限制型提问。这是一种目的性很强的提问方法。它能帮助提问者获得较为理想的回答，减少被提问者说出拒绝的或提问者不愿接受的回答。这种提问形式的特点是限制对方的回答范围，有意识、有目的地让对方在所限范围内做出回答。

（2）婉转型提问。这种提问是用婉转的方法和语气，在适宜的场所向对方发问。这种提问是在没有摸清对方虚实的情况下，先虚设一问，投一颗“问路的石子”，避免因对方拒绝而出现难堪局面，又能探出对方的虚实，达到提问的目的。

（3）启示型提问。这是一种声东击西、欲正故误的提问方法，以启发对方对某个问题的思考并给出提问者想要得到的回答。

（4）攻击型提问。这种问话的直接目的是击败对手，故而要求这种问题干练、明了、击中对手要害。

（5）协商型提问。如果你要对方同意你的观点，应尽量用商量的口吻向对方提问，如“你看这样写是否妥当？”这种提问，对方比较容易接受。而且，即使对方不能接受你的条件，谈判的氛围仍能保持融洽，双方仍有合作的可能。

补充阅读

有效的提问应遵循以下几项基本原则。

（1）不要提出有敌意的问题。

（2）不要提出指责对方是否诚实的问题。

（3）即使你急着想要提出问题，也不要停止倾听对方的谈话，把问题先写来，等待合适的时机提出来。

（4）在对方还没有答复完毕以前，不要提出你的问题。

（5）先准备好你的问题，能够临场迅速想出适当答案的人是很少的。

（6）利用每次的接触发掘事实，最好是在谈判前的几个月就知道答案。

（7）要有勇气询问对方的业务状况。

（8）要有勇气提出某些看来似乎很笨的问题。

（9）用谦卑的态度提出问题，会鼓励对方给你一个较好的答案。

（10）要有勇气提出对方可能回避的问题。

（11）在休会时多思考新问题。

（12）提出问题后就要闭口不言，等待回答。

（13）对方回避问题或者回答不完整，要有耐心和毅力继续追问。

（14）提出某些你已经知道答案的问题，这会帮助你了解对方的诚实程度。

2. 提问的技巧

提问时应该注意以下几点：注意提问的速度，提问时说话速度过快，容易使对方感觉到你是不耐烦，甚至有时会感觉到你是在用审问的语气对待他，容易引起对方的反感；注意对手的心境，谈判者受情绪的影响是在所难免的，因此，在谈判中应随时注意对手的心境，在合适的时候提出恰当的问题；提问后，给对方以足够的答复时间；提问的目的，是让对方答复，并最终收到令我方满意的效果；提问应尽量保证问题的连续性。

三、答复

商务谈判中，答复到位与否体现一个谈判者水平的高低。答复方式主要包括依发问动机回答、缩小外延回答、不正面回答、不确切回答和以问代答等。

案例阅读与分析 7.7

周总理的巧妙回答

周恩来总理的口才蜚声海内外，他应变机敏、气魄非凡、言辞犀利、柔中有刚，是谈判中能够出色运用语言艺术的典范。

有一则周总理的故事流传颇广。在北京举行的一次记者招待会上，周总理在介绍我国经济建设的成就及对外方针后，一西方记者问道："请问，中国人民银行有多少资金？"这明显是一种讥笑。对此，周总理婉转地说道："中国人民银行货币资金嘛，有18.88元。"这一回答，全场愕然。顿时场内鸦雀无声，静听他细作解释："中国人民银行发行面额为10元、5元、2元、1元、5角、2角、1角、5分、2分、1分共10种主辅人民币，合计为18.88元。中国人民银行是由全中国人民当家作主的金融机构，有全国人民作后盾，信誉卓著，实力雄厚，它所发行的货币，是世界上最有信誉的一种货币，在国际享有声誉。"一番话，语惊四座。接着，全场爆发出热烈的掌声……

思考讨论：周总理这样答复记者提问有何好处？如果周总理当时直接拒绝答复效果如何？如果据实答复又怎么样？

1. 答复的原则

答复一般应遵循下列的基本原则。

（1）答复之前一定要使自己有一定的思考时间。对方抛出的问题，往往陷阱重重，一旦草率回答，可能导致意料不到的后果。

（2）在没有听清问题的真正含义之前不要回答问题。没有听清对方的问题就贸然回答，是谈判之大忌。

（3）有些问题纯属无须回答的问题。

（4）有时只需对整个问题的某一部分做出回答。

（5）回避问题——答非所问或左右言他。这一原则就如前文所提到的运用模糊语言来回避问题，做出有弹性的回答。

（6）寻找某一借口（如资料不全）拖延回答。

（7）让对方将问题的确切意思说清楚。

（8）如果有人打岔或受到某种干扰，就将这一时刻静候过去。

2. 答复的技巧

在谈判中，问什么，答什么，未必是最好的答复，答复的艺术在于知道应该说什么，不应该说什么。

（1）答复之前应令自己获得充分的思考时间。古人云："凡事预则立，不预则废"，"以虞待不虞者胜"谈判者对答复必须有备方能无患。在谈判中，对对方提出的每个问题在回答前都必须给予充分的时间加于认真思考、冷静斟酌、谨慎从容地应付。要记住，对对方提的每一问都必须想一想：他为什么问这个问题？越是在对方催逼自己作答的情况下，越要沉着冷静、深思熟虑。你应意识到，答复前作充分的思考不仅是谈判的需要，也是你的权力。尤其是碰到对手提出一些旁敲侧击、模棱两可的问题时，更需要冷静三思，辨其意旨，权衡利弊，明智作答。切不可掉以轻心，信口而答，以免上当。

（2）答复的艺术在于应该知道什么应该说，什么不应该说，而不在答案之对错。在商务谈判中，回答的有根有据固然重要，但不该说的即使再有道理，也不能信口说出。

四、叙述

叙述就是介绍己方的情况，阐述己方对某一个问题的具体看法，从而使对方了解自己的观点、立场和方案。为了使对方获得最佳的倾听效果，我们在叙述时应注意生动而具体。

1. 叙述的原则

不同于日常交流中的叙述，商务谈判中叙述的运用应遵循以下原则。

（1）叙述应主次分明、层次清楚。商务谈判中的叙述不同于日常生活中的闲叙，切忌语无伦次、东拉西扯，让人听后不知所云。为了能让对方方便记忆和倾听，应在叙述时符合听者的习惯，便于其接受。

（2）叙述应客观、真实。商务谈判中叙述基本事实时，应本着客观、真实的态度进行叙述。不要夸大事实真象，同时也不缩小事情的实情，以使对方相信并信任我方。

（3）叙述的观点要准确。叙述观点时，应力求准确无误。前后不一致，这样会给对方留有缺口，为其寻找破绽打下基础。当然，谈判过程中观点有时可以依据谈判局势的发展需要而发展或改变，但在叙述的方法上，要能够令人信服。不管观点如何变化，都要以准确为原则。

2. 叙述的技巧

叙述的技巧包括入题、叙述和结束三部分。

（1）入题的技巧。应能激发对手的兴趣，使对手变成热心的参与者，轻松、愉快谈判。

（2）叙述的技巧。谈判双方都是信息的发出者、接受者、反馈者，信息的叙述要让对方轻松接受，容易明白，容易判断，给对方时间思考、消化。

（3）结束语的技巧。结束语是陈述的压轴，有特殊重要的作用。一般说来，结束语宜采用切题、稳健、中肯并富有启发性的语言，做到有肯定有否定并留有回旋余地，尽量避免绝对性的结论。

五、辩论

商务谈判中的"辩"的过程就是通过摆事实，讲道理，以说明自己的观点和立场。

1. 辩论的原则

商务谈判中的辩论和辩论比赛不同，应遵循以下几项原则。

（1）观点要明确，立场要坚定。为了能更清晰地论证自己的观点和立场的正确性及公正性，在论辩时要运用客观材料，以及所有能够支持己方论点的证据，以增强自己的论辩效果，从而反驳对方的观点。

（2）思路要敏捷、严密，逻辑性要强。商务谈判中辩论，往往是双方谁进行磋商时遇到难解的问题时才发生的，因此，一个优秀辩手，应该是头脑冷静、思维敏捷且富有逻辑性的人，只有具有这种素质的人才能应付各种各样的困难，从而摆脱困境。

（3）掌握大的原则，枝节不纠缠。在辩论过程中，要有战略眼光，掌握大的方向、大的前提，以及大的原则。辩论过程中要洒脱，不在枝节问题上与对方纠缠不休，但主要问题上一定要集中精力，把握主动。在反驳对方的错误观点时，要能够切中要害，做到有的放矢。

（4）态度要客观公正，措辞要准确犀利。不论辩论双方如何针锋相对，争论多少激烈，谈判双方都必须使用客观公正的态度，准确的措辞，切忌用侮辱诽谤、尖酸刻薄的语言进行人身攻击。如果某一方违背了准则，其结果只能是损害自己的形象，降低了本方的谈判质量和谈判实力，不会给谈判带来丝毫帮助，反而可能导致谈判破裂。

2. 辩论的技巧

（1）摆事实、讲道理，一针见血地反击对手。在双方正式开始谈判之前，要尽量地收集大量、准确的谈判相关的信息，这样，在谈判的过程，才可以用事实作为最有力的武器回击对手，一针见血，有理有据。

（2）站在对手的角度开始辩论。这样不仅容易找到对手的弱点，而且在双方交锋辩论的过程中，更容易让对手信服。

（3）顺水推舟。表面上认同对方观点，顺应对方的逻辑进行推导，并在推导中根据我方需要，设置某些符合情理的障碍，使对方观点在所增设的条件下不能成立，或得出与对方观点截然相反的结论。

（4）正本清源。正本清源就是指出对方论据与论题的关联不紧或者背道而驰，从根本上矫正对方论据的立足点，把它拉入我方势力范围，使其恰好为我方观点服务。较之上文的顺水推舟法，这种技法恰是反其思路而行之。

六、说服

说服是一种设法改变他人初衷，并使他人心甘情愿接受你的意见的谈判技巧。

1. 说服的类型

从说服所采取的方式的角度出发，说服主要有以下两种类型。

（1）劝诱型说服。在希望和谈判对手取得一致意见的过程中，运用诱导性的方法来达成的一种方式。例如，“如果贵方接受2 600元的单价，我们可以在付款的具体方式做出适当的让步。”

（2）比较型说服。运用有效的对比手法，来说服谈判对手的一种方式。例如，“这种产品某某上个月的成交价是2 800元/台，而我们只希望以每台2 500元的价格成交，这已经是非常优惠了，我们不可能再让步了。”

案例阅读与分析 7.8

一位老太太到市场去买李子，走到第一个摊位前，摊主介绍道：“我的李子又大又红又甜”，老太太摇摇头走了。

走到第二个摊位，摊主说：“我这什么样的李子都有，甜的、酸的、大的、小的、国产的、进口的，应有尽有”，老太太尝了尝酸李子，确实比较酸，就买了两斤。

路过第三个摊位时，摊主热情地与老太太打招呼，问道：别人一般都买又大又甜的李子，您为什么买酸李子啊？老太太说：“儿媳妇有了，想吃酸的”，摊主说：“恭喜您，要抱孙子呐！儿媳妇想吃酸的，肯定是个大胖小子”，老太太听得乐呵呵的，摊主马上接着说：“但您知道孕妇最需要什么营养吗？那就是维生素，含维生素最多的水果就是猕猴桃，我给您优惠价，您买回去后，儿媳妇肯定高兴。”老太太非常高兴，买了5斤猕猴桃。临走，摊主又说“我这儿的水果品种全而且特别新鲜，以后欢迎您常来，我给您最优惠的价格。

第三摊主从此又多了老太太这个忠诚客户。第三个商贩了解老太太的需求，稍加诱导就达到了推销自己水果的目的。

思考讨论：从这则买李子的故事中得到了什么启发？找一件自己最近想说服他人但尚未成功的事情，与同学讨论并设计出下次的游说方案。

2. 说服的原则

商务谈判中有效说服的基本原则有以下几点。

（1）站在他人的角度设身处地地谈问题，不要只强调自己的理由而要说服对方。即要设身处地地为对方想一想，从而使对方对你产生一种“自己人”的感觉。这样，对方就会信任你，效果将会十分明显。

（2）消除对方的戒心，创造良好的氛围。从谈话一开始，就要创造一个说“是”的氛围，不要形成一个，“否”的氛围。不要把对方置于不同意、不愿做的地位，然后再去批驳他、劝说他。例如，“我知道你会反对，可是事情已经到了这一步了，还能怎么样呢？”这样说来，对方仍然难以接受你的看法。

（3）说服用语要推敲。在商务谈判中，欲说服对方，言语一定要推敲。通常情况下，在说服他人时要避免用“愤怒”、“怨恨”、“生气”或“恼怒”这类字眼。即使在表述自己的情绪，如担心、失意、害怕、忧虑等时，也要在用词上注意推敲，这样才会收到良好的效果。另外，忌用胁迫或欺诈的手法进行说服。

3. 说服的技巧

（1）建立良好的人际关系，取得他人的信任。一般情况下，当一个人考虑是否接受他人意见时，如果相互熟悉，相互信任，对方就会正确地、友好地理解你的观点和理由。

（2）分析你的意见可能导致的影响。首先应向对方诚恳说明要他接受你的意见的充分理由，以及对方一旦被你说服将产生什么利弊得失；其次要坦率承认如果对方接受你的意见，你也将获得一定利益。这样会使对方留下你诚实可信的印象。

（3）简化对方接受说服的程序。当对方初步接受你的意见时，为避免其中途变卦，要设法简化确认这一结果的程序。例如，在需要书面协议的场合，可提前准备一份原则性的协议书草案，告诉对方"只需在这份原则性的协议书草案上签字即可，至于正式的协议书我们会在一周内准备妥当，到时再送到贵公司请您斟酌。"这样往往可当场取得被说服的承诺，并避免了在细节问题上出现过多地纠缠。

第三节　商务谈判中的无声语言艺术

语言文字符号是一个理性的符号系统，而无声语言是人的感性的或是情感的符号系统。两种符号都作为信息传播的工具，它们既互有区别，又有联系，它们可以相辅相成，却不能互相替代。无声语言传递的信息往往比有声语言更加丰富、更加形象。

我们在生活中曾有过这样的体会：你去一个朋友家做客，你们谈了很多话，时间已经是午夜12点钟了，你表示该告辞了。朋友说："难得来一趟，再坐一会儿嘛！"但就在他说话的同时，他抬头望了一下墙上的闹钟，又长长地打了一个呵欠。想一想，你是继续坐下去呢，还是知趣地离去？

一、无声语言的特点和作用

相对有声语言，无声语言有以下几个特点。

（1）信息传递的连续性。无声语言信息传递的连续性，是指谈判主体某种特定含义或思想的非语言传送是要通过若干个存在一定联系的行为和体态连续地完成的。例如，谈判者不安情绪的表现可能伴随着抓耳朵、搔头皮、扯衣襟等若干个连续性的动作。

（2）对环境有的依赖性。无声语言传送信息对环境的依赖性是指无声语言所代表的含义与特定的传播环境和背景是联系在一起的。例如，当商务谈判主体产生厌倦、无聊、紧张等心理时，可通过点烟、咳嗽、喝水等动作来调节一下，以便较快地转入正常的谈判状态。

（3）无声语言传播与语言传播的一致性与不一致性。语言的和非语言的符号使用显然不一致的传播方式（途径），但是不一致的传播方式传送含义又完全一致的信息，而且无声语言可以加强、扩大语言符号传播的信息，这是

语言传播与无声语言传播的不一致性与一致性。例如，双方谈判人员见面时在一句问候语之后，相互热烈地握手、拥抱，其所传递的信息往往是言语所不及的。同时，无声语言也可以否定语言传播的信息，例如，充满信心的言词伴以发抖的双手，或者以充满敌视的语调讲着友好的词句。

（4）无声语言传递信息的含义往往比语言更丰富、准确。无声语言，尤其是无意识露出的无声语言能传送出比语言符号更为准确、丰富的信息。人类的传播行为是完整的个人行为，通过非语言方式传送出的信息，许多是来自个体的内心深处，这种非语言提示是难以控制和掩饰的，因而，往往是一种真实而丰富的提示。

无声语言主要指行为语言，行为语言的认知是行为语言观察和运用的基础，商务谈判中能起到以下几项作用。

（1）对口头表达必要的补充和辅助。非语言信息可以丰富语言所要表达的内容，于语言所要表达的信息，非语言动作在不同程度上起着辅助表达，增强力量、加重语气的作用。对方在听话时，手摸桌子，背后仰，多表示不感兴趣；对方在说话时慢慢握紧了拳头，表示下定决心；等等。

（2）更有效地昭示心灵，加深理解。非语言沟通在谈判中可以代替语言所要表达的意图，特别是当语言不便或不能表达谈判者意图时，或语言表达不合时宜或对方难以领会时，行为语言的运用便能够取得明显的效果。

（3）更形象地传递信息、表达思想。谈判者如果想从一个态度转向另外一种态度，可通过表情、语调的调整或体态的运用来完成。这体现了非语言的强烈暗示作用。非语言在传递信息时还能给人自然、真切的感觉。

（4）更恰当地联络各种关系，使交际更得体。由于商务谈判环境、对象等外部条件的不同，以及可能遭遇僵局等状况，谈判主体会产生不适心理。这时，如果通过非语言的动作调节，就能较快地恢复正常。

二、特殊的语音现象

在谈判的整个过程中，语速、停顿等是语言表达中不可缺少的部分。

1. 语气

同样一句话，语气不同，所赋予的含义也不同。掌握谈判优势的谈判桌上的赢家都善于掌握声音语气。当需要向对方施加压力时，通常需要采取一种低调但却自信的语气。一方面显示不是强行逼迫对方接受，另一方面可以诱使对方理解我方的现状。

2. 语调

谈判者使用不同的语调，可以表达出各种错综复杂的感情。一句话用十种不同的语调来念，就会有十种不同的表达效果。因此，在谈判中可以通过对方说话声音高低抑扬的变化来窥探其情绪的波动。谈判者在讲话时要充分利用不同的语调变化，根据需要表达的不同内容，变换不同的语调。这样，谈判语言层次分明，感染力极大加强。

3. 语速与节奏

语速对表达效果影响很大。语速过快，对方听不清楚。语速过慢，又会使对方难辨主次，而且觉得犹豫，沉重。在谈判中语速过快或过慢都是不好的。涉及问题的重点和比较深奥难懂的内容，应放慢语速，增强音量；如果是浅显易懂或本身节奏明快的内容，应加快语速，放轻音量。

节奏是音量的大小，强弱、音调的高低升降。节奏过于缓慢，很难引起对方的注意和兴趣，常使对方分心；节奏过快，很难使人立即接受并理解其具体真正的含义，给信息沟通带来麻烦，所以节奏技巧的处理是让它有张有弛，有抑有扬。该平和的地方就放慢节奏，娓娓道来；展示气度胸怀时，就要有高屋建瓴的气势，使整个话就如同一首好听的歌一样和谐。

4. 重音

重音就是说话时着重突出某个字、词以示强调。在谈判中，为了引起对手的注意，加深对手对所讲内容的印象，就必须在叙述的过程中重读某些词句。通过重读，使叙述听起来音调高低起伏、抑扬顿挫，从而收到良好的效果。

补充阅读

一般来说，重音有以下三种类型。

(1)逻辑重音。根据谈判者目的不同而强调句子中不同的词语。它在句中没有固定的位置。如：我们不相信贵方会这样做。我们不相信贵方会这样做。我们不相信贵方会这样做。

(2)语法重音。根据一句话的语法结构规律而说成重音。定语、状语常是语法重音。

(3)感情重音。为了表达思想感情，谈判者在一句话、几句话甚至一段话中对某些音节加重音量。

5. 停顿

停顿是因内容表达和心理、生理的需要而在说话时所作的间歇。一般来讲，如果说话者要强调谈话的某一重点时，停顿是非常有效的。试验表明，说话时应当每隔 30 秒钟停顿一次。一是加深对方的印象，二是给对方机会，对提出的问题做出回答或加以评论。当然，适当的重复，也可以加深对方的印象。有时，还可以运用加强语气，提高说话声音以示强调，或显示说话的信心和决心。这样做要比使用一长串的形容词效果要好。

总的来说，语音的停顿、升降、快慢并不是互相孤立的，它们是密切联系、相互渗透、同时出现的，它们的使用也必须从谈判语言运用的实际出发，灵活地加以变化，从而有效地增强语言的说服力和感染力，起到促进谈判双方间相互沟通的作用。

补充阅读

(1)语法停顿。语法停顿是指按照标点符号所作的间歇。诸如遇到句号、逗号、顿号、分号等都可作或长或短的停顿。

(2)逻辑停顿。逻辑停顿是指为了突出强调某一事物或显示某一语间而作的停顿。逻辑停顿有时打破标点符号的局限，在无标点处停顿。这种情况一般与逻辑重音相配合。

(3)感情停顿。感情停顿是指由感情需要而作的停顿。它受感情支配，有丰富的内在涵义和饱满的真情实感，多用来表达沉吟思事、情感激动、恼怒等的情感。

(4)生理停顿。生理停顿是指说话时在长句中间合适的地方顿一顿，换一口气。

三、眼睛动作的语言

眼睛具有反映人们深层心理的能力，其动作、神情、状态是最明确的情感表现，因此眼睛被人们誉为“心灵的窗户”。

眼睛动作主要传达了以下信息。

（1）根据目光凝视讲话者时间的长短来判断听者的心理感受。与人交谈时，视线接触对方脸部的时间，正常情况下应占全部谈话时间的 30%~60%。当然，有些人可能有自己的独特习惯，比如不愿凝视对方，而只是用心倾听，这应另当别论。

（2）眨眼频率较高，有不同的含义。正常情况下，一般人眨眼 5~8 秒/次，每次眨眼一般不超过 1 秒。如果每分钟眨眼次数超过 5~8 秒/次这个范围，一方面表示神情活跃，对某事物感兴趣；另一方面也表示个性怯懦或羞涩，不敢正眼直视对方，而做出不停眨眼的动作。

（3）不看对方，而只听对方讲话，是掩饰意图的表现。

案例阅读与分析 7.9

据一位有经验的海关检查人员介绍，他在检查海关人员已填好的报送表时，还要再问一问：“还有什么东西要呈报没有？”这时，他的眼睛不是看着报关表，而是看着过关人员的眼睛，如果该人不敢正视他的眼睛，那么就表明该人在某些方面可能有情况，否则，可能没什么问题。

（4）眼睛闪烁不定，则是一种反常的举动，常被认为是掩饰的一种手段，亦可是性格上不诚实的表现。人们有一个共同的特点，那就是做事虚伪或者当场撒谎的人，常常眼睛闪烁不定，以此来掩饰其内心的秘密。

（5）眼睛瞳孔放大，炯炯有神而生辉，表示此人处于欢喜与兴奋状态；瞳孔缩小，神情呆滞、目光无神，愁眉紧锁，则表示此人处于消极、戒备或愤怒的状态。实验证明，瞳孔所传达信息是无法用人的意志来控制的。有经验的企业家、政治家或职业赌徒，为了防止对方察觉到自己瞳孔的变化，往往喜欢戴有色眼镜。如果谈判桌上有人戴着有色眼镜，就应加以提防，因为他可能很有经验。

（6）瞪大眼睛看着对方讲话的人，表示他对对方有很大的兴趣。眼神传递的信息还有很多，人类眼睛所表达的思想，有些确实是只能意会而难以言传。这就要靠谈判人员在实践中用心加以观察和思考，不断积累经验，争取把握种种眼睛的动作所传达的信息。

四、眉毛动作的语言

眉毛在交流的过程中也能扮演重要的角色，虽然眉毛在交流的过程中很容易被忽略。实际上，眉毛在表达人的感情时，动作是比较明显的，而且变化也是很多的。因此，它所表达的语言含义也是丰富的。

眉毛的动作可能传递以下几种信息。

（1）当人们处于惊喜或惊恐状态时，眉毛上耸。人们常用“喜上眉梢”来形容人的喜悦状态。

（2）当人们处于或气恼状态时，眉毛下拉或倒竖。人们常说“剑眉倒竖”，就是形容这种气愤的状态。

（3）眉毛声速地上下运动，表示亲切、同意或愉快。

（4）紧皱眉头，表示人们处于困惑、不愉快、不赞同的状态。

（5）眉毛高挑，表示询问或疑问。

（6）眉宇舒展，表示心情舒畅。

（7）双眉下垂，表示难过和沮丧。

上述有关眉毛传达的无声语言是不容忽视的，人们常常认为没有眉毛的脸十分可怕，因为它给人一种毫无表情的感觉。

五、嘴巴动作的语言

人的嘴巴除了说话、吃喝和呼吸以外，还可以有许多动作，借以反映人的心理状态。嘴巴的动作可能传递以下几种信息。

（1）嘴巴紧紧地抿住，往往表示意志坚决。比如，我们的烈士走向刑场时，嘴角往往是抿着的，表现出革命烈士宁死不屈的英雄气概。

（2）撅起嘴表示不满意、轻视对方和准备攻击对方。这种情况在荧屏剧的人物表现上常见。

（3）遭到失败时，咬嘴唇是一种自我惩罚的运用，有时也可解释为自我解嘲和内疚的心情。

（4）注意倾听对方谈话时，嘴角会稍稍向后拉或向上拉。

（5）不满和固执时，嘴角向下。

（6）咂咂嘴，常表示赞叹或惋惜。

（7）努努嘴，常表示暗示或怂恿。

六、吸烟动作的语言

与嘴的动作紧密联系的是吸烟的姿势。吸烟有害健康，而且公共场合多数禁止吸烟，但商务活动中常遇到吸烟的谈判对手，故而本处简单讨论有关吸烟的姿势及其表达的心理问题。

谈判中吸烟的姿势具有较强的表现力，而且是判断一个人态度的重要依据，吸烟的动作一般传递以下几种信息。

（1）刚一见面就立即掏烟递给对方，且麻利地为对方点烟的，多为处于交易劣势的一方。寒暄之后才缓慢掏烟，自己先叼一根，然后才送给对手，是自认为处于交易优势的表现。

（2）吸一口烟后，将烟向上吐，往往是积极、自信的表现，因为此时伴随吐烟的动作，身体的上部姿势也是向上昂起的；将烟朝下吐，则表示情绪消极、意志消沉、有疑虑，因为此时身体上部的姿势是向下的，即所谓的“垂头丧气”。

（3）烟从嘴角缓缓吐出，给人一种消极而诡秘的感觉，一般反映出吸烟者此时的心境与思维比较曲折，力求从纷乱的思绪中清理出令人意想不到的途径来。

（4）吸烟时不停地磕烟灰，往往意味着内心紧张、不安或有冲突，这时的吸烟已不是一种心理需要，完全成了吸烟者减缓和消除内心冲突与不安的一种道具，借抽烟的动作来掩饰脸部表情和可能会颤抖的手。

（5）点上烟后却很少抽，说明在交谈中戒备心重，一边谈一边紧张地思考而忘却了手中的烟。或者，心神不宁时也会这样。

（6）没抽几口即把烟掐掉，表明其想尽快结束谈话或已下决心要干一桩事。掐掉烟是为了不让吸烟分散其精力，干扰其刚刚阅览室的事情的进行。其实，吸烟本身可能不会给他带来什么干扰，但这样做却暴露了其内心和活动。

（7）斜仰着头，烟从鼻子吐出，表现出一种自信、优越感以及一种悠闲自得的心情，通过斜视仰着头这一动作，主动地拉开了与谈话对象及其目光交流的距离，从而表现出吸烟者内心的那种自信、优越和悠闲自得的心态。

七、上肢动作的语言

手和臂膀是人体比较灵活的部位，也是使用最多的部位。借助手势或与对方手的接触，可以帮助我们判断对方的心理活动或心理状态。同时，也可帮助我们将某种信息传递给对方。

上肢动作可能传递以下几种信息。

（1）拳头紧握，是向对方挑战或自我紧张的表现。握拳的同时如伴有手指关节的响声，或用拳击掌，则表示向对方无言的威吓或发出攻击的信号。握拳使人肌肉紧张，能量比较集中。一般只有在遇到外部的威胁或挑战时，人们才会紧握拳头，以准备进行抗击。

（2）用手指或手中的笔敲打桌面，或在纸上乱涂乱画，往往表示对对方的话题不感兴趣、不同意或不耐烦的意思。这样做，一方面可以打发和消磨时间，另一方面也起到暗示或提醒对方注意的作用。

（3）两手手指并拢并重置上胸的前上方呈尖塔状，表示充满信心。这种动作在西方常见，特别是在主持会议、领导者讲话、教师授课等情况下常见。它通常可表现出讲话者的高傲与独断的心理状态，起到一种震慑听讲者的作用。

（4）手与手连接放在胸腹部的位置是谦逊、矜持或略带不安的心情的反映。在给获奖运动员颁奖之前，主持人宣读比赛成绩时，运动员常常有这种动作。

（5）两臂交叉于胸前，表示保守或防卫；两臂交叉于胸前并握紧，往往是怀有敌意的标志。

（6）吸手指或指甲。成年人做出这样的动作是不成熟的表现，即所谓“乳臭未干”。

（7）握手所传达的信息。原始意义的握手不仅表示问候，而且也表示一种信赖、契约和保证之意。

八、下肢动作的语言

它往往是最先表露潜意识情感的部位，下肢动作可能传递以下信息。

（1）“二郎腿”。与对方并排而坐时，对方若跷着“二郎腿”，并且上身向前向你倾斜，意味着合作态度；反之则意味着拒绝、傲慢或有较强的优越感。相对而坐时，对方跷着“二郎腿”却正襟危坐，说明他是比较拘谨、欠灵活的人。

（2）架腿。对方与你初次打交道时就采取这个姿势并靠在沙发上，通常带有倨傲、戒备、怀疑或不愿合作等意味。若上身前倾，同时又滔滔不绝地说话，则意味着对方是个热情的但文化素质较低的人。如果频繁变换架腿姿势，则表示情绪不稳定，焦躁不安或不耐烦。

（3）并腿。交谈中始终或者经常保持这一姿势，并且上身直立或前倾的对手，意味着谦恭、尊敬，表明对方有求于你，自觉交易地位低下，对达成交易的期望值很高。时常并腿后仰的对手是小心谨慎，但缺乏自信心和魄力的表现。

（4）分腿。双膝分开、上身后仰者，表明对方是充满自信的、愿意合作的、自学交易地位优越的人，但要指望对方做出较大让步，是相当困难的。

（5）摇动足部，或用足尖拍打地板，或抖动腿部，都表示焦躁不安、无可奈何、不耐烦，或欲摆脱某种紧张情绪。

（6）双脚不时地小幅度交叉后又解开，这种反复的动作表示谈判者情绪不安。

九、腰部动作的语言

腰部在身体上起“承上启下”的支持作用，腰部位置的“高”与“低”与一个人的心理状态和精神状态是密切相关的。腰部动作可能传递以下几种信息。

（1）弯腰动作。例如，鞠躬、点头哈腰属于低姿势，把腰的位置放低，精神状态随之“低”下来。谈判者在心理上自认为不如对方，甚至惧怕对方时，就会不自觉地采取弯腰的姿势。

（2）挺直腰板，使身体及腰部位置增高的动作，则反映出谈判者情绪高昂、充满自信。经常挺直腰部站立、行直或坐下的人往往有较强的自信心及自制和自律的能力，但为人可能比较刻板，缺少具有弹性或通融性。

（3）手叉腰间，表示胸有成竹对自己面临的事物已做好精神上或行动上的准备，同时也表现出某种优越感或支配欲。有人将此视作领导者或权威人士的风度。

十、腹部动作的语言

腹部位于人体的中央部位，它的动作带有极丰富的表情与含义。腹部动作所传达的信息主要有以下几种。

（1）凸出腹部，表现出自己的心理优越、自信与满足感，可谓腹部是意志和胆量的象征。这一动作也反映了扩大势力范围的意图，是威慑对方，使自己处于优势或支配地位的表现。

（2）解开上衣纽扣露出腹部，常表示对对方不存戒备之心。

（3）抱腹蜷缩，表现出不安、消沉、沮丧等情绪支配下的防卫心理

（4）腹部起伏不停，反映出兴奋或愤怒，意味着即将爆发的激动状态。

（5）轻拍自己的腹部，表示自己的风度、雅量，同时也包含着经过一番较量之后的得意心情。

十一、其他姿势的语言

除了以上几种无声语言外，还有以下几种语言。

（1）交谈时，对方头部保持中正，时而微微点头，说明他对你的讲话既不厌烦，也不十分感兴趣；若对方将头侧向一边，尤其是倾向讲话人一边，则说明他对所讲的事情很有兴趣；若

对方把头垂下，甚至于偶尔合眼似睡，则说明他对所讲的事情兴趣索然。

（2）谈话时，对方不断变换站、坐等体位，身体不断摇晃，常表示他焦躁和情绪不稳定；不时用一种单调的节奏轻敲桌面，则表示他极度不安，并极具有戒心。

（3）交谈的过程中，对方咳嗽常有许多含义。有时是焦躁不安的表现，有时是稳定情绪的缓冲，有时是掩饰说谎的手段。有时因为听话人对说话人的态度过于自信或自夸，表示怀疑或惊讶时，而用假装清清喉咙来表示对他的不信任。

（4）洽谈的过程中，若是戴眼镜的对方将眼镜摘下，或拿起放在桌子上的眼镜，把镜架的挂耳靠在嘴边，两眼平视，表示他想用点时间稍加思考；若摘下眼镜，轻揉眼睛或轻擦镜片，常表示对争论不休的问题厌倦或是喘口气准备再战；若猛推一下眼镜，上身前倾，常表示因某事而气愤，可能进行反攻。

（5）拿着笔在空白纸上乱画，双眼不抬，若无其事的样子，说明已经厌烦了；拿着火机，打着火，观看着火苗，也是一副烦相；放下手中物品，双手撑着桌子，头向两边看看后，双手抱臂向椅子上一靠，暗示对方：没有多少爱听的啦，随你讲吧；把桌上的笔收起，本合上，女士则照照镜子或拢拢头发、整整衣裙，都是准备结束的架势。

（6）扫一眼室内的挂钟或手腕上的表，收起笔，合上本，抬眼看着对手的眼睛，似乎在问：“可以结束了吧？”这种表现足以说明“别谈了”的意思；给助手使个眼神或做个手势（也可小声说话），不收桌上的东西，起身离开会议室或在外面抽支烟、散散步，也表明对所言无望，可以结束谈判了。

以上是谈判及交往中常见的无声语言及其传递的信息。当然，这些无声语言仅仅是就一般情况而言的，不同的民族、地区，不同的文化层次及个人修养等在动作、姿态及所传达的信息方面都是不同的，应在具体环境下区别对待。另外，我们在观察对方动作和姿态时，不能只从某一孤立的、静止的动作或姿态去判断，而应从其具体的、一系列的动作进行分析和观察，结合讲话时的语气、语调等进行综合分析，这样才能得出比较真实、全面、可信的结论。

需要指出的是，在商务谈判的过程中，谈判者完全可能会利用某些动作、姿态来迷惑对手，这就需要从对方连续一致的动作来进行观察，或者与对方前后所做的动作以及当时对方讲话的内容、语音、语气和语调等相联系，以便从中寻找到破绽，识别其真假性，然后采取相应的措施。

即学即练

自我体验和调控

先从认识你自己开始。体会自己在紧张、恐惧、喜爱等感觉出现时，身体会有哪些相应的变化，由己及人。

观察，观察你周围的人会有哪些动作，体会这些动作的含义。

实践，学习控制自己的身体语言，看看产生的效果。

调整，当你慢慢学会用“非语言信号”进行判断的时候，你就知道对于别人的“身体”语言应该做出怎样的调整，才能让沟通更加顺利地进行下去了。

视野拓展

推荐课外阅读中国礼仪网《谈判交锋氛围的酝酿驾御》一文：http://www.welcome.org.cn/tanpanliyi/2008-5-22/TanPanJiaoFengQiFenDeYunNiangJiaYu.html

使用与不使用无声语言的差异

规则和程序：

（1）2人一组。

（2）在自然状态下与对方交流2~3分钟，交谈的内容不限。

（3）刻意不用任何无声语言，继续交谈2~3分钟。

思考讨论：

（1）请对方指出自己在交流中使用的无声语言，回忆是否注意到自己运用了这些无声语言。

（2）相互交流自然状态下交流和刻意不使用无声语言的感受。

本章小结

1. 商务谈判语言的类型有礼节性的交际语言、专业性交易语言、留有余地的弹性语言、威胁劝诱性的语言和幽默诙谐性的语言。

2. 在商务谈判中，运用语言要遵循以下原则：准确、正确地应用语言，不伤对方的面子和自尊，及时肯定对方，注意说话方式，富有感情色彩。

3. 在商务谈判中，有声语言运用的技巧主要介绍了倾听的技巧、问的技巧、答的技巧、叙述的技巧、辩论的技巧和说服的技巧。

4. 无声语言的有以下特性：传播信息的连续性，传送对环境有很大的依赖性，与语言传播的一致性与不一致性，传递信息的含义往往比语言传递更为丰富、准确。

5. 非语言沟通在国际商务谈判中发挥着特殊作用，主要有代替作用、补充作用、暗示作用和调节作用。

6. 肢体语言具体可划分为眼睛动作的语言、眉毛动作的语言、嘴巴动作的语言、吸烟动作的语言、上肢动作的语言、下肢动作的语言、腰部动作的语言、腹部动作的语言等。

综合训练

一、不定项选择题

1. 商务谈判中依据语言的表达方式分类可分为（　　）。

A. 有声语言与无声语言　　B. 模糊语言与威胁性语言

C. 礼节性与专业性语言　　D. 文学语言与专业语言

2. 商务谈判专业性的交易语言是指在商务谈判过程中使用的与业务内容有关的一些专用或专门的术语，它所具有的特点是（　　）。

A. 专业性、严谨性　　B. 规范性　　C. 模糊性　　D. 科学性

3.（　　）不是商务谈判语言运用的原则。

A. 模糊性原则　　B. 准确性原则　　C. 隐含性原则　　D. 赞美性原则

4. “贵方是否愿意支付现金，享受优惠的价格，还是乐于按现有的价格成交而增加不必要的价格损失呢？”属于（　　）。

A. 限制式提问　　B. 启示性提问　　C. 婉转性提问　　D. 婉转性提问

5. 商务谈判中，人的肢体语言能反映出许多信息，当谈判人员张开腿而坐，则说明他（　　）。

A. 自信　　B. 焦躁　　C. 拒绝　　D. 愉快

6. 在谈判中，谈判人员架腿而坐，身体前倾，说话积极而有条理，则说明他（　　）。

A. 愿意合作　　B. 不愿合作　　C. 焦躁　　D. 不耐烦

二、名词解释

有声语言　模糊语言　隐含性原则　肢体语言

三、简答题

1. 商务谈判的语言类型有哪些？
2. 如何运用有声语言的技巧使得沟通更为顺畅？请举例说明。
3. 无声语言有哪些特性？这些特性对于商务谈判有哪些作用呢？

四、论述题

1. 分析在商务谈判中，如何做到“巧问”？
2. 试分析如何运用语言艺术营造良好的洽谈氛围。

五、案例分析题

案例 1

在不同文化中，肢体语言的意义不完全相同，各民族有不同的非话语交际方式。如当一个阿拉伯人同英国人谈判时，阿拉伯人按照自己的民族习惯，认为站得近些表示友好，而英国人按照英国的习惯则认为保持适当的距离才合适。因此，当阿拉伯人往前挪的同时英国人可能往后退。谈话结束时，两个人离原来站的地方可能相当远。

一个美国公司和一个中国公司在谈判时，美方报价和中方期待的价格相差比较大，这时，中方主谈者委婉地提出先暂停谈判，美方不是很理解，这时中方谈判者摘下他的眼镜，开始擦拭。美方看到这个动作就明白了对方的意愿，休息片刻后，谈判继续进行，最后谈判成功。

请问：这两个案例体现了商务谈判无声语言的哪些特点？

案例 2

在总公司办公会讨论陷入困境的时候，有人冷不丁地冒出一句：“你是老总，是公司里最有魄力的头儿呀！”厂总经理听出了其中的韵味，觉得需要调谐一下会议氛围，便接过话题说：“那当然，不仅在公司里我是头，在家里也是头。”这下可乐啦，老总怕老婆可是高山打鼓，声名在外的呀。这时，马上有人接上了腔说：“那你妻子呢？”“她是脖子，头想往哪里转都得听脖子的。”在开怀的笑声中，会场的沉闷氛围一下子消除了。

（刘翔飞，2003）

问题：通过上述案例的启发，假如我们在工作中遇到沉闷的氛围，该如何去调节？

六、模拟商务谈判实践

接第六章模拟商务谈判实践，小组讨论，组织第三轮谈判。

（1）根据本章内容，讨论、总结己方在模拟商务谈判中出现的不妥当语言，并提出改进方案；制订团队成员商务谈判语言运用原则和注意事项。

（2）如果模拟谈判中曾出现僵局，讨论如何运用本章所学的语言艺术打破僵局。

（3）组织第三轮谈判。不考虑第二轮模拟商务谈判实际结果，设前轮谈判结果为海尔将收购三洋电机在日本、印度尼西亚、马来西亚、菲律宾及越南的白电全部业务（含4个生产基地、2个研发中心，以及6个本土化营销渠道及三洋电机的洗衣机品牌“AQUA”），但在收购价格上有较大差异。海尔邀请松下方到青岛进行第三轮谈判，协商收购价格和其他事宜。

第八章　商务谈判礼仪

学习目标

1. 了解商务谈判礼仪的含义。
2. 掌握商务谈判礼仪的基本原则。
3. 掌握商务谈判的礼仪的相关功能和作用。
4. 熟练掌握行为举止基本礼仪。
5. 掌握商务谈判活动中的着装要求。

关键概念

礼仪　行为举止　交际

礼仪，是指人们内心待人接物的尊敬之情，通过美好的仪表、仪式表达出来。具体地说，“礼”就是由一定的道德观念和风俗习惯形成的礼节及表示尊敬的态度或动作；“仪”，就是人的外表、动作及按程序进行的礼节。遵照礼仪就必须在思想上对交往的对方有尊敬之意，谈吐举止上懂得礼仪规范，外表上注重仪容、仪态、风度和服饰，在一些正式的礼仪场合，还须遵循一定的典礼程序。

第一节　商务谈判礼仪概述

商务谈判礼仪是礼仪在商务活动当中的具体体现，因此，要探讨商务谈判礼仪，就必须先了解商务谈判礼仪的基本概念、原则及功能和作用。

一、商务谈判礼仪的含义

商务谈判礼仪是人们在商务活动中应该遵循的礼仪原则和方法，是公司或企业的商务人员在商务活动中，为了塑造个人和组织的良好形象，表示对交往的对象表示尊敬与友好的规范或程序。它是一般礼仪在商务活动中的运用与体现，包括待客、商业洽谈、推销、商业仪式、外事、文书、会议、谈判、迎送、公关礼仪等。

与一般礼仪相一致，商务谈判礼仪也同样包括商务礼节和仪式两方面的内容。商务礼节就是人们在商务交往活动中为表示尊重而对对方采取的人们共同约定并形成习惯的规范形式。仪式即按程序进行的礼节形式。也就是说，商务谈判礼仪既有礼节方面的规范化要求，也有先做什么、后做什么的规范化要求。

补充阅读

仪容，即人的外表，包括容貌、举止、姿态、风度等。在政务、商务、事务及社交场合，一个人的仪容不但可以体现他的文化修养，也可以反映他的审美趣味。作为一名商务人员，在仪容仪表方面我们应该注重仪容仪表的协调、色彩的搭配、着装、卫生等问题。

二、商务谈判礼仪的基本原则

从本质上说，礼仪都是以文明为基础，以真诚为原则，以对他人的尊重为核心。

1. 真诚平等原则

商务交往中，真诚平等是商务礼仪的第一条原则，也是商务人员的人际交往原则的核心。真诚，指的是真心真意的友善表现，实事求是的客观态度；平等，指的是人格的平等和礼仪活动中各方所执之礼的大体相当。

礼仪的运用基于商务人员对他人的态度，如果能抱着诚意与对方交往，那么其行为自然而然地便显示出对对方的关切与爱心。唯有以诚相待、以礼相待、表里如一，才能使你的行为举止自然得体，才能得到对方的接受和理解。

平等既是人的尊严的平等，也是礼仪规格的相对应表现。一方面，无论双方的身份、背景、民族及所代表的企业等有何种的不同和差异，在交往过程中，双方都要有一个平等的态度。另一方面，在礼仪活动中必须注重“礼尚往来”，一方对另一方表现出的礼数应有对等的反应。

2. 自律宽容原则

自律宽容就是要求人们既要严于律己，又要宽以待人，这既是中国人的传统美德，也是商务人员在礼仪交往中必须遵循的原则。礼仪规范是对双方的要求，是双方的互动过程，既不使自己被动，又给对方留有充分余地，这样才能体现平等、相互尊重。

严格自律是指遇事能够做到自我要求、自我约束、自我反省，时时处处用礼仪规则规范自己的言行举止，将良好的礼仪规则转化为个人素质的一部分。在商务活动中，自律还要求在交往中的行为不出格，举止不失态，言语不失礼，不能忽视礼仪细节。

对对方宽容，是要求遇事多容忍他人、多体谅他人、多理解他人，而不能求全责备、斤斤计较、过分苛求、咄咄逼人。由于商务人员工作对象特殊、接触面广，一定要宽以待人，对不同于己、不同于众的行为耐心容忍，善于做换位思考。

3. 规范适度原则

商务人员在应用商务礼仪时，为了保证取得成效，必须合乎规范、切合场景、表现适度，而不是虚伪的客套。

商务礼仪涉及礼节和仪式两方面，因此要遵守各种礼仪规范，使自己的礼仪行为符合商业规范，符合惯例和行业规则。在商务交往中要因人而异，考虑时间、地点、环境等条件，商务人员的服饰、仪容、神情、语气等都要与之相配，所执之礼也应与之相符。

礼仪虽然有种种的规则程序，有严格的规范性，但也并不是刻板僵硬的。礼仪应该适度，要把握分寸、认真得体，注意做到恰到好处。既要彬彬有礼、热情大方，又要注意维护国家和企业的礼仪，把握好各种情况下的社交距离及彼此间的感情尺度。

4. 遵仪守时原则

商务礼仪的各种规范是人们在商务活动中应该遵循的礼仪原则和方法。自觉、自愿地遵守它，并以其规范指导自己的言谈举止，是顺利进行商务交往的重要保证。每个成员都有应用商务礼仪的义务，都要以礼相待、和睦相处，不能把礼仪当作对别人的要求。

另外，遵守时间、不能失约，也是交往中极为重要的礼仪。为了遵时守约，应采取一些必要的预防措施：首先，在有关时间的问题上干脆明确；必要时，应把日期、时间、地点等清楚地记在自己的日程上，以免遗忘。其次，要严格遵守与他人约定的时间，不宜随便改动或取消。最后，要适时赴约，不宜早到，更不可晚到。

视野拓展

推荐观看中央电视台纪录频道（2015 年）纪录片《与全世界做生意》第 4 集《时间就是金钱》1 分 19 秒—5 分 00 秒，看看意大利人的时间观念和我们有何不同：http://tv.cntv.cn/video/VSET100229673988/239e225c89f14bde8509a6f261f9e7ab

5. 女士优先原则

女士优先原则起源于西方，但是来自中世纪欧洲骑士遗风、保护弱者还是宗教信仰已经难以考证，当今世界多数国家已经接受这一原则。不过读者还要注意地区性差别，有些地区日常交际中，女士优先并不普遍，年龄、职位会影响对这一原则的运用，甚至有些地区男权至上的传统仍在延续，并不认同这一原则。

尊重妇女是一种美德，女士优先是西方社会公认的一条重要的礼仪原则。欧美人士普遍认为，在社交活动中遵守女士优先原则，是男士个人教养的基本体现，还可以显示男子气质与绅士风度。这种尊重体现在一些日常生活细节的关怀上，是通过一系列的具体做法来贯彻和实现的。比如上下电梯、进入大门、入座离席、介绍引见等，女士都可以获得一种优先的权利。女士优先原则还要求，在尊重妇女、照顾妇女、体谅妇女、关心妇女、保护妇女方面，男士们应对所有的妇女一视同仁。

6. 尊重隐私的原则

我国传统上人与人交往，会习惯性先聊个人、家庭、工作情况，但西方社会一般将这些话题当成个人隐私问题。我国城市化进程加快后，也有一些人不再愿意透露个人隐私。

个人隐私，泛指一个人出于个人尊严和某些方面的考虑，不愿告之于人或不愿公之于众的个人情况。在交往中，尊重个人隐私权是至关重要的。在许多国家，个人隐私是受到法律保护不容侵犯的。之所以重视个人隐私的保护，一方面是为了保护个人自由选择生活方式的权利；另一方面也是为了保护个人安全。

现实中，每个人对个人隐私的划定可能不同，有的可能会把婚姻等家庭状况当成个人隐私，有人会很看重自己的年龄、收入。总体上而言，除非是以增进感情为目的私人交流，商务谈判中还是不涉及个人隐私问题为好。如果不熟悉对方的习惯，以增进感情为目的私人交流中最好也不直接询问，可用展示自己隐私的方式测试对方隐私圈的大小、寻找对方感兴趣的话题。

7. 尊重各国风俗习惯的原则

不同国家、不同地区、不同民族，由于历史、文化、宗教等方面的不同，形成了各自特殊的风俗习惯，在商务活动中应无条件地予以理解和尊重。因此，到某一个国家或接待来自某一国的客人，要事先了解该国的礼俗，以免犯忌。交往中注意尊重外国客人所特有的习俗，并遵循对方的习俗，有利于增进双方之间的理解和沟通及促进商务活动的顺利进行。

视野拓展

商务交往中的“3A 原则”又叫“布吉林 3A 原则”，是美国学者布吉林教授等人提出的，其内容是把如何对别人的友善通过接受对方（accepe）、重视对方（appreciate）、赞美对方（admire）三种方式恰到好处地表达出来。：http://www.welcome.org.cn/geguoshangwu/2012-11-8/3A. html

三、商务谈判礼仪的功能和作用

商务礼仪是人们的行为规范和准则，它作为企业文化、企业理念不可或缺的组成部分，对于塑造良好形象，扩大商务交往，促进事业成功都具有十分重要的作用。

（1）沟通作用。良好的礼仪容易使人们之间的感情得到沟通，从而建立起良好的人际关系，使商务交往取得成功。反之，如果不注意良好得体的商务礼仪，则很容易产生感情排斥，给对方以不佳印象，造成人际关系紧张，进而影响到商务活动的顺利进行。

（2）协调作用。商务礼仪是商务交往和谐发展的调节器，遵循它有助于调节感情、增进理解，加强人们之间的相互尊重、友好合作的关系，也可缓解进而消除那些不必要的障碍。

（3）规范作用。礼仪最基本的功能就是规范各种行为，一方面，商务礼仪可指导人们在商务活动中的行为和思维习惯，充分体现长期以来共同遵守、约定俗成的惯例；另一方面，商务礼仪也可帮助商务人员把握准自己的位置，规范自己的行为，加强自身修养，从而更好地满足商务作为辅助者的服务性要求。

（4）形象作用。遵循商务礼仪规范的好坏，既能展示商务的素质，又能反映企业形象。对于个人来说，商务礼仪是其文化修养、交际能力的外在表现；对于企业来说，商务礼仪是其价值观念、道德理念、员工整体素质的集中体现。良好的商务礼仪可以让外国客户对本企业有一个好的印象和评价。因此，商务礼仪已经成为直接塑造商务人员个人形象、间接塑造组织形象的重要工具。

思考与讨论

老子《道德经·德篇》中“夫礼者，忠信之薄，乱之首也”一句常被看成老子“反对仁义礼”的论据，此说法自不足信，结合上下文可知老子在此论述的是道、德、仁、义、礼的关系。

换到商务谈判礼仪视角，本节给出的第一项商务谈判礼仪原则是“真诚平等”，老子也将道、德、仁、义放在礼之前，如果没有“真诚平等”作为基础，彬彬有礼的背后很可能是商业欺诈，“乱之首也”则成为现实。当然在“真诚平等”的基础上，我们还应该明白商务谈判礼仪的作用，“人无礼则不生，事无礼则不成，国家无礼则不宁”（《荀子·修身》），不遵守商务谈判礼仪自然也难以展开商务谈判。

推荐读者结合商务谈判礼仪的功能和作用，讨论真诚平等几项原则和商务谈判成败之间的关系。

第二节　行为举止礼仪

举止是指人的姿态和风度，它是人们的在外观上可以明显地被觉察到的活动、动作，以及在活动、动作之中身体各部分所呈现出的姿态，包括人的站姿、坐姿、走姿、面部表情等。在商务谈判中，谈判人员行为举止对谈判起着重要作用。

一、站姿

在商务谈判中，站姿是人最基本的姿态，也是其他姿态的基础，正式或非正式谈判中，是第一个引人注视的姿态。

站姿的要求是端正、挺拔、舒展、俊美，正确的站姿从整体上给人以挺、直、高的感觉。

1. 基本动作

站姿的基本动作可以简单概括为头正、腰直、肩平、挺胸和收腹十个字，具体要求有以下几点。

（1）头正。两眼平视前方，嘴微闭，收颌梗颈，表情自然，稍带微笑。

（2）肩平。两肩平正，微微放松，稍向后下沉。

（3）臂垂。两肩平整，两臂自然下垂，双手放于大腿两侧，手指并拢自然微屈。

（4）躯挺。胸部挺起、腹部往里收，腰部正直，臀部向内向上收紧。男性双腿可以分开，双脚间的距离最多与肩齐。

（5）腿并。两腿立直，贴紧，脚跟靠拢，两脚夹角呈 60 度。

规范的礼仪站姿，同部队战士的立正是有区别的，礼仪的站姿较立正又多了些自然、亲近和柔美。

女士站姿

2. 站姿的调整

长时间站立时可暗暗调整身体重心，使双脚轮流承受身体重量。不能一腿弯一腿直，否则会显得很懒散。

在商务谈判的某些场合，常常有人站着时手足无措，双手不知放在何处才好。站姿可以随着场合进行调整。同别人站着交谈时，如果空着手，可双手在体后交叉，右手放在左手上；若你身上背着背包，可利用背包摆出优雅的站姿；向长辈、朋友、同事问候或做介绍时，不论握手或鞠躬，双足应当并立，相距约 10 厘米左右，膝盖要挺直；等车或等人时，两足的位置可一前一后，保持 45 度角，肌肉放松而自然，并保持身体的挺直。

总之，在商务谈判中，站的姿势应该是自然、轻松、优美的，不论站立时摆何种姿势，只有脚的姿势及角度和手的位置在变，而身体一定要保持绝对的挺直。

二、坐姿

坐是一种静态造型，是非常重要的仪态。端庄优美的坐姿，会给人以文雅、稳重、自然、大方的美感。下面着重介绍一下商务谈判中女士的基本坐姿。

（1）双腿垂直式。其基本做法是，双腿垂直于地面，双脚的脚跟、膝盖直至大腿都需要并拢在一起，双手叠放在大腿上。这是正式商务谈判场合的最基本坐姿，应该保持双“L”形，即大腿与小腿成直角，臀部与背部成直角，而且不能靠背。该种坐姿可给人以诚恳、认真的印象。

（2）双腿叠放式。这种坐姿要求上下交叠的膝盖之间不可分开，两腿交叠呈一直线，这样才会给人以纤细的感觉。双脚置放的方法可视座位高矮而定，既可以垂直，也可与地面呈 45 度角斜放，采用这种姿势时，切勿双手抱膝，更不能两膝分开。

（3）双腿斜放式。坐在较低的沙发上时，若双腿垂直放置的话，膝盖不可高过腰，否则极不雅观。这时最好采用双腿斜放式，即双腿并拢后，双脚同时向右或左侧斜放，并且与地面形成 45 度左右角。这样，就座者的身体就会呈现优美的“S”形。

（4）双脚交叉式。其基本做法是双腿并拢，双脚在踝部交叉之后略向左侧斜放。坐在主席台上、办公桌后面或公共汽车上时，比较合适采用这种坐姿，感觉比较自然。

双腿斜放式

双腿交叉式

（5）双脚内收式。这种坐姿的做法是两条小腿向后侧屈回，双脚脚掌着地，膝盖以上并拢，两脚稍微张开。这也是变化的坐姿之一，尤其在并不受注目的场合，这种坐姿显得轻松自然。

补充阅读

坐姿要点

1. 入座时要轻要稳，走到座位前，转身后，轻稳地坐下。女子入座时，若是裙装，应用手将裙子稍稍拢一下；不要坐下后再站起来整理衣服。

2. 坐在椅子上，上身保持站姿的基本姿势、双膝并拢，两脚平行，鞋尖方向一致。

3. 根据所坐椅子的高低调整坐姿，双脚可正放或侧放，并拢或交叠。但必须切记，女士的双膝应并拢，任何时候都不能分开。

4. 双手可自然弯曲放在膝盖或大腿上。如果坐在有扶手的沙发，男士可将双手分别搭在扶手上，而女士，最好只搭一边扶手，以显示高雅。

5. 坐在椅子上，一般是男士坐满椅子的2/3，女士坐满椅子的1/2。一般情况下，不要靠背，休息时可轻轻靠背。

6. 起立时，双脚往回收半步，用小腿的力量将身体支起，不要用双手撑着腿站起，要保持上身的直立状态。

三、走姿

走姿属动态美，最能体现出一个人的精神面貌的姿态就是走姿。在商务谈判中，女性脚步应轻盈均匀，穿裙子时要走成一条直线，使裙子的下摆与脚的动作显示出优美的韵律感；男性脚步应稳重、大方、有力，显示出阳刚之气。

1. 正确的走姿

在商务谈判社交活动中，谈判人员的行走时应注意以下几方面。

（1）头正。双目平视，收颌，表情自然平和。

（2）肩平。两肩平稳，防止上下前后摇摆。双臂前后自然摆动，前后摆幅在 30°～40°，两手自然弯曲，在摆动中离开双腿不超过一拳的距离。

（3）躯挺。上身挺直，收腹立腰，重心稍前倾。

（4）步位直。两脚尖略开，脚跟先着地，两脚内侧落地，走出的轨迹要在一条直线上。

（5）步幅适当。行走中两脚落地的距离大约为一个脚长，即前脚的脚跟距后脚的脚尖相距一个脚的长度为宜，不过不同的性别，不同的身高，不同的着装，都会有些差异。

（6）步速平稳。行进的速度应当保持均匀、平稳，不要忽快忽慢，在正常情况下，步速应自然舒缓，显得成熟、自信。

补充阅读

走路用腰力，才有韵律感。如果走路时腰部松懈，就会有吃重的感觉，不美观；如果拖着脚走路，便显得没有朝气，十分难看。常见的走姿是一字步，一字步走姿的要领是：行走时两脚内侧在一条直线上，两膝内侧相碰，收腰提臀挺胸收腹，肩外展，头正颈直微收下颌。步速每分钟125～130步。步长标准每一步为自己的一脚长或1.5个脚长。

2. 行走的特例

以下商务情形下，也应多加注意走姿。

（1）陪同引导。作为商务，应走在服务对象的左侧前方约一米左右的位置；本人须与服务对象的行进速度相协调，不能走得太快或太慢；行进中一定要处处以对方为中心，经过拐角、楼梯等处，要有及时的关照提醒，绝不可以不吭一声，而让对方茫然无知或不知所措；陪同引导时，要采用正确的体位，请对方开始行进时，应面向对方稍许欠身，行进中与对方交谈或答复问题时，应以头部、上身转向对方。

（2）上下楼梯、电梯。在商务谈判中，入场上楼时，我方谈判人员应礼让对方，请对方上楼先行，下楼时让对方后行。在进出电梯时，我方谈判人员应请对方先进先出，商务人员站在门口礼让对方，并顺势做出“请”的动作。

（3）出入房门。在商务谈判中，我方引领对方出入房门时要先通报；要反手开关门面向他人；礼让对方，请对方先进先出；要及时为对方拉门。

四、手势

手势是体态语中最丰富、最具有表现力的传播媒介，它在传递信息，表达意图和情感方面发挥着重要作用，在商务谈判中中被频繁使用。

1. 引领的手势

在各种交往场合都离不开引领动作，例如请客人进门，客人坐下，为客人开门等，都需要运用手与臂的协调动作，同时，由于这是一种礼仪，还必须注入真情实感，调动全身活力，使心与形体形成高度统一，才能做出色彩和美感。引领动作主要有以下几个表现形式。

第一，横摆式。以右手为例：将五指伸直并拢，手心不要凹陷，手与地面呈 45 度角，手心向斜上方。腕关节微屈，腕关节要低于肘关节。动作时，手从腹前抬起，至横膈膜处，然后，以肘关节为轴向右摆动，到身体右侧稍前的地方停住。同时，双脚形成右丁字步，左手下垂，目视来宾，面带微笑。这是在门的入口处常用的谦让礼的姿势。

第二，斜下式。请来宾入座时，手势要斜向下方。首先用双手将椅子向后拉开，然后，一只手曲臂由前抬起，再以肘关节为轴，前臂由上向下摆动，使手臂向下成一斜线，并微笑点头示意来宾。

补充阅读

伸大拇指手势：大拇指向上，在说英语的国家多表示“OK”之意或是打车之意；若用力挺直，则含有骂人之意；若大拇指向下，多表示坏、下等人之意。在我国，伸出大拇指这一动作基本上是向上伸表示赞同、一流、好等，向下伸表示蔑视、不好等之意。

“V”字形手势：伸出食指或中指，掌心向外，其语义主要表示胜利（英文Victory的第一个字母），掌心向内，在西欧表示侮辱、下贱之意。这种手势还时常表示“二”这个数字。

捻指作响手势：就是用手的拇指和食指弹出声响，其语义或表示高兴，或表示赞同，或是无聊之举，有轻浮之感。应尽量少用或不用这一手势，因为其声响有时会令他人反感或觉得没有教养，尤其是不能对异性运用此手势，这是带有挑衅、轻浮之举。

在商务谈判出手势时，要讲究柔美、流畅，做到欲上先下、欲左先右，避免僵硬死板、缺乏韵味，同时配合眼神、表情和其他姿态，使手势更显协调大方。商务活动中需要注意手势的运用及其重要性，避免误会。

2. 手势的运用要规范适度、简洁明确

给人指示方向、指点物体、介绍某人、请人做某事等，都需要用手来指示。商务谈判中，正确的指示手势应该是四指并拢，拇指自然分开，手心向上，手臂适度伸出。这种手势在商务活动中使用频率相当高。

打招呼、致意、告别时也常用手势表达。值得注意的是，商务谈判中，当双方距离很近的时候，手势动作要小，抬起小臂挥一挥即可；双方距离较远时，手势动作可以大一些。

视野拓展

接待人员应懂得基本的引导礼仪，带领客人到达目的地，应该有正确的引导方法和引导姿势。中国礼仪网简要介绍了几种引导礼仪，读者可以参考：http://www.welcome.org.cn/jiedailiyi/2010-7-27/yindaoliyi.html

3. 不要用手指指点别人

在谈判的任何情况下，不可用拇指指自己的鼻尖或用手指指点谈判对手，这含有妄自尊大和教训别人之意，那是极不礼貌的。在谈到自己的时候，应该用右手轻按自己的左胸部，这样显得稳重可信。

即学即练

站姿、坐姿、走姿等通过视频模仿学习效率会更高，推荐读者在线观看香颂湾售楼部制作的《仪态礼仪》培训视频，个人或小组做模仿练习：http://v.youku.com/v_show/id_XODIwMjEzNTY0.html?from=s1.8-1-1.2

4. 与外国人交往不能乱用手势

因各国习惯不同，同样的一种谈判手势在不同的国家、地区有不同的含义，千万不可乱用而造成误解。例如，“到这边来”的手势用的很多，中国人习惯手臂前伸，手心向下，弯动手指，示意“过来”。而在欧美，这却是招呼动物的动作。他们招呼人时，是将手掌向上伸开，伸曲手指数次。在中国，这一动作又被误解为在招呼幼儿或动物。

5. 注意手势的力度、速度和时间

在谈判中，谈判人员常常借用手势来加强语气、帮助表达。除了要注意手势的正确使用外，还要避免因动作幅度太大、过分用力、过于夸张而引起对方的反感。

第三节 商务活动中的着装

着装是商务人员在商务活动中替自己塑造和维护形象的基础，它不但体现着个人的文化修养、审美情趣、气质品位与工作态度，还会直接对其所在单位的整体形象造成影响。

一、着装的一般原则

（一）TOP 原则

TOP 是三个英语单词的缩写，它们分别代表时间（Time）、场合（Occasion）和地点（Place），即着装应该与当时的时间、所处的场合和地点相协调。

1. 服饰的变化与时间相协调

时间的含义有三层：一是指每天的早上、日间和晚上三段时间的变化；二是指每年的春、夏、秋、冬四季的不同；三是指时代间的差异。要根据一日里因时间变化所具有的不同光照以及人们从事的不同活动和对礼仪的不同要求，一年里随四季更迭所形成的不同气候条件、自然背景，及其对人们生理和心理的不同影响，根据并顺应不同时代的界定、潮流和节奏，选择与之相适宜并协调的着装和佩饰。

2. 服饰的变化与地点相协调

服饰的变化与地点相协调指根据不同国家、不同地区所处的地理位置和自然条件的要求来着装。例如，在气候较冷的地方，服装应以深色或暖色为主；在气候较暖的地方，服装应以淡色或冷色为主。同时，也要顾及活动的场所。在自己家里接待客人，可以穿着舒适但整洁的休闲服；如果是去公司或单位拜访，穿职业套装会显得专业。一般说来，在正式场所，绝对不能穿过露或过短的服装。

3. 服饰的变化与场合相协调

服饰的变化与场合相协调中的“场合”主要是指商务人员一般能够遇到的场合，大致有公务场合、社交场合和休闲场合三种。不同的场合与氛围，都具有不同的服饰礼仪规则。服饰修饰的效果只有合乎所处的这些特定场合的氛围，并与其融洽和谐，才会使交际对象感受到你的礼貌、诚意、教养和情趣，在一开始就产生好感。

（二）和谐与适体原则

和谐就是指一个人的穿着要和他的年龄、性别、容貌肤色、身体造型、身份职业和环境相适应，强调整体效果的和谐统一。

1. 与性别年龄相协调

男性服饰要体现刚毅有力、优美自然的男子气韵，决不能弄得不男不女、不伦不类；女性则要展示温柔妩媚、典雅端庄的女子气韵。不同年龄处在事业和人生的不同阶段，服饰上的风格差异较大，不同年龄的人有不同的穿着要求。年轻人应穿着鲜艳、活泼、随意一些，体现出年轻人的朝气和蓬勃向上的青春之美；而中，老年人的着装则要注意庄重、雅致、整洁，体现出成熟和稳重。

2. 与容貌肤色相协调

每个人的容貌肤色都不一样，有的人肤色深，有的人肤色浅。每个人五官的形状、大小、分布和比例不尽相同。所以，服饰要根据每个人自身特点扬长避短，选择合适的服饰款式和色彩。如肤色黑，不宜着颜色过深或过浅的服装；皮肤发黄的人，不宜选用半黄色、土黄色、灰色的服装；脸色苍白不宜着绿色服装，等等。一般认为，中和色（白、黑、灰等）给人平和、稳重，可靠的感觉，是最常见的工作服装用色。

3. 与体型相协调

一般来说，身材较高的人，上衣应适当加长，配以低圆领或宽大而蓬松的袖子，宽大的裙子、衬衣，这样能给人以“矮”的感觉，衣服颜色上最好选择深色、单色或柔和的颜色；身材较矮的人，不宜穿大花图案或宽格条纹的服装，最好选择浅色的套装，上衣应稍短一些，使腿比上身突出，服装款式以简单直线为宜，上下颜色应保持一致；体型较胖的人应选择小花纹、直条纹的衣料，最好是冷色调，以达到显“瘦”的效果，在款式上，胖人要力求简洁，中腰略收，后背扎一中缝为好，不宜采用关门领，以“V”形领为最佳；体型较瘦的人应选择色彩鲜明、大花图案以及方格、横格的衣料，给人以宽阔、健壮的视觉效果，在款式上，瘦人应当选择尺寸宽大、上下分割花纹、有变化的、较复杂的、质地不太软的衣服，切忌穿紧身衣裤，也不要穿深色的衣服。

（三）整洁与整体原则

整洁的衣着可表现出积极向上的精神状态，会给人留下较好的第一印象。在社交场合，合适的整洁的服装可以缩短彼此间的距离，协调彼此间的关系。要想让人接受你，首先得让人接受你的服饰。在工作职场，着装要整洁，基本要求是无异物、无异味、无明显折痕、熨烫平整。

着装，是以人体为基础的，要塑造良好的个体形象，应注意着装的整体协调：首先是服装本体在色彩、图案、款式、质料和风格上要统一和谐；其次是配饰的整体协调，也就是要让所有的修饰效果造就出一种和谐的整体美。

（四）个性化原则

服装是外在的，同时应该体现内在气质。在符合上述原则的基础上，商务人员在着装的时候可适当突出自己的个性，穿出品位，树立个人形象。

人人都希望自己以一个独立的个体为社会所接受，但在突出个性时，要注意两个问题：第一，不要赶时髦。最时髦的往往是最没有生命力的，也是最容易过时的。第二，穿出自己的特色。经常提醒自己，流行的不一定是合适的。不同的年龄、经历、身份、职业、文化素养等，自然会有不同的气质特点，因此，服装的选择一定要根据自己的气质特点，并通过服装更好地突出自己的个性。但前提是，必须深入了解自己，才能让服装起到锦上添花的效果。

二、女士着装规范

（一）女士西装套裙的选择

西装套裙会使着装者看起来干练、洒脱和成熟，还能烘托出女性所独具的韵味，显得优雅、文静。可以说，西装套裙是能够体现职场女性的工作态度与女性美的“最好的道具”。

1. 西装套裙的面料

西装套裙所选用的面料质地应当上乘，上衣与裙子应使用同一种面料。除了女士呢、薄花呢、人字呢、法兰绒等纯毛面料之外，也可选择高档的丝绸、亚麻、府绸、麻纱、毛涤面料来制作西装套裙。应当注意的是，用来制作西装套裙的面料应当匀称、平整、滑润、光洁、丰厚、柔软、挺括，其弹性一定要好，而且要不易起皱。

2. 西装套裙的颜色

西装套裙应当淡雅、清新、庄重，不宜选择过于鲜亮“扎眼”的色彩，与“流行色”要保持一定的距离，以示自己的传统与庄重。具体来讲，在颜色方面，套裙应以浅色或冷色调为主，从而体现出着装者的高雅、端庄。在正式场合穿着的西装套裙，颜色种类最多不可超过两种，避免碎花图案，否则就会显得杂乱无章。

3. 西装套裙的造型

西装套裙的造型变化无穷，其变化主要集中于长短与宽窄两个方面。在西装套裙中，上衣与裙子的长短没有明确的规定。上衣与裙子的造型，采用上长下长、上短下短、上长下短、上短下长等四种形式，在视觉上都能取得较好的效果。西装套裙的上衣最短处可以齐腰，裙摆长度以膝盖准。裙子最长可至小腿中部。但是上衣不能再短，裙子不宜再长，否则会给人勉强和散漫的感觉。同时、也不宜肥大或过于紧身，免得有不正经之嫌。

4. 西装套裙的裙子

作为西装套裙的裙子，其式样可以有不少选择：西装裙、围裹裙、一步裙、筒裙等，式样端庄、线条优美；百褶裙、人字裙、喇叭裙、旗袍裙等，飘逸洒脱、高雅漂亮，都是可以被西装套裙所接纳的裙子式样。西装套裙的裙子一般不宜添加过多的花边或饰物。穿西装套裙，特别是穿丝、麻、棉等薄型面料或浅色面料的西装套裙，一定要内穿衬裙。

（二）女士着装时的注意事项

1. 按规定着装

重大的宴会、庆典和商务谈判，尤其是涉外性商务活动，组织者所发请柬上有时专门注有着装要求，参加者就应按规定着装。如果组织者没有具体的着装规定，参加者也应穿着较正式的服装。通常，女士可穿各式套装、民族服装、旗袍或连衣裙等。

2. 注意场合

女士在各种正式的商务交往活动中，一般以穿着套裙为好。但是忌穿黑色皮裙，因为在国外穿黑色皮裙被视为没有教养的表现。在出席宴会、舞会、音乐会时，可酌情选择适合参加这类活动的时装或礼服。可以穿各式套装、民族服装、旗袍或连衣裙等。

3. 服装齐整

女士在正式场合穿套裙时，上衣的衣扣必须全部系上。不要将其部分或全部解开，更不要当着别人的面随便将上衣脱下。上衣的领子要完全翻好，有袋的盖子要拉出来盖住衣袋。不要将上衣披在身上，或者搭在身上。但是，在室内参加活动时，应脱去罩在西装套裙外的大衣和风衣。

4. 选择合适的袜子

穿裙子时，应配长筒丝袜或连裤袜。在社交场合中，不准光腿或穿彩色丝袜、短袜，而且，袜子不可以有丝毫破洞、抽丝、染色现象。职业女性的提包里，一般都要带有备用的丝袜。

袜子的选择，要注意色彩和厚薄搭配。一般地说，肤色越深，袜子的颜色也应越深。普遍情况下，肉色或相对深色一点的袜子较为适宜。在正式工作场合中，袜子不能有网眼、花纹、图案，穿上去后要平整。厚袜子不要配细高跟鞋，薄袜子不要配球鞋。

5. 选择合适的鞋子

在社交场合中，最常穿的是皮鞋。黑色皮鞋适合四季穿，而且可以与所有颜色相搭配，不论搭配什么样的服装，都能给人稳重、沉着之感，所以多配几双总没错。白色皮鞋与浅色服装相配，则会给人年轻活泼的感觉。若是选择其他颜色的鞋，就要注意与服装色调为同一色系。如果鞋子的颜色与上下装反差太大，就会破坏整体之美。

6. 包的搭配

包是职业女性在社交场合中不可缺少的配件，既有实用功能，又有装饰价值。质料名贵、手工精致、外观华丽、体积合适的包，能使人赏心悦目，在动态中显示出女性的魅力。

上班族的女性，包的材料多为真皮，颜色沉稳，款式简单大方，可带有规矩的金属扣装饰，显得端庄稳重、干练利索，适合于搭配各种服装，又能盛放女性物品，如笔记本、化妆盒、手纸等，非常实用。出席宴会、晚会等，如果穿典雅的礼服，可以选择小巧、高档的夹包、精致的皮包或手工包；切忌过大的包，否则与氛围不协调。

三、男士着装规范

西装是国际性主流服装，是社会男士的正装，是正式场合着装的优先选择。一套合体的西装，可以使人显得潇洒、精神、风度翩翩。近百年来，特别是改革开放之后，西装已经深入了我们的生活。为此，我们需要了解一些社交场合的西装常识。

西装可分工作用的西装、礼服用的西装、休闲用的西装等。对我们而言，同样一套合体的西装配上不同的衬衫、领带，基本上就可以参加多种社交活动。居家、旅游、娱乐的时候，便装比西装更合适。

（一）男士西装的选择

西装是男士最常见的办公服，也是现代交际中男子最得体的着装。

补充阅读

一套西装，无论其花色多么漂亮、裁剪多么合身，缝制多么精细，但如果面料本身质地不理想的话，只穿一会儿就会起皱或起球，那就会失去原来的风采。西装的面料要挺括一些。男士西装的可以表现出一种优雅的个性，二种良好的品位和一种尊贵的气度。日常穿的西装面料可以不必讲究，但必须熨烫挺括。如果穿着皱巴巴的西装，是会损坏自己的交际形象的。

做工精致与否是判断西装质量的一个重要因素。在挑选西装时，检查其做工的优劣：要注意以下几点：一是要看其衬里是否外露，二是要看其衣袋是否对称，三是要看其纽扣是否缝牢，四是要看其表面是否起皱，五是要看其针脚是否均匀，六是要看其外观是否平整。

1. 西装的款式

男士西装一般有两种款式，一种是两件套，包括同色和不同色；另一种是三件套，上装、下装、马甲。在参加高规格的商务活动时，以穿三件套的西装套装为好，显得比较正式，但是要注意马甲的前胸和后背要采用统一的面料。

2. 西装的颜色

西装的颜色必须庄重、正统，而不应太过于亮丽和花哨。作正式礼服用的西装的颜色，应当首推藏蓝（青）色。除此以外，还可以选择灰色、黑色或棕色的西装，都为深色。按照惯例，职业人士在正式场合不宜穿颜色过于鲜艳或发光发亮以及朦胧色、过渡色的西装。

3. 西装的尺寸

穿着西装，要大小合身，宽松适度。在任何场合，所穿的西装过大或是过小，过松或是过紧，过肥或是过瘦，都会影响整体效果，损害其个人形象。

（二）西装的穿着要求

人们常说："西装七分在做，三分在穿"。根据西装穿着礼仪的基本要求，男士在穿西装时，要注意以下几个方面的问题。

1. 拆除衣袖上的商标

在西装上衣左边袖子上的袖口处，通常会缝有一块商标，有时，那里还同时缝上块纯羊毛标志。在正式穿西装之前，一定要将它们先行拆除。通常，在购买西装时，销售人员应将其拆除。

2. 西装必须合体

合体的西装是保证西装挺拔的基本条件。合体的西装要求上衣盖过臀部，四周平整无皱褶，手臂伸直时、袖子长度应到手虎口处，领子应紧贴后颈部，衬衣的领子应露出西装上衣领子约1.5 厘米，衬衣的袖口应比外衣的袖口长出约 1.5 厘米，以显示衣着的层次。

与上衣相配的通常是面料相同的西裤，其应有合适的腰围和长度。合适的腰围应是裤子穿在身上并拉上拉链，扣好扣子后，腰处还能伸进一只五指并拢的手掌。合适的裤长应该是裤子穿上后，裤脚下沿正好触及脚面，并保证裤线笔直

3. 西装的纽扣

穿西装时，上衣、马甲与裤子的纽扣，都有一定的系法。通常，单排两粒扣式的西装上衣，讲究"扣上不扣下"，即只系上边那粒纽扣，或全部不系敞开穿。单排三粒扣式的西装上衣，可以系上面两粒纽扣或只系中间那粒纽扣。

在较正式的场合，一般要求把扣子系上，坐下时应解开。双排扣的西装上衣则必须系上所

有的纽扣，以示庄重。穿西装马甲，不论是将其单独穿着，还是与西装上衣配套，都要认真地系上纽扣。

4. 西装的口袋

男士着西装时千万不要放太多的东西在口袋里，否则既不美观，又失礼仪，还会使西装变形。西装上衣口袋只做装饰，不放东西，必要时，也仅仅装着好看的花式手帕，不应再放其他任何东西，尤其不应当放钢笔或挂眼镜。

5. 西装的衬衫

穿着西装时一定要穿带领的衬衣，做到挺括整洁、无皱折，尤其是领口，衬衣最好不要太旧。衬衫下摆要塞进西裤，袖口须扣上不得翻起。系领带时，衬衣的第一个纽扣要扣好。领子不要翻在西装外。

6. 领带的搭配

男士穿西装时最重要的配件就是领带。在欧美各国，领带与手表、装饰性袖扣并称为“成年男子的三大饰品”。男士在挑选领带时，要注意以下几点。

（1）面料。好的领带多采用真丝面料，适合各种季节。以涤丝制成的领带售价较低，易于打理，有时也可以使用。除此之外，由棉、麻绒、皮、革、珍珠等制成的领带，在正式场合里均不宜佩戴。

（2）颜色。在正式场合里，蓝色、灰色、棕色、黑色等单色领带都是十分理想的选择。切勿使自己佩戴的领带多于三种颜色。同时，也应尽量少打浅色和颜色鲜艳的领带。一般地，杂色西装应配单色领带，而单色西装则应配花纹领带；驼色西装应配金茶色领带，褐色西装则需配黑色领带等。

（3）图案。主要是以单色无图案的领带为主，有时也可选择以条纹、圆点、方格等几何形状为主的领带。

（4）款式。领带的款式往往受到时尚潮流的影响。因此，职业人士应注意以下四点：①领带有箭头与平头之分。下端为箭头的领带，显得比较传统、正规；下端为平头的领带，则显得时髦、随意一些。②领带有宽窄之别。除了流行的因素外，领带的宽窄最好与本人的胸围和西装上衣的表领形状相一致。③简易式的领带，如“一拉得”领带、“一挂得”领带等，均不适合在正式的场合中使用。④领结宜与礼服、翼领衬衫搭配，并且主要适用于出席宴会等重要社交场合。

（5）质量。一条好的领带，其质量必须符合以下要求：外形美观、平整、无跳丝、无疵点、无线头，衬里不变形，悬垂挺括，质地厚重。

（6）长度。领带的长度要适当，以达到皮带扣处为宜。如果穿毛衣或毛背心，应将领带下部放在毛衣领口内。

7. 领带的常见打法

领带的打法较多，单结打法、中宽结（即温莎结）的打法如下。

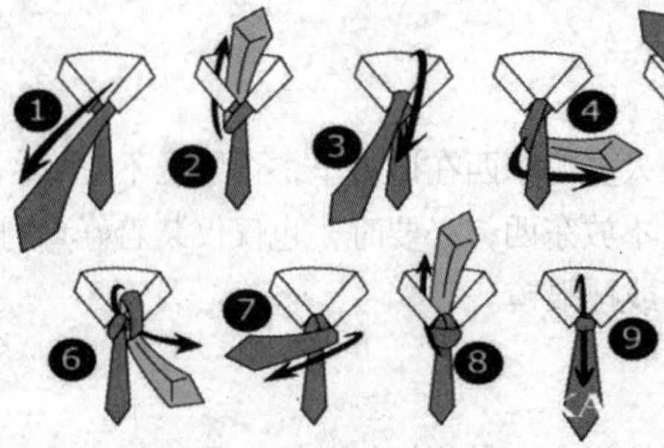

单结的结法

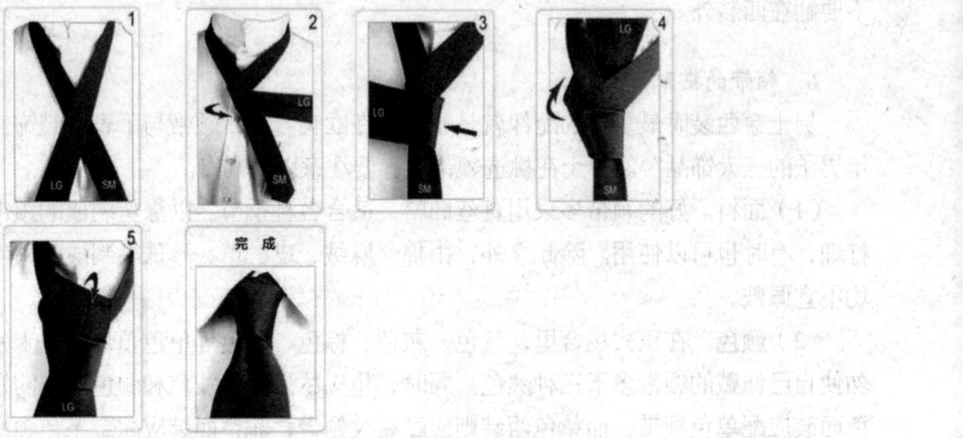

中宽结的结法（SM 为 Small 缩写，LG 为 Large 缩写）

8. 领带夹的用法

领带夹应在穿西装时使用，也就是说仅仅单穿长袖衬衫时没必要使用领带夹，更不要在穿夹克时使用领带夹。

穿西装时使用领带夹，应将其别在特定的位置，即从上往下数，在衬衫的第四与第五粒纽扣之间，将领带夹别上，然后扣上西装上衣的扣子，从外面一般应当看不见领带夹。因为按照妆饰礼仪的规定，领带夹这种饰物的主要用途是固定领带，如果稍许外露还说得过去，如果把它别得太靠上，甚至直逼衬衫领扣，就显得过分张扬。

9. 鞋袜的搭配

穿西装必须穿皮鞋，黑色的皮鞋素雅大方，容易搭配，因此比较流行。皮鞋一般选择牛皮鞋和羊皮鞋，至于鹿皮鞋、磨砂皮鞋、翻毛皮鞋等大都属于休闲皮鞋，不适合在正式场合穿着。

男士在穿西装、皮鞋时所搭配的袜子，以深色和单色为宜，与西装同色系比较讨巧。最佳的做法是比西装稍深一些，使袜子在皮鞋与西装之间显示一种过渡。绝对不能穿白色袜子和色彩鲜艳的花袜子。

10. 公文包的搭配

公文包、皮鞋、皮带被称为“男士三宝”。这三种物件的颜色最好统一，而且首选黑色。男士所选择的公文包，以黑色、棕色的牛皮、羊皮制品为最佳。在款式上，手提式的长方形公文包，是最适宜的选择。

视野拓展

西方国家正式场合一定要穿西装吗？答案当然是否定的，它是主流，但已经不能占据所有场合。①

20 世纪 90 年代以来，在苹果公司创始人史蒂夫·乔布斯、微软公司创始人比尔·盖茨、Facebook 创始人马克·扎克伯格三位信息技术界巨头的引领下，着装随意风从美国硅谷刮到全世界。虽然美国男性时尚杂志《GQ》2011 年评出的硅谷 10 位最差着装男士中，三位巨头稳居三甲，但不可否认他们把整个信息技术行业的员工“从刻板的职业西装中解放出来”，并影响了几乎全世界。

社交场合着装选择，编者个人认为应该注意民族性、环境适应性和个体性。与非本民族人士交往，双方的民族服装是最容易引起注意或拉近心理距离的选择；到一家习惯于着装随意的公司进行客户拜访，西装革履恐怕不会有助于提高成功率；黑色高领毛衣、高腰牛仔裤、运动鞋是史蒂夫·乔布斯的标志，我们也可以遵循 TPO 三原则进行个性服饰选择。

推荐读者关注 2011 年 11 月 12 日《广州日报》（大洋网）B14 版《让硅谷从此不再“官仔骨骨”》（吕云）一文，体味三位信息界巨头带给我们服装上的变：http://gzdaily.dayoo.com/html/2011-11/12/content_1527498.htm

第四节　商务谈判交际礼仪

一、握手礼

商务握手礼是谈判交际中的一个重要部分，是一种沟通思想、交流感情、增进友谊的重要方式，通常是用来表示欢迎、欢送、见面、相会、告辞，表示祝贺、感谢、慰问，表示和好、合作时使用的礼节。

1. 握手的方式

正常情况下，必须站立握手，以示对他人的尊重、礼貌。握手时，距对方约一步远，上身稍向前倾，两足立正，伸出右手，四指并拢，虎口相交，拇指张开下滑，向受礼者握手。与人握手时神态应专注，目光注视对方，微笑致意，热情、友好、自然，不可心不在焉、左顾右盼。

① 本文由万国清编辑整理，原文见其博客：http://blog.sina.com.cn/s/blog_59d3962d0102vwbg.html。

补充阅读

平等而自然的握手姿态是两手的手掌都处于垂直状态。这是一种最普通也最稳妥的握手方式。如果掌心向下，会有显示傲视之嫌，而掌心向上，又有谦卑之态。在商务谈判中，与对方握手时，除了关系亲近的人可以长久地把手握在一起外，握手的时间以三至五秒为宜。握手时两手一碰就分开，时间过短，好像在走过场，又像是对对方怀有戒意。而时间过久，特别是拉住异性或初次见面者的手长久不放，显得有些虚情假意，甚至会被怀疑为“想占便宜”。用力大小也应适度，用力太猛太重，会把对方握疼，是非礼行为；太轻甚至漫不经心地用指端“蜻蜓点水”式地稍碰一下，这种无礼行为会让对方觉得你在敷衍、冷淡他。握手的力度，对男子可以稍重，对女子则应轻柔。

戴着手套握手是失礼行为。男士在握手前先脱下手套，摘下帽子，女士可以例外。在寒冷的冬天，户外相遇或者时间仓促来不及脱手套，在握手开始时，一般应先说一声：“对不起！”

2. 握手的顺序

握手讲究一定的顺序，谁先伸手也是必须注意的。在商务场合，握手时伸手的先后次序主要取决于职位、身份。而在社交、休闲场合，它主要取决于年龄、性别、婚否。握手的基本规则可以归纳如下。

（1）男女之间握手，男士要等女士先伸出手后才握手，如果女方没有握手的意思，男方可改用点头礼表示礼貌。

（2）宾客之间握手，主人有向客人先伸出手的义务，对到来的客人，不论男女、长幼，主人均应先伸出手去，表示热烈欢迎，女主人也应如此。

（3）长幼之间握手，年幼的一般要等年长的先伸手，和长辈及年长的人握手，不论男女，都要起立趋前握手，并要脱下手套，以示尊敬。

（4）上下级之间握手，下级要等上级先伸出手，但涉及主宾关系时，可不考虑上下级关系，做主任的应先伸手；若是一个人需要与多人握手，则握手时亦应讲究先后次序，由尊而卑，即先年长者后年幼者，先长辈而晚辈，先老师后学生，先女士后男士，先已婚者后未婚者，先上级后下级，先职位、身份高者后职位、身份低者。

应当强调的是，上述握手时的先后次序不必处处苛求于人。如果自己是尊者或长者、上级，而位卑者、年轻者或下级抢先伸手时，最得体的就是立即伸出自己的手，进行配合。而不要置之不理，使对方当场出丑。

3. 握手的禁忌

握手虽然司空见惯，看似寻常，但是由于它可被用来传递多种信息，我们在和外国人进行商务谈判时，行握手礼时应努力做到合乎规范，避免违犯下述失礼的禁忌。不要用左手相握，尤其是和阿拉伯人、印度人打交道时要牢记，因为在他们看来左手是不洁的；在和基督教信徒交往时，要避免两人握手时与另外两人相握的手形成交叉状，这种形状类似十字架，在他们眼里这是很不吉利的。

补充阅读

标准的握手姿势应该是，用手指稍稍用力握住对方的手掌，对方也用同样的姿势用手指稍稍用力回握，用力握手的时间在 1 ~ 3 秒，如果双方握手与标准姿势不符时，便有除问候、礼貌以外的附加意义。

（1）如果感觉对方手掌出汗，表示对方处于兴奋、紧张或情绪不稳定的心理状态。

（2）如果对方用力同我们握手，则表明此人具有好动、热情的性格，这类人往往做事喜欢主动。

（3）握手前先凝视对方片刻，再伸手相握，在某种程度上，这种人是想在心理上先战胜对方，将对方置于心理上的劣势地位。先注视对方片刻，意味着对对方的一个审视，观察对方是否值得自己去同其握手。

（4）掌心向上伸出与对方握手，往往表现其性格软弱，处于被动、劣势或受人支配的状态；如果是掌心向下伸出与对方握手，则表示想取得主动、优势或支配地位。

（5）用双手紧握对方一只手，并上下摆动，往往是表示热烈欢迎对方的到来，也表示真诚感谢，或有求于人，或肯定契约关系等含义。

二、介绍礼

介绍是商务谈判中最常见，也是最重要的礼节之一，它是初次见面的谈判双方开始交往的起点。

1. 介绍的基本规则

介绍应讲究次序，讲究礼貌。

在商务介绍的过程中，先将男士介绍给女士；把年轻者引见给年长者，以示对前辈、长者的尊敬，在介绍中应注意有时虽然男士年龄较大，但仍然是将男士介绍给女士；先将未婚女子介绍给已婚女子；在商务场合要先将职位低的介绍给地位高的；

向一个人介绍多个人时，则应当先高后低，先长后幼，先女后男等。在被介绍者双方地位、身份大致相似，或者难以确定时，应当是人数较少的一方礼让人数较多的一方，一个人礼让多数人，先介绍人数较少的一方或个人，后介绍人数较多的一方或多数人。若被介绍者的地位、身份之间存在明显差异，则地位、身份为尊的一方即使人数较少，甚至仅为一人，仍然应被置于尊贵的位置，最后加以介绍，而先介绍另一方人员。若被介绍双方皆不止一人，则可依照礼规，先介绍位卑的一方，后介绍位尊的一方。在介绍各方人员时，均需按照尊卑，依次进行。

2. 自我介绍

在商务谈判的不同场合，遇见对方不认识自己，而自己又有意与其认识，当场没有他人从中介绍，往往需要自我介绍。

自我介绍时，要及时、清楚地报出自己的姓名和身份。大方、自然地进行自我介绍，可以先面带微笑，温和地看着对方说声：“您好！”以引起对方的注意，然后报出自己的姓名身份，并简要表明结识对方的愿望或缘由。进行自我介绍一定要力求简洁，尽可能地节省时间，介绍总的以半分钟为佳。进行自我介绍，态度务必自然、友善、亲切、热诚。要充满信心和勇气，敢于正视对方的双眼，显得胸有成竹。介绍时语气要自然、语速要正常，语音要清晰，这对自我介绍的成功十分有好处。

视野拓展

自我介绍的注意事项

进行自我介绍时所表述的各项内容，一定要实事求是，真实可信。没有必要过分谦虚，一味贬低自己去讨好别人，但也不可自吹自擂，夸大其辞，在自我介绍时掺入水分，会得不偿失。最好事先了解一些有关对方的情况，以便迅速打开僵局，并进一步深谈下去。

《交际中自我介绍礼仪详解》可供课外学习参考：http://www.welcome.org.cn/richangliyi/2009-4-28/ziwojieshao.html

3. 他人介绍

他人介绍即社交中的第三者介绍。

在商务谈判的正式场合，内容以双方的姓名、单位、职务等为主。如果被介绍的人职务很多，不必一一都介绍出来，可以只介绍最高职务或者只介绍与之有关的职务。当介绍者有备而来，有意将某人举荐给某人时，通常会对前者的优点加以重点介绍。而在一般的社交场合，其内容往往只有双方姓名一项，甚至可以只提到双方姓氏为止。接下来，则由被介绍者见机行事。在进行他人介绍时，介绍者与被介绍者都要注意自己的表达、态度与反应。介绍者为被介绍者介绍之前，不仅要尽量征求一下被介绍双方的意见，而且在开始介绍时还应再打一下招呼，切勿上去开口即讲，显得突如其来，让被介绍者措手不及。而被介绍者在介绍者询问自己是否有意认识某人时，一般不应加以拒绝或扭扭捏捏，而应欣然表示接受。实在不愿意时，则应说缘由。

通常情况下，当介绍者介绍完毕后，被介绍双方应依照合乎礼仪的顺序进行握手，并且彼此问候对方。当别人介绍自己时，要从座位上起立，表示出很愿意认识对方的样子，主动把手伸过去与对方握手，说一声："你好！"如果对方是位女士，则应等对方伸出手来再去握手，她如不伸手，可以点头致意。别人向自己介绍时，应当主动热情地伸出手去，并说一声"欢迎、欢迎！幸会、幸会！"

即学即练

参考以下剧本，分小组（每组 5 人）排演介绍礼仪短剧。简单排演后小组之间相互观摩，相互点评。

A 公司造访 B 公司（B 公司人员在 B 公司门口迎接 A 公司一行人）。

王董：李董，您好，一路辛苦了！（主动伸手）

李董：王董好！（握手）

王董：这是我公司的苗经理。（作介绍手势）

李董：你好！（主动向苗经理伸手）

苗经理：李董好！（同李董握手）

王董：这是我们林主管。（作介绍手势）

李董：你好！（主动向林主管伸手）

林主管：李董好！（握手）

王董：李董，请进。（作引导势，其余人随后）这是我公司生产车间，请杨主管为您介绍一下。（手势示意杨主管）

杨主管：这是我们公司产品资料，请各位参考（将文件夹里的资料从高到低分，发给 A 公司人员，A 公司人员各自道谢）。请大家随我来，我公司产品以夹层钢化玻璃为主，夹层玻璃是用一种透明可黏合的塑料贴在二层和三层之间……

三、其他礼仪

在国内外交往中，还有一些重要的礼仪也必须注意。

1. 告辞

向他人提出告辞，应立即从座位上站起来，不能嘴上说走，却没有站起来的意思。同时，主人应诚心挽留，客人应表示让主人留步。当客人走出门时，应说些“请慢走”、“欢迎下次再来”之类的告辞话。切不可当客人刚一出门，就“砰”地一声把门关上。

2. 鞠躬礼

鞠躬礼一般是下级对上级、服务人员对宾客、初次见面的朋友之间以及欢送宾客时所施的礼节。在日本、韩国、朝鲜等国，鞠躬礼十分普遍。行礼时应脱帽立正，双目凝视受礼者，然后上身弯腰前倾。男士双手应贴放于身体两侧裤线处，女士的双手则应下垂搭放于腹前。动作不要太快，幅度要主随客便，通常认为下弯的幅度越大，所表示的敬重程度就越大。戴帽者行鞠躬礼时，必须先脱帽。受礼者若是长者、女士，还礼可不鞠躬，而用欠身、点头、微笑致意以示还礼外，其他应以鞠躬礼相还。

补充阅读

正确认识鞠躬的度数，从小到大为15°、45°、90°鞠躬。

15°一般是运用在一般的应酬场合，如问候、介绍、握手、让座等都可以用15°鞠躬礼；45°一般是下级给上级、学生给老师、晚辈给前辈、服务人员给来宾表示的敬意。90°属于最高的礼节，需慎重使用，要分场合、人物而定。

3. 合十礼

合十礼又称合掌礼，在东南亚、南亚信奉佛教的地区以及我国傣族聚居区，最为普遍。行合十礼时双掌十指在胸前相对合，五个手指并拢向上，掌尖和鼻尖基本持平，手掌向外侧倾斜，双腿立直站立，上身微欠低头，可以口颂祝词或问候对方，也可面带微笑，但不准手舞足蹈，反复点头。一般而论，行此礼时，合十的双手举的越高，越体现出对对方的尊重，但原则上不可高于额头。当对方用合十礼致礼时，也应以合十礼还礼。

4. 拥抱礼

在西方，特别是在欧美国家，拥抱礼是十分常见的见面礼与道别礼。在人们表示慰问、祝贺、欣喜时，拥抱礼也十分常用。正规的拥抱礼，讲究两人正面面对站立，各自举起右臂，将右手搭在对方左肩后面；左臂下垂，左手扶住对方右腰后侧。首先各向对方左侧拥抱，然后各向对方右侧拥抱，最后再一次各向对方左侧拥抱，一共拥抱 3 次。在普通场合行礼，不必如此讲究，次数也不必要求如此严格。

5. 亲吻礼

亲吻礼，也是西方国家常用的见面。有时它会与拥抱礼同时使用。行礼时，通常忌讳发出亲吻的声音，而且不应将唾液弄到对方脸上。在行礼时，双方关系不同，亲吻的部位也有所不同。长辈吻晚辈，应当吻额头；晚辈吻长辈，应当吻下颌或吻面颊；同辈之间，通行应当贴面颊，异性应当吻面颊。接吻，即吻嘴唇，仅限于夫妻与恋人之间，而不宜滥用，不宜当众进行。

6. 吻手礼

吻手礼，主要流行于欧美国家。它的做法是，男士行至已婚妇女面前，首先垂手立正致意，然后以右手或双手捧起女士的右手，俯首以自己微闭的嘴唇，去象征性地轻吻一下其手背或是手指。行吻手礼的地点，应在室内为佳。吻手礼的受礼者，只能是妇女，而且应是已婚妇女。此项礼节在英、法两国更受重视。

7. 拱手礼

拱手礼与其相似的礼仪称作揖，是中国古代开始的，相见、感谢、祝福时常用的一种礼节，海外华人、东南亚地区仍有此传统，进入 21 世纪拱手礼在国内使用也越来越多。

行礼时，双手互握合于胸前，当代男子一般右手握拳在内，左手在外；若为丧事行拱手礼，则正好相反。一说古人以左为敬，又有人在攻击别人时，通常用右手，所以拱手时，左手在外，以左示人，表示真诚与尊敬。当代女子行拱手礼与男子相反，这是套用男左女右的传统习惯。

拱手礼的正确做法是，行礼时，双腿站直，上身直立或微俯，左手在前、右手握拳在后，两手合抱于胸前，有节奏地晃动两三下，并微笑着说出问候。

即学即练

自行设定背景（如某商务谈判中，主方飞机场接机），参照本书介绍，分小组练习握手、介绍、告辞、鞠躬、拱手等常规交际礼仪，注意小组成员之间应相互提醒不符合常规礼仪之处。

本章小结

1. 商务谈判礼仪是人们在商务活动中应该遵循的礼仪原则和方法，是公司或企业的商务人员在商务活动中，为了塑造个人和组织的良好形象，给对方表示尊敬与友好的规范或程序。

2. 商务谈判礼仪是一般礼仪在商务活动中的运用与体现，包括待客、商业洽谈、推销、商业仪式、外事、文书、会议、谈判、迎送、公关礼仪等。

3. 举止是指人的姿态和风度，它是人们的在外观上可以明显地被觉察到的活动、动作，以及在活动、动作之中身体各部分所呈现出的姿态，包括人的站姿、坐姿、走姿、面部表情等。站姿是人最基本的姿态，也是其他姿态的基础，是我们日常生活中正式或非正式场合中第一个引人注视的姿态。手势是体态语中最丰富、最具有表现力的传播媒介，它在传递信息，表达意图和情感方面发挥着重要作用，在日常交际中被频繁使用。

4. 着装是商务人员在商务活动中替自己塑造和维护形象的基础，它不但体现着个人的文化修养、审美情趣、气质品位与工作态度，还会直接对其所在单位的整体形象造成影响。服装是一种无声的语言。握手是交际的一个部分，是一种沟通思想、交流感情、增进友谊的重要方式，通常是用来表示欢迎、欢送、见面、相会、告辞，表示祝贺、感谢、慰问，表示和好、合作时使用的礼节。

5. 介绍是社交活动最常见、也是最重要的礼节之一，它是初次见面的陌生的双方开始交往的起点。介绍在人与人之间起桥梁与沟通作用，几句话就可以缩短人与人之间的距离，为进一步交往开个好头。

综合训练

一、不定项选择题

1. 商务谈判中的着装原则包括（　　）等。

A. 和谐与适体原则　　B. 个性化原则
C. 整洁与整体原则　　D. TOP 原则

2. （　　）不是 TOP 原则。

A. 服饰的变化与场合相协调　　B. 服饰的变化与美丽相协调
C. 服饰的变化与地点相协调　　D. 服饰的变化与气质相协调

3. 在商务谈判中，对于肥胖女性，适合穿（　　）。

A. 连衣裙　　B. 百褶裙　　C. 西服裙　　D. 喇叭裙

4. 作正式礼服用的西装的颜色，应当首推（　　）色。

A. 黑色　　B. 灰色　　C. 棕色　　D. 藏蓝（青）色

5. 在正式的商务谈判场合中，一般不得使自己的领带颜色多于（　　）种。

A. 2　　B. 3　　C. 4　　D. 5

二、简答题

1. 谈判中的语言礼仪有哪些？
2. 行为举止礼仪对商务谈判人员有哪些要求？
3. 握手礼仪要注意哪些事项？
4. 见面时的礼节有何要求？

5. 称呼的礼节有何要求？

三、案例分析题

案例 1

根据以下案例，对商务人员的行为举止做简要评述。

1. A 公司招聘文秘人员，由于待遇优厚，应聘者很多。新闻系的应届毕业生小王前往面试，她的个人简介及背景材料做得很好：大学四年，在权威期刊上发表了众多文章，还为六家公司主持过周年庆典，一口英语表达也极为流利，书法也堪称佳作。面试时，招聘者拿着她的材料等她进来。小王戴着两个硕大的吊坠耳环，穿着迷你裙，穿着有点拉丝的丝袜，上身是露脐装，涂着鲜红的唇膏，轻盈地走到一位考官面前，不请自坐，随后跷起了二郎腿，笑眯眯地等着问话，孰料，三位招聘者互相交换了一下眼色，主考官说："王小姐，请回去等通知吧。"她喜形于色，拿起小包飞跑出门。

2. 杨小姐参加一场商务宴请，地点在西餐厅。杨小姐走进餐厅，就看到豪华而气派的装饰，而且整个餐厅很静，若有若无的音乐轻轻回荡，让王小姐心动，同时也不免紧张。宴请方早已来到她身边，带她走到了餐桌边，杨小姐伸手去拖餐椅，而侍从赶紧过来，帮她轻轻挪动椅子，杨小姐发现自己站在了椅子的右边，脸一下子就红了。接下来进餐的过程中，她牢记左叉右刀的原则，但是其实她是左撇子，而且第一次用，心里很紧张，更显得笨拙。整个进餐，王小姐觉得像是在受罪，令她苦不堪言。

3. 小李刚参加工作不久，公司举办了一次大型的产品发布会，邀请国内很多知名企业人士参加，小李被安排在接待工作岗位上。接待当天，小李早早地来到发布会场外，当等到来参加发布会的人时，他便开口说："您好！是来参加发布会的吗？您的单位及姓名，以便我们安排好就餐与住宿问题。"小李有条不紊地做好了记录。后来在会场，小李帮客人引路，小李一直谨慎细微，虽然自己一向走路很快，但是有意放慢步伐，注意与客人的距离不能太远，一路带着客人，电梯上下，小李也是走在前面，做好带路工作。原本心想很简单的事情，却几次被上司批评。

案例 2

小张是一家物流公司的业务员，口头表达能力不错，对公司的业务流程很熟悉，对公司的产品及服务的介绍也很得体，给人感觉朴实又勤快。小张在业务人员中学历是最高的，可是他的业绩总是上不去，他非常着急，却不知道问题出在哪里。小张有着大大咧咧的性格，不修边幅，头发经常是乱蓬蓬的，双手指甲长长的也不修剪，身上的白衬衣常常皱巴巴的并且已经变色，他喜欢吃大饼卷大葱，吃完后却不知道去除异味。小张的大大咧咧能被生活中的朋友所包容，但在工作中常常过不了与客户接洽的第一关。其实小张的这种形象在与客户接触的第一时间已经给人留下不好的印象，让人觉得他是一个对工作不认真，没有责任感的人，通常很难有机会和客户作进一步的交往，更不用说成功地承接业务了。

问题：以上案例中哪些行为不符合商务礼仪。

四、模拟商务谈判实践

接第七章模拟商务谈判实践。

（1）根据本章所学，小组全面分析、讨论之前模拟商务谈判中团队成员"失礼"之处，商讨改进办法。

（2）双方重新布置会场，模拟接待过程。

第九章　商务谈判风格

学习目标

1. 掌握国际商务谈判的文化差异。
2. 掌握美国人、日本人、韩国人的一般谈判风格。

关键概念

文化差异　谈判风格

由于世界各国的历史传统、政治制度、经济状况、文化背景、风俗习惯以及价值观念之间存在明显差异，各国谈判者在商务谈判中都会形成不同的谈判风格。一个合格的谈判者只有熟悉各国文化的差异，了解不同国家、不同地区、不同民族的谈判风格，把握对方的价值观、思维方式、行为方式和心理特征，并巧妙地加以利用，采取灵活的谈判方式，才能掌握谈判的主动权，取得预期的谈判成效。

第一节　国际商务谈判与文化差异

文化差异是客观存在的，每一种文化都确立了一种世界观，一种与众不同的思想和价值观。国际商务谈判是一种复杂的跨国性、跨文化的经济活动，这种不同思维方式及行为方式的谈判比单一的文化环境下的谈判具有更大的挑战性。因此，我们必须关注并重视文化差异，求同存异，寻找双方文化的共同点，尊重对方独特的文化习俗，更好地推动商务活动的开展。

一、国际商务谈判与文化的关系

国际商务谈判，是相对于国内商务谈判而言的，指不同国家的当事人，为了实现自己经济上的需要，通过信息交流与磋商，对双方在经济往来中的权利与义务进行界定与约束的行为。

文化是某一群体总体的价值观和态度的总和。文化的内容极其广泛，包含语言、宗教、价值取向、礼节风俗、教育等各个方面。文化具有一定的独特性，不同群体具有不同的文化；文化也具有一定的民族性，不同的国家和民族，也具有不同的文化。国际商务谈判涉及不同国家之间的谈判行为，而不同国家和民族又具有不同的文化背景。因此，国家商务谈判与文化具有密不可分的关系。

二、国际商务谈判中的文化差异

当今世界上有一百多个不同的国家，他们在各自的发展过程中形成了独特的文化，加之政治制度的差异，各国形成了巨大的文化差异，如着装习惯、手势姿态、饮食习惯、行为举止、社会地位等各国是不同的。下面结合国际商务谈判，对文化差异进行总结。

1. 风俗习惯的差异

国际商务活动会受到各个国家和民族的风俗习惯的影响。德国人有穿礼服的习惯，而且手不会放到口袋里，德国人认为手放在自已口袋里是不礼貌的、粗鲁的；德国人还有守时的习惯，对方迟到，德国人一般会不高兴；德国人没有见面握手的习惯，见面握手会令他们惶恐不安。阿拉伯人有邀请对方喝咖啡的习惯，客人拒绝喝咖啡是非常失礼的行为。洗蒸气浴是芬兰人的习惯，一般在交易达成后，芬兰人会举行一个宴会并请对方洗蒸气浴，表示对客人的欢迎和感谢。南美洲有穿深色衣服的习惯，同时与人谈判时距离会比较近，表示出亲热，甚至会把嘴凑到对方的耳边。在与法国人的谈判中，持工作餐或者是游览风景名胜对达成协议大有好处。此外，法国人还会称赞厨师的手艺。西班牙、南美一些国家，有敞门办公的习惯，但也会被邀请到外面等候。在国际商务谈判中，对谈判方的文化和风俗习惯了解越多，在业务谈判中就会更得心应手。

2. 时间观念上的差异

不同的文化往往表现出不同的时间观念。爱德华·霍尔把时间观分为直线型时间观和循环型时间观。直线型时间观的人，时间观念比较强，在特定的时间里集中精力做好一件事。在这种时间观里，时间是线性的、连续的，时间可以被分成若干个时间段，具体化为日程安排。在这种时间观里，日程是重要的，甚至是无法变更的，一个时间段只能做一件事。直线型时间观在美国文化中影响巨大。美国人相当重视日程安排，往往将任务分解为一系列的小任务，而且喜欢按照顺序完成工作。这种思想根植于美国的文化中，使得这种工作方法较有效率，但也让很多美国人感觉到很大的压力。循环型时间观，与直线型时间观正好相反，强调“一时多用”，人们往往会通盘考虑整个过程，有比较宽松的时间表，日程安排在循环型时间观里并不那么重要，也不存在明显的次序之分。中国的时间观属于循环型时间观，往往用长远的眼光看待问题，综合考虑议题的重要性，全面了解议题的方方面面，不将整个谈判过程分割成一个个单独的议题来处理。对中国人来讲，一般不会严格遵守时间安排，而是从整体上出发，只要能达到良好的效果就不会太关注时间。

3. 人际关系的差异

在对人际关系的重视程度上，各个国家之间存在巨大的差异，分为人际关系型的文化和非人际关系型的文化。人际关系型文化指在人际交往和商务谈判中，非常重视人际关系的作用。法国人非常注重人情味，非常重视人际关系。在与法国人谈判时，如果只谈生意，会被认为是枯燥乏味的。日本人对社会地位和等级观念非常看重，在与日本人谈判中，提前搞清楚其谈判人员的级别至关重要。德国人非常看重自己的头衔，因此在谈判中对有头衔的谈判者直呼其头衔会被认为是尊重对方。中国也是一个非常重视人际关系和社会地位的国家。由于长期受儒家文化的影响，中国人看重人脉关系和上下尊卑关系，人际关系在中国的商务谈判中备受重视。一般而言，中国人不赞成纯碎的商业活动，往往会在谈判的场外工夫上花大力气，会在非正式的场合努力去了解自己的生意伙伴，中国人只有在与对方相处融洽彼此信任时，才会与对方做生意。

非人际关系型文化不看重人际关系在商务谈判中的作用，美国是这类国家的典型。美国人在商务谈判中，谋求的是眼前利益，而非长期的合作关系。在美国人眼里，一笔生意的谈成意味着与对方关系画上句号，因此他们追求的是利益最大化，崇尚的是时间就是金钱，在美国文化里，他们往往对事不对人，不注重搞人际关系。

4. 语言及非语言交流方式的差异

在语言及非语言交流方式上，有高语境文化和低语境文化之分。在高语境文化中，人们的语言沟通方式一般是间接的、含蓄的，除了语言交流外，还会采用非语言的交流方式，如体态、外貌、眼神、语调、距离等来表达。在低语境文化中，人们喜欢采用直接、明确的方式来表达自己的观点，倾向于将完整、全面的思想用语言表达给对方。美国、德国是典型的低语境文化国家。美国倾向于用明确、具体的语言来表达思想，直接陈述，说话力求清晰，不模棱两可。而中国是典型的高语境文化国，不仅用语含蓄，而且字里行间常有言外之意，会用眼神、体态等非语言方式来配合进行沟通。

案例阅读与分析 9.1

一个典型的例子充分说明了高语境文化国家和低语境文化国家的差别。一个美国人经过长途跋涉到北京旅游，到机场后，接待人员不停地询问：“您一定很累了吧？”美国人回答：“累，我以前从来没有在飞机和候机室呆过这么长时间，我的腿都不听使唤了。”而一个中国人被问到同样的问题时则回答：“还可以，还不错。”其实，漫长的旅途，中国人也已经很累了。

5. 思维方式的差异

中西方在处理问题的时候，思维方式存在很大的差异。中国人通常从伦理道德方面考虑问题，而西方人则会用抽象思维方式，较多地从法律角度考虑问题。此外，西方国家比较崇尚个人主义；而东方国家一般倾向于集体主义，在一个组织中大家都要以集体利益为重，要服从组织的决定，一般比较重视组织的权威，在一个组织中一般由组织中的领导者拍板做决定。

6. 价值观的差异

不同的国家和地区的价值观、立场和经历各不相同，美国人在谈判期间更愿意将他们的讨论集中在工作上，而不是集中在个人上；在拉丁美洲和中东，与谈判人员在会谈工作前，彼此熟识起来是很重要的。而他们所谈论的内容往往是体育文化活动、个人爱好、公司的历史等来联络私人感情，这对于进一步谈判也是很重要的。

7. 礼仪的差异

礼仪是在人际交往中表现出来的一种相互尊重的行为，中国自古以来就是礼仪之邦，最常见的表现就是饭局和观光等活动，希望通过饭局和观光等活动来建立一种和谐融洽的人际关系；而美国人则个性比较开朗，不拘小节。不同国家礼仪的差异对商务谈判也有着很大的影响，了解各国的礼仪差异，可以更好地完成商务之间的谈判。

三、国际商务谈判中应对文化差异的对策

国际商务谈判涉及面广，首先要充分了解各国的文化差异，正确地对待文化差异。作为一名商务谈判人员，必须具备广泛的世界文化背景知识，充分了解不同国家、地区间存在的差异。在国际商务活动中，无论谈判双方有着怎样不同的背景，最终的目的都是为了达到共赢，因此在谈判过程中不应该局限于如何缩小语言的差异而在理解上可能存在的误差或矛盾，而应考虑到不同文化的因素，从而提高谈判成功的可能性。具体对策有以下几个方面。

1. 树立文化差异的意识

既然文化差异在国际商务谈判中客观存在，我们就应该客观看待文化差异现象，树立文化差异的意识。树立文化差异意识，要做好以下几点。

第一，正视文化差异现象，从心理上客观看待文化差异现象。

第二，坚持求同存异原则，我们要承认文化的差异，采取积极的接受态度，寻找与对方文化的相同点，增进互信，确保谈判的顺利进行。

第三，提高对文化差异的适应能力。在与对方的谈判中，要学会适应出现的文化差异，并且要利用文化差异为自己服务，超越文化差异，实现谈判的目的

2. 做好谈判前的准备工作

俗话说：“知己知彼，百战不殆。”在国际商务谈判中，为了能够“知己知彼”，需要做好一系列的准备工作。

在谈判前，要全面了解竞争对手的期望，并且要掌握对手的民族习性、风俗习惯、语言状况、实际决策者等。具体来说，包括以下事项：对谈判背景的了解，如谈判的时间、地点、场地布置、参会人数等信息；对谈判中需要核实的信息的整理；对谈判过程的估计；对议事日程和备选方案的准备。所有这些准备工作，都需要考虑到谈判双方的文化差异，并采取应对之策。

3. 换位思考，尊重对方的文化

换位思考，要求谈判中能从对方的思维模式出发，站在对方的立场和角度思考问题，尊重对方的文化和生活习俗，自觉迎合对方的文化习俗，促进谈判工作的顺利进行。

首先，必须克服主观的思维模式，改掉“以己度人”的通病。在谈判中，克服主观的思维模式，才能与对方愉悦的沟通，避免弄巧成拙，促进和谐谈判的进程。

其次，从细节出发，尊重对方的文化习俗。细节决定成败，在谈判中在谈判中关注细节，

是谈判人员必备的素质。通过对对方文化习俗的了解和把握，在细节上下功夫，充分尊重对方文化习俗的一点一滴，不仅会确保谈判顺利进行，还能得到对方的尊重，加大相互信任，促进长期合作。

案例阅读与分析 9.2

一次，某公司要与美国某跨国公司就开发高新产品问题进行谈判，公司将接待安排的重任交给王先生负责。王先生为此也做了大量的、细致的准备工作。经过几轮艰苦的谈判，双方终于达成协议。可就在正式签约的时候，美方代表团一进入签字厅就拂袖而去，是什么原因呢？

原来在布置签字厅时，王先生错将美国国旗放在签字桌的左侧。项目告吹，王先生也因此被调离岗位。中国传统的礼宾位次是以左为上，右为下，而在美国，座次位序是以右为上，左为下。在涉外谈判时，应按照国际通行的惯例来做，否则，哪怕是一个细节的疏忽，也会导致功亏一篑、前功尽弃。

第二节　各个国家和地区的谈判风格

不同的国家有不同的谈判风格，各个国家内部有不同的民族，不同的民族又着不同的文化习俗，我们在学习不同国家和地区的谈判风格时，也要特别注意一个国家内部不同民族的谈判风格，下面从整体上结合国际商务谈判的文化差异，对美国、日本、韩国等国家的谈判风格进行简单介绍。

一、美国人的谈判风格

美国是中国的最大贸易伙伴之一，美国人也是我们在商务谈判中的常见对手，和美国人打交道将会是家常便饭。和美国人进行商务谈判时，我们要注意对方的以下几个特点：①自信心强，自我感觉良好；②热情坦率，性格外向；③重视效率，速战速决；④信守合同，法律观念强。

视野拓展

读者可通过中央电视台 2015 年纪录片《与全世界做生意·第 1 集 去远方》12 分 51 秒~17 分 50 秒李昌宪与美国人保罗的合作故事，体会纪录片中美国人的风格是否符合正文所述：http://tv.cntv.cn/video/VSET100229673988/68b8a8f08ab547d8868b5ac7e6e0b045

二、日本人的谈判风格

日本也是中国的主要贸易伙伴，他们深受中国传统文化的影响，儒家思想道德意识已深深地沉淀于日本人内心的深处，并在他们的行为方式上处处体现出来。日本人慎重、礼貌、耐心、自信，他们也讲究礼节，重视商品的质量。当谈判对手为日本人时，要注意他们的以下几个特点：①信任是合作的前提；②注重交际礼仪；③重视“面子”；④耐心是成功的保证；⑤善于使用金钱。

补充阅读

中日对礼仪的理解不同[①]

中国和日本同属东方世界，都享有礼仪之邦的美誉，但随着历史和社会的发展，对礼仪的理解大相径庭。中国企业的谈判队伍往往热情款待对方，招待周全，但谈判人员在个人礼仪上较为随意，常常忽略细致的工作，这虽然难于理解，却是客观存在的事实。

有次企业间的技术合作谈判，当日方人员穿着深色西服，在社长的带领下鱼贯而入会议室时，受到中方人员的热情欢迎，但中方代表除了总经理和翻译穿正装外，谈判队伍中的技术人员和工程师还穿着夹克衫和工作服，谈判无果而终。究其原因，就是日方觉得没有受到应有的尊重。

作为世界上公认的最难对付的谈判对手的日本商人，他们的礼仪可谓烦琐，如一丝不苟的鞠躬动作非常标准，似乎与快节奏的现代化经济活动不相协调。但标准的动作和烦琐的礼仪透露出认真负责的态度，他们希望以此传递重视和尊重对手的信息，至少看起来是这样。同样，如果对方没有做出适当的礼仪加以回应，日本商人会觉得没有受到应有的尊重，由此影响谈判的进程。

视野拓展

读者可通过中央电视台2015年纪录片《与全世界做生意·第6集 看不见的博弈》13分41秒~24分34秒青青树工作室到访日本动漫界的故事，体会纪录片中日本人的风格是否符合正文所述：http://tv.cntv.cn/video/VSET100229673988/419d14a3b22f41e088f3b9f188f2a58b

三、韩国人的谈判风格

韩国人注重谈判礼仪和创造良好的氛围，谈判前重视咨询和准备工作；注重技巧，韩国商人逻辑性强，做事喜欢条理。所以，在谈判开始后，他们往往是与对方商谈谈判主要议题。而谈判的主要议题虽然每次各有不同，但一般包括下列五个方面的内容，即阐明各自意图、叫价、讨价还价、协商、签订合同。

补充阅读

中国与韩国传统家庭餐桌上的差异[②]

在中国传统家庭餐桌一般是荤素搭配，讲究营养均衡，不太注重色香味全面发展，吃饭也就一人一碗一双筷子，对菜也没有太多的要求，合胃口就可以了，但每个地区的喜好都不同。

韩国虽以大米为主食，但是根据谷物种类，米饭分为大米饭、小米饭、玉米饭、大麦饭等，另外还有其他谷物作为副食。泡菜在韩国也是一种标志，是餐桌上不可缺少的一部分，他们泡菜的制作程序相对于中国来说也较复杂，并且要求也很严格，再加上他们自身的宣传，也不奇怪韩国泡菜比中国的出名。在整个韩国地区的餐桌上，汤类在韩国是一种重要的副食。

① 本资料整理自华东师范大学2009年戴磊硕士论文《论文化差异对中日商务谈判的影》一文。

② 本资料节选自《大家》2012年第5期《跨文化视阈下中韩餐桌礼仪文化的比较研究》（舒畅）一文。

四、德国人的谈判风格

德国人自信，保守，刻板，严谨，办事富有计划性，工作注重效率，追求完美。德国商人严谨保守的特点使他们在谈判前就往往准备得十分充分周到，这样，他们立足于坚实的基础之上，就处于十分有利的境地。德国人素以严肃认真著称，如宝马车的制造程序，每一步都要求精益求精，不允许有任何纰漏。所以面对这样的对手也要求我们的谈判人员做出更加精细的准备工作，以能够应付德国人强大的攻势。在同德国人进行商务谈判时，应注意对手的以下几个特点：①重视技术标准；②时间观念强，讲究效率；③准备充分，不愿冒险；④诚实守信，重视合同。

视野拓展

中央电视台 2015 年纪录片《与全世界做生意 · 第 7 集 未来的利润》14 分 13 秒—23 分 59 秒为江西婺源茶叶出口欧洲的故事，其中涉及对德国代理商的评价，可从中体会纪录片中德国人的风格是否符合正文所述，讨论我们的谈判对手是德国人时应该注意的问题：http://tv.cntv.cn/video/VSET100229673988/054d894000c34d10a22dddd5da40f277

视野拓展

印度、巴西、俄罗斯、南非和我国并称为金砖五国，他们是我国对外经济交往避不开市场，但相对欧美发达国家我们熟悉程度并不高。推荐读者业余时间观看 2012 年中央电视台 9 集纪录片《金砖之国》，体会、总结、讨论与这四个国家进行商务谈判时应注意的事项：http://jishi.cntv.cn/2012/12/10/VIDA1355150418365963.shtml

五、英国人的谈判风格

英国人不像美国人那样，他们对准备工作做的不是很充分，但有自己的特点：讲礼仪，友好，善于交往，并使人感到愉快。同英国人谈生意有三忌：一是不要佩戴有条纹的领带，二是不要以英国皇室的私事作为话题，三是不要直称他们是英国人，要说“大不列颠人”，这样会使他们非常高兴。在和英国人进行商务谈判时，要注意对手的以下几点：①自信持重；②注重礼仪；③不冒风险；④缺乏灵活性；⑤重合同，守信用。

郑重提醒读者：本节简要介绍几个国家的谈判风格，但是你的真正谈判对手是一个人或几个人，他们身上会有自己国家、民族、信仰的印迹，但更会有自己独特的个性。编者编写本节的目的是使读者对主要国家的商务谈判风格有简单了解，但绝不是说你谈判遇到的德国人一定是保守、刻板、严谨，遇到的美国人一定是热情坦率、性格外向。

具体谈判中更要注意谈判对手的个性特点，这一点在本书第六章曾简单提及。

本章小结

1. 文化有一定的民族性，不同的国家和民族，也具有不同的文化。国际商务谈判涉及不同国家之间的谈判行为，而不同国家和民族又具有不同的文化背景。因此，国家商务谈判与文化具有密个可分的关系。

2. 美国国人崇尚个人主义，推崇自由与平等，讲究实际，注重利益。受其文化观念的影响而形成了独特的谈判风格自信心强，自我感觉良好；热情坦率，性格外向；重视效率，速战速决；信守合同，法律观念强。

3. 日本文化深受中华民族文化的影响，但又不同于中华民族文化，具有鲜明特点。其一是文化与人格的双重性；其二是等级森严，礼仪繁多；其三是群体意识强，集体决策。其谈判风格为信任是合作的前提；注重交际礼仪；重视“面子”；耐心是成功的保证；善于使用金钱。

4. 韩国人谈判前准备充分，重视谈判礼仪，注重谈判技巧。东南亚国家众多，因国别的不同而形成了不同的谈判风格。

5. 德国人自信，保守，刻板，严谨，办事富有计划性，工作注重效率，追求完美。德国商人严谨保守的特点使他们在谈判前就往往准备得十分充分、周到，这样，他们立足于坚实的基础之上，就处于十分有利的境地。

综合训练

一、不定项选择题

1. 国际商务谈判中应对文化差异的对策不包括（　　）。

A. 排斥其他文化　　B. 换位思考，尊重对方的文化

C. 做好谈判前的准备工作　　D. 树立文化差异的意识

2. 一般情况下，（　　）不是美国人的谈判风格。

A. 热情坦率，性格外向　　B. 重视效率，速战速决

C. 乡土观念强　　D. 自信心强，自我感觉良好

3. 相对其他国家，德国人在谈判时更加（　　）。

A. 重视技术标准　　B. 时间观念强，讲究效率

C. 准备充分，不愿冒险　　D. 诚实守信，重视合同

二、名词解释

文化差异　谈判风格

三、简答题

1. 国际商务谈判中的文化差异表现在哪些方面？

2. 如何应对国际商务谈判中的文化差异？

四、论述题

1. 中西方谈判风格有何区别？

2. 我国少数民族众多，试举例分析我国不同民族成分在商务谈判中的差异。

五、案例分析题

某中国公司与阿拉伯某公司谈判出口纺织品的合同，中方向阿方提供了规定的纺织品的报价条件，阿方说需要研究，约定次日早 8:30 到某饭店咖啡厅谈判。8:20 中方小组到了阿方指定的饭店咖啡厅，等到 9:00 还未见阿方人影，咖啡已喝了好几杯，这时中方有人说走，有人抱怨太过分。组长说："既然按约到此，就等下去吧"，一直等到 9:30，阿方代表才不紧不慢地到来，一见中方人员就高兴地握手致敬，但未讲一句道歉的话。

在咖啡厅双方谈了一个钟头，没有结果，阿方要求中方降价。组长让翻译告诉对方：按约定 8:30 来此地，我们已等了一个钟头，桌上咖啡杯的数量可以作证，说明诚心与对方做生意，报价不虚。对方笑了笑说："我昨天睡得太晚了，谈判条件仍难以接受"，中方建议双方认真考虑后再谈。阿方沉思了一下，提出下午 3:30 到他家里谈。

下午 3:30 中方小组准时到达他家，并带了几件高档丝绸衣料作礼品，在对方西式的客厅坐下后，他招来他的三个妻子与客人见面，说："这是从中国来的贵客"，三个妻子年岁不等，脸上没有平日阿拉伯妇女带的面罩。中方组长让翻译表示问候，并送上事先准备好的礼品，三位妻子很高兴。见过面后，就退下去了。

这时，阿方代表说："我让她们见你们，是把你们当朋友。不过，你们别见怪。我知道在中国是一夫一妻制，但按穆斯林的规定我还有权再娶一个，等我赚了钱再说。"中方人员趁机祝愿他早日如愿，并借此氛围把新的价格条件告诉他。对方很高兴地说："中方说研究就拿出了新方案"，于是，他也顺口讲出了自己的条件。中方一听该条件虽与自己的新方案仍有距离，但已进入成交线。

翻译看着组长，组长很自然地说："贵方也很讲信用，研究了新方案，但看来双方还有差距。怎么办呢？我有个建议，既然到了您的家里，我们也不好意思只让你让步，我们双方一起让步如何？"阿方看了中方组长一眼，说道："可以考虑，但价格外的其他条件呢？"中方说："我们可以先清理再谈价。"于是双方又把合同的其他条件、产品规格、交货日期、合同文本等清理了一遍。阿方代表说："好吧，我们折中让步吧，将刚才贵方的价格与我的价格进行折中成交。"中方说："贵方的折中是个很好的建议，不过该条件对我方还是过高些，我建议将我方刚才的价与贵方同意折中后的价进行折中，再以此价成交。"该代表对中方的建议表示接受，笑着说："贵方真能讨价还价，看在贵方昨天等我一个小时的诚意上，我们成交吧！"于是，他伸出手来握住了中方组长的手。

请问：本案例反映了阿拉伯商人有哪些谈判特点？在阿拉伯商人迟到的问题上中方的策略有什么效果？

六、模拟商务谈判实践

接第八章模拟商务谈判实践，互为对手的小组合作，完成以下实训任务。

（1）通过互联网或其他渠道共同查询日本人的商务谈判风格。

（2）分析松下（三洋）扮演方与资料中日本谈判对手的差距。

（3）共同讨论如何尊重对方的文化差异和应对策略。

第十章　商务合同的签订

学习目标

1. 了解商务合同的含义和作用。
2. 了解影响商务合同签订的影响因素。
3. 了解商务合同的各种式样。
4. 掌握商务合同签订的注意事项。

关键概念

合同

合同是商务谈判后期的重要环节，是在双方达成一致意见后的产物，在签订合同时，必须对合同的内容进行认真推敲，本章将对合同的基础知识进行简单介绍，在本书附录及配套电子资料中提供一部分范本供读者学习中参考。

第一节　商务合同概述

合同是我们社会生活中非常重要的部分，你可能没意识到自己每天达成了多少合同协议。从广义上说，合同就是一个简单的协议，确立了数个当事人之间的关系。例如，一对新人交换结婚誓言，等于达成了婚姻合同；两个人有了孩子，等于达成了抚育孩子的合同；消费者选购了商品，等于达成了购买特定数量商品的合同。简单来说，商务合同就是一个协议，是数个当事人出于贸易的目的签订的协议。

一、商务合同的作用

1. 力量的平衡

合同的实质就是利益相左的合同双方实现相互理解。在多数合同中，一方比另一方占有更多的优势。举个例子，大型的销售公司有能力坚持对自己非常有利的合同条款，而不考虑这些条款限制了单个消费者的权利，这个公司会给消费者提供标准格式的销售合同，没有可协商的部分，消费者要么接受，要么放弃。

（1）合同起草方。合同当事人之间的力量天平往往会偏向合同的起草方。即使合同的核心条款经过双方商议已达成一致，但是通常合同起草方还是会增加更加有利于自身利益的合同条款。例如，如果由卖方起草货物销售合同，卖方会在合同中列入相关贸易条款，规定将货物损失风险在第一可能时间转嫁给买方。

（2）熟悉书面合同的是当事人。贸易合同当事人之间的力量的天平会偏向跨国交易中最熟悉书面合同的那方，偏向母国拥有更发达的强制执行体系的那方。在合同中占有优势的一方会坚持采用在其国内普遍适用的合同条款，而合同的一方对这些条款几乎或者完全不了解，只能在劝说下勉强同意。例如，在美国，合同中通常包含一条“以时间为本”。如果合同中包含了这样的条款，没有在规定的时间内成功完成履行合同商务一方就构成重大违约，赋予合同另一方索赔或者补偿的权利。

（3）单方强制执行。在通过法律途径强制执行合同条款的条件下，合同当事人之间的力量天平则将偏离合同谈判的优势方。法院和仲裁机构经常拒绝执行那些不公平或者无理加重合同一方责任的条款。另外，考虑到合同起草方有机会将合同写得清晰、明确以利于自身利益，因此，法院和仲裁机构针对这一情形还会对合同条文进行详细解释。

2. 规定合同各方的权利和义务

在任何一个合同中，都必须清楚地设置各方的权利和义务，这非常重要。如果有关权利和义务的条款缺失或者模棱两可，那么除非先进行修改，否则合同当事人可能将无法履行合同。而且，这会导致无法预测合同被强制执行的结果，因为法庭必须根据自己对双方意图的理解来解释合同条款。

一般情况下，当商务合同由来自同一国家的当事人双方订立，合同双方可能会按照他们熟悉的本地法律和惯例订立合同，合同缺失或者不明确条款可由当地法律或者惯例补充。如果合同当事人来自不同国家，那么他们遵循不同的法律体制，无疑也会使用不同的商业惯例，因而他们的真实意图不容易被察觉。正因为如此，在商务合同的条款中注明合同双方的权利和义务是至关重要的。

3. 强制执行的依据

随着国内环境的变化，合同的强制执行的复杂度增加了。当地法律和惯例通常要求合同方有必要的证据来证明合同条款，在一个国家可能口头表示就足够了，而在另一个国家可能要求用书面甚至经过公证的协议作为证据。大部分法院将某些合同以书面形式确立为可强制实施，比较典型的是，总价超过法律规定数额的货物合同必须注明可强制实施，不动产销售和租赁合同也必须写明可强制执行。虽然也可以口头订立这种合同，而且可以自愿完成合同条款的履行，但是如果出现纠纷，双方的合同权利仍然可以得到强制执行。

二、影响商务合同签订的因素

1. 政治作用

政治事件对国家经济具有重要的影响，政治稳定性对一个国家的市场而言是压倒一切的因素，一个稳定的政府就是一笔巨大的财富。一些人认为在国家私有贸易商务事务中政治家应当几乎不起规制作用，但是双方国家的力量如此紧紧缠绕在一起，政治影响毫无疑问是其中重要的因素。

贸易在一国经济中扮演重要角色，即贯穿历史的始终，政府一直在使用直接或间接贸易壁垒来迫使他国或他国政策做出相应改变。在现实的国家贸易中，一国经常使用贸易制裁来影响他国国内政策或惯例，也用以抗议某国对其他国家的侵略行为。作为一个贸易商，必须时刻的关注政治潮流，一个地区是否稳定，预示着是否能建立长期的合作关系。

2. 管制法律

了解法律是你自己的责任，缺少知识并不能成为刑事指控、处罚程序或者民事诉讼中的辩护理由。知晓并理解法律的含义以及本国和外国的贸易界限这是至关重要的事情。

因为竞争带来的压力，各国正在加入到全球化趋势中，因此，对进口、出口和货物销售进行规制的法律正在源源不断的出现，众多国家和地区正从发达国家的法律中得到启示，新的和修订后的法律正在被引入到世界各地。为了在世界经济中竞争获胜，大部分国家已经意识到，在努力保护本国国民权利的同时，必须向国内贸易商和外国贸易商提供良好的商业导向环境。你应该意识到，无论在哪里从事商业交易或者计划从事商业交易，现存的法律和规章制度管理进口、出口、反托拉斯、消费者保护、知识产权和环境问题，必须时刻关注这些法律和规章制度的变化。

3. 互联网问题

随着互联网的快速发展，当今时代，与贸易而言，是一个划时代的变化，有的合同甚至只需要一份邮件、一个电话或者一份传真就能搞定，但是，互联网上的贸易商们必须了解其中的陷阱。通过电子方式传递信息，一直存在安全性问题，在使用互联网传递秘密信息时，你应该确定对信息进行加密，互联网是一个公共领域，如果你将自己的知识产权——商标、著作权、专利材料或者设计等——放在互联网上，那么应该首先确保其受到保护，免受侵权，这些都需要贸易商正确使用互联网和了解相关的法律法规。

案例阅读与分析 10.1

商务谈判合同式样

下面以销售合同为例，简单地呈现商务谈判的合同式样，更多合同样式见本书配套学习资料。

销售合同的基本内容包含了商务谈判合同的商定内容，其中涉及包装、运输、保险、价格条款、贸易术语、港口、单据等各方面，这些谈判条款必须认真对待，因为任何细节的问题都可能影响合同的履行，带来贸易损失。

销货合同

SALES CONTRACT

CHINA MACHINERY IMPORT & EXPORT CORPORATION

合同编号：_______________ 签订日期：_______________ 签订地点：___________

Contract No.: Date: Signed at:

经买卖双方确认根据下列条款订立本合同：

The undersigned Sellers and Buyers have confirmed this contract is accordance with the terms and conditions stipulated below:

1.商品名称及规格 Name of Commodity & Specification Volume: (mm) (mm) Biggest process length: (mm)	2.数量 Quantity	3.单价 Unit Price	4.总金额 Amount

5.总值（大写）：_________________

Total Value (in words):

6.溢短装条款：_________________

More or less clause:

7.成交价格术语：_______________

Terms:

8.包装：采用新的木箱/纸箱包装，适于海运、防潮、防湿、防震、防锈、耐粗暴搬运。由于包装不良或卖方采取的防护措施不善所造成的锈、损，由卖方负责。卖方必须负担由此造成的一切损失和费用。

Packing: To be packed in new strong case/carton suitable for long distance ocean transportation and well protected against dampness, moisture, shock, rust and rough handling. The seller shall be liable for any rust, damage and loss attributable to inadequate or improper protective measures taken by seller in regard to the packing, and all losses and/or expenses incurred there in shall be borne by the seller.

9.运输唛头：__________

Shipping Mark:

10.运输起讫：由 ______（装运港）到______（目的港）。

Shipment from (Port of Shipment) to (Port of Destination).

11.转运：_____________ 分批：____________

Transshipment: ________ Partial shipment: _________

运输时间：在收到不可撤销即期信用证后的__天之内。

Shipment Time: WITHIN__DAYS AFTER RECEIPT OF IRREVOCABLE SIGHT L/C.

12.保险：由卖方按发票金额的__投保__，加保__从__到__。

Insurance: To be covered by the__for__% of the invoice value covering additional__from__.

13.付款：买方须于____年__月__日前开出本批交易的信用证（或通知售方进口许可证号码），否则，售方有权不经过通知取消本确认书，接受卖方对本条约未执行的全部或一部分，或对因此遭受的损失提出索赔。

Payment: The buyers shall establish the covering Letter of Credit (or notify the Import License Number) before, falling which the Seller reserves the right to rescind without further notice, or to accept whole or any part of this Sales Confirmation non-fulfilled by the Buyer, or to lodge claim for direct losses sustained, if any.

14.检验：制造商必须在交货前对货物的质量、规格、性能和数量及重量进行精确而全面的检验，并出具证书，证明货物符合合同规定。此证书为向议付行议付时所提交的单据之一，但不作为质量、性能和数量及重量的最终依据。制造商检验的具体情况和结果必须在品质证书所附的说明书载明。

Inspection: The manufactures shall, before making delivery, conduct a precise and comprehensive inspection of the goods as regard quality, specifications, performance, quality and weight, and issue certificate certifying that the goods are in conformity with the stipulations of this contract. The certificate shall form an integral part of the documents to be presented to the paying bank for negotiation of payment but shall not be considered as final in respect of quality, specifications, performance, quality and weight. Particulars and results of the test carried out by the manufactures must be show in a statement which has to be attached The Quality Certificate.

15.质量保证：卖方保证货物全新，未曾使用过、材料质优、做工一流，在质量、规格和性能等诸方面均符合本合同规定，并保证在安装、操作正确，适当维修的条件下，货物正常运转期为__月，自货物到达目的港__日起计算。

The sellers shall guarantee that the commodity is made of best materials, with first-class workmanship, brand-new, unused and complies in all respects with the quality, specifications and performance as stipulated in this contract. The sellers shall guarantee that the goods, when correctly mounted and properly operated and maintained, shall perform satisfactory for 36months beginning from the date on which the commodity arrives at the port of destination.

16.技术资料：

（1）一整套下列英文技术资料，随每批货物包装送交。

A.基础图；

B.线路说明、线路连接图和其他必要的连接图；

C.易损制造图和说明；

D.备件清单；

E.16 条规定的品质证书；

F.安装、操作和维修说明书。

（2）卖方必须将本条（1）款中 A、B、C、D、E 和 F 技术资料各一份签署合同后 1 个月内航空邮寄买方。

Technical documents:

(1)One complete set of the following technical documents written in English shall be packed and dispatched together with each consignment.

A.Foundation drawings;

B.Wiring instructions, electrical connection diagrams and other necessary connection diagrams;

C.Manufacturing drawings of easily worn out parts and instructions;

D.Spare parts catalogs;

E.Quality Certificate as stipulated in Item (1) of clause 16;

F.Erection, operation and maintenance instruction pamphlets.

(2)The seller shall in addition send to the buyers by airmail each of the technical documents as stipulated in A.B.C.D.E and F of Item (1) of this clause within one months after signing this Contact.

17.单据条款：

（1）卖方议付货款必须将向付款行提交下列单据：

A.全套清洁海运提单，运费到付，空白抬头，空白背书，通知目的港中国对外贸易运输公司；

B.发票__份，注明合同号和装运标志（发票须按照装运标志开立）；

C.装箱单__份，注明装运重量和有关发票的编号和日期；

D.制造商按__条第一条款规定出具品质证书和数量证书各两份；

E.装船后立即发给卖方装船通知一份。

（2） 卖方必须将上述除 E 项以外的所有单据各一份随货送交目的港中国对外贸易运输公司。

Documents:

(1).The sellers shall present the following documents to the paying bank for negotiation:

A. One full set of Clean On Board Bill of Lading marked with ‘FREIGHT TO COLLECT’ and made out to Oder, blank endorsed, and notifying the China National Freight Trade Transportation Corporation at the port of destination.

B.__copies of invoice, indicating contract number and shipping mark (the invoice shall be issued as it);

C.__copies of packing list with indication of shipping weight, number and date of the corresponding invoice;

D.__copies of certificates of each quality and quantity issued by the immediately after it has been made.

E.One copy of cable to the buyers, advising the buyers of the shipment immediately after it has been made.

(2).The seller shall send together with the shipment one copy each of the above-mentioned documents, with the exception of Item of this clause, to china national foreign trade transportation corporation at the port of destination.

18.品质/数量异议：如买方提出索赔，凡属品质异议，须于货到目的口岸__日内提出，凡属数量异议须于货到目的口岸至__日内提出，对所装货物所提任何异议属于保险公司，船公司等其他有关运输或邮递机构，卖方不负任何责任。

QUALITY/QUANTITY DISCREPANCE: In case of quality discrepancy, claim should be filed by the Buyer within__days after the arrival of the goods at port of destination; while for quantity discrepancy, claim should be filed by the Buyer within__days after the arrival of the goods at port of destination. It is under stood that the seller shall not be liable for any discrepancy of the goods shipped due to causes for which the Insurance Company, Shipped Company other transportation organization/ or Post Office are liable.

凡以 CIF 条件成交的业务，保额为发票价的___%，投保险别以售货确认书中所开列的为限，买方如果要求增加保额或保险范围，应于装船前经卖方同意，因此而增加的保险费由买方负责。

For transaction conclude on CIF basis, it is understood that the insurance amount will be for__% of the invoice value against the risks specified in Sales Confirmation. If additional insurance amount or coverage is required, the buyer must have consent of the Seller before Shipment, and the additional premium is to be borne by the Buyer.

19.不可抗力：如因人力不可抗拒的原因造成本合同全部或部分不能履约，卖方概不负责，但卖方应将上述发生的情况及时通知买方。

Force Majeure: the sellers shall not hold any responsibility for partial or total non-performance of this contract due to Force Majeure. But the sellers shall advise the buyers on time of such occurrence.

20.争议的解决方式：任何因本合同而发生或与本合同有关的争议，应提交中国国际经济贸易仲裁委员会，按该会的规则进行仲裁。仲裁裁决是终局的，对双方均有约束力。
Disputes settlement: All disputes arising out of the contract or in connection with the contract, shall be submitted to the China International Economic and Trade Arbitration Commission for arbitration in accordance with its Rules of Arbitration. The arbitral award is final and binding upon both parties.

21.法律适用：本合同的签订地、或发生争议时货物所在地在中华人民共和国境内或被诉人为中国法人的，适用于中华人民共和国法律，除此规定外，适用《联合国国际货物销售合同公约》。
Law applications: it will be governed by the law of the People's Republic of China under the circumstances that the contract is signed or the goods while the disputes arising are in the People's Republic of china or the defendant is Chinese legal person, otherwise it is governed by United Nations Convention on Contract for the International Sale of Goods.
本合同使用的 FOB、CFR、CIF 术语系根据国际商会《INCOTERMS 2010》。
The terms in the contract based on INCOTERMS 2010 of the International Chamber of Commerce.

22.文字：本合同中、英文两种文字具有同等法律效力，在文字解释上，若有异议，以中文解释为准。
Versions: This contract is made out in both Chinese and English of which version is equally effective. Conflicts between these two languages arising therefore, if any, shall be subject to Chinese version.

23.附加条款：（本合同上述条款与本附加条款有抵触时，以本附加条款为准）
Additional Clauses: (conflicts between contract clause here above and this additional clause, if any, it is subject to this additional clause)

24.本合同共3份，自双方代表签字/盖章之日起生效。
This contract is in three copies, effective since being signed/sealed by both parties.

25.关于售后服务，保险具体责任划分及供需双方具体责任参照附属协议。
The details of after-sale service clause, Insurance obligation and both sides' specific responsibilities subject to Affiliate agreement.

买方代表人：________________
Representative of the buyers:

签字：__________
Authorized signature: __________

（买方公司盖章）

卖方代表人：____________
Representative of the sellers: CHENMENG

签字：__________
Authorized signature: __________
China machinery import & export corporation
（卖方公司盖章）

第二节　商务谈判合同签订的注意事项

一、合同签订的重要性

谈判的最终目的是为了达成协议，签订合同。但合同的签订并不代表谈判的结束，因为合同的签订、变更、接触等与谈判密切相关。

合同是交易双方为明确各自的权利与义务，以书面形式将其确定下来的协议，具有完全的法律约束力，双方必须履行合同中规定的各自应尽的义务，否则就必须承担相应的法律责任。因此在商务谈判的过程中，必须十分慎重的对待合同的签订，特别是对合同的细节内容要逐条推敲，反复商讨，因为每一个漏洞都可能影响合同的实际履行，从而带来无可挽回的损失。

案例阅读与分析 10.2

合同细节条款的重要性

2012年，我某外贸公司出售一批核桃给法国客户，采用CIF贸易术语，采用不可撤销的即期信用证付款。由于销售核桃具有极强的季节性，发货需及时，否则会直接影响产品的质量和价格，因此，在合同中必须明确做出有利于我方的规定，即发货时间、装运时间不得超过核桃销售的季节（时令），如果航行途中遇上恶劣天气无法按时交货的话，交货时间可延迟15天，在这一点上得到了对方的承认。

合同签订后，我外贸公司于10月中旬将货物装船，凭信用证规定的装运单据（发票、提单、保险单）向银行收妥贷款。不料，轮船在航运途中，遇上风暴，无法继续航行，致使该轮船抵达目的港的时间较规定的时间晚了7天，同时核桃市价下跌，一些客户借故拒付货款，我外贸公司依据合同条款挽回了相关损失。

点评：商务活动不可能都依赖诚信，合同是不仅是履行商务活动的有力保证，特别在发生纠纷时更是解决纠纷的依据，在签订合同中“字斟句酌”是必须的，不能怕麻烦。

二、合同签订的技巧

1. 合同签订步骤、内容和条款表述要求

合同签订步骤和内容可参考下表，合同条款的表述一般有以下几个要求：①意思准确、无歧义、无矛盾；②可操作、可执行；③各方权利义务、交易程序清晰明了；④主次分明、行文简洁、条理清晰。

表 10.1 合同签订的步骤和内容

步骤	示例（以买卖合同为例）
1. 确定交易或合同的主要内容	卖方及时提供保质保量的货物，提供使用指导、售后服务、维修、配件、保修；买方支付价款，接受对方履行
2. 以时间发展为线索，确定双方交易或合同的过程	拟定定质、定量、定时、预付、交付、验收、指导、售后、维修、配件、保修、付款等条款，直至合同履行完毕
3. 分析本单位和对方在本次交易中的核心利益	卖方核心利益为货款金额及支付方式；买方核心利益一般包括质量、数量、时间、货款金额及支付方式
4. 分析可能出现的问题与规范方法	质量瑕疵、供量不足、交付迟延；考虑设置合同解除权及违约金条款、及赔偿责任条款、保证条款
5. 制作合同条款提纲	
6. 制作正式合同文本	

2. 合同条款条理和布局

有些当事人订立合同时习惯采用“甲方权利义务……乙方权利义务……”这样的方式来规定双方的权利义务关系。但是，你会发现甲方的权利与乙方的义务多是对应的，而有些交易过程是相互交错的。采用这样的方法极极易造成混乱。使合同达不到明晰交易过程、明确双方权利义务的目的。

一般在拟订合同文本时，最多采用的是以交易环节为主线、突出核心条款、增加以有关条款的方式。

三、合同纠纷的处理

在合同的实际履行过程中发生矛盾、纠纷是正常现象。合同履行与否直接关系到双方的切身利益，因此，一旦出现矛盾纠纷，必须及时、合理、有效的加以处理。处理方式主要包括以下三种。

（1）调解。就是通过第三方的努力来帮助合同当事人各方消除纠纷。要进行调解就需要有调解人，调解人既可是组织，又可是工商部门或者法院人员等。

（2）仲裁。就是指双方当事人根据有效的仲裁协议，将纠纷提交给仲裁机构进行处理的一种争议解决方式。仲裁协议一旦依法成立，当事人不得再就争议事项向法院提起诉讼，也就是仲裁决议具有法律上的效力。

（3）诉讼。这是合同争议中使用最多的纠纷解决方式。它是一种强制管辖，即使合同中没有约定诉讼，当事人仍有权就该合同争议向法院起诉。

案例阅读与分析 10.3

熟练运用合同，维护自己的正当利益

浙江某公司与A公司签订了一笔USD40 000.00 FOB宁波的出口合同，付款方式是订单确认后先支付USD1 000.00作为订金，剩余货款于货物装船前通过电汇（T/T）付清剩余货款，并且约定客户将在货物生产完毕之时来工厂检验。我方收到订金后开始生产，在货款即将生产完毕之时通知对方来工厂检验。但对方要求货物在装运港——宁波港实施，检验合格后，对方却将直接给我方银行汇票。与此同时，我方了解到，船公司是客户指定的，提单将由船公司直接放给客户的。这样做客户已经改变合同条款，主要体现在以下三个方面。

第一，客户改工厂检验为装运港检验。这样无形增加我方风险，万一对方检验后认为不合格，我方将增加不必要的费用。

第二，客户该电汇（T/T）为银行汇票（D/D）。付款行为“汇丰银行上海分行”，由于异地托收，所需时间较长，为20天左右。对我方资金周转有影响。而且根据已经发生的案例说明，在收款人兑现汇票之前，对方有权利要求银行止付。

第三，提单将直接由船公司直接放给客户的。按照惯例，船公司只有在收到托运人的委托书后才可以将提单放给收货人（买方）。但这里的船公司与收货人之间有长期良好的合作关系，因此，船公司答应在装船后3～4天将提单放给收货人，这显然会影响到我方利益。

鉴于上述问题，我方提出自己的看法。

（1）我方要求对方来工厂检验。对方坚持装运港检验，理由是他要在装运港同时检验很多工厂的货物，没有时间到每个工厂去检验。我方只好同意客户的决定。

（2）要求船公司出具保函，凭借我方的书面通知才可以放提单给对方，保证在汇票兑现前替我方保留提单。要求船公司即传真相应保函给我方。

在上述协议达成以后，我方将货物发往装运港，并派业务员前往装运港。客户在装运港检验，货物均符合合同要求，因此，客户当即将银行汇票给了我方。我方即去船公司取得保函正本。我方将汇票交给我方银行向汇丰银行上海分行托收。期间客户来电要求放单，我方拒绝。经过20天左右才收到货款，我方放单给对方。

案例分析：

经过上述的防范措施后，顺利完成整个交易，既满足了客户的要求，又对我方的交易风险做出控制。以下几点是值得总结。

（1）我方要了解银行汇票支付的程序和风险。银行汇票是由某家银行（出票行）出具的指定其代理的银行支付给汇票上指定人的一种支付工具，是银行信用。虽然如此，在某些情况下，在代理行解付给指定人之前，客户有权要求出票行止付这笔款项。因此，比电汇（T/T）风险大。

（2）船公司直接放提单给收货人是不符合国际惯例的。船公司受我方委托装运货物，应在征得我方同意后才可以放提单给收货人，否则，船公司要承担责任。但在日益激烈的竞争中，一些船公司或船代为了业务需要，在运输指定货物经常会同意收货人要求将提单直接放给他，这样无疑会损害托运人的利益。因此，我方要求船公司出具保函（正本）是合理的，也是保护自身利益的有效手段。

视野拓展

合同签订是商务活动中不可或缺的重要组成部分，是商务谈判的结束也是业务执行的开始，它极受商务人士重视，多数大型商务谈判都要举行正式的签字仪式。

签字仪式礼仪的讲究颇多，特别是签字前的准备工作、签字人员需要注意的礼仪、签字程序等。推荐读者通过以下网络资源增进了解。

百度百科“签字仪式”词条：http://baike.baidu.com/view/1334387.htm

中国礼仪网“签字仪式”介绍：http://www.welcome.org.cn/yishiliyi/2008-5-6/QianZiYiShi.html

中国商务新闻网《贵州三穗县与贵州大学科技合作协议签字仪式》新闻：http://tech.comnews.cn/kjzt/2015-10-20/142230.html

本章小结

1. 合同是商务谈判的重要组成部分，合同相当于一份协议，是贸易双方出于贸易的目的而签订的协议。

2. 在现实的合同谈判和签订中，政治、经济等因素对合同的签订有着重要影响。

3. 合同的签订涉及内容庞杂，我们在实际操作中，可能会遇到许多意想不到的问题，因此在合同谈判和签订的过程中，要特别注意合同的各项细节，并根据有效的条文条款维护自身的合法权益。

综合训练

一、简答题

1. 商务合同的概念和作用分别是什么？
2. 合同的式样有哪些？
3. 商务合同签订的技巧有哪些？
4. 商务合同签订的注意事项有哪些？

二、模拟商务谈判实践

接第九章模拟商务谈判实践。

不考虑第三轮模拟商务谈判实际结果，设第三轮谈判结果如下：海尔集团出资100亿日元从松下收购三洋电机在日本、印度尼西亚、马来西亚、菲律宾及越南的4个生产基地、2个研发中心以及6个本土化营销渠道，洗衣机品牌“AQUA”；海尔获得2012年1月1日~2022年12月31日在印度尼西亚、马来西亚、菲律宾及越南的冰箱、洗衣机、电视、空调产品的“SANYO”品牌使用权；2012年1月1日至3月31日陆续交割五国业务；2011年12月31日前海尔向松下支付50亿日元，2012年3月31日前海尔向松下支付50亿日元。

（1）根据上述谈判成果，双方共同起草合同（未给出的条件，如具体交割时间、汇款方式等由双方自行商定）。

（2）举行收购合同签字仪式。

（3）以小组为单位，总结模拟商务谈判实践的经验教训，制作演示文稿（PPT），向全班分享模拟商务谈判实践的心得、体会。

附录一　真实商务谈判案例点评与思考

亲历一次罢工谈判

广东一家汽车零部件有限公司（以下简称 A 公司）工人为争取公平待遇，从 2010 年 5 月 17 日开始罢工，劳资双方经反复交涉，终于在 6 月初艰苦谈判签订了劳资集体协议，罢工事件平静落幕。

1. 接受罢工工人委托

某大学劳动关系研究所所长常凯教授本来预定在 6 月 4 日去英国参加学术会议。出发前一天他突然接到一个电话，一个南方口音的小姑娘在电话里说，她是 A 公司罢工工人谈判代表团的联系人小李。“我们在这次罢工中遇到许多法律问题搞不清楚。资方的律师说我们违法，我们认为是他们违法，但不知如何反驳他们”，小李急切地说，“您是著名的劳动法律专家，我们希望您能在法律上给我们以帮助。”

事出突然，但略作考虑之后，常凯决定接受罢工工人的请求，担当罢工工人的法律顾问。同时，常凯也明确向小李提出，只有接到工人们的正式的书面委托后，他才可以介入这次事件。

6月4日上午9点多，A公司工人传真过来一份简要的正式委托书。

因近期我公司停工事件中，劳方急需法律顾问的援助和谈判代表，经劳方代表商量，一致决定现特委托××××大学劳动关系研究所所长、劳动人事学院教授常凯，作为我公司劳方法律顾问兼谈判代表。

特此声明！

委托人：劳方

委托日期：2010年6月4日

其下为签名，签名者一共有 8 位。小李打来电话解释说，因为许多代表不在班上，当时只能联系到这些代表签名，但大家在电话中对委托一事均表示同意。

接到委托书后，常凯立即乘飞机奔赴 A 公司，以工人法律顾问的身份参加下午 3 点开始的谈判。因为这次谈判将决定这次劳资集体争议的走向。是和平解决还是扩大事态，这次会议很重要。

2. 联手确定谈判原则

飞机降落在广州白云机场的时候，已经下午 3 点。谈判就要开始了，而 A 公司距离机场至少还有 40 分钟的路程。汽车飞驰的路上，小李不断地打电话来，问什么时候能赶到。常凯对她说，工人可以先谈，但要通知企业，劳方的法律顾问马上就会赶到谈判现场。他特别提醒小李，将他的行程事先告诉以调停人的身份出席谈判的 A 公司总经理。常凯希望，在介入谈判前，能够先和总经理做一些沟通。

接近 4 点，常凯一行赶到 A 公司门口。他们先赶到谈判场所旁边的一间办公室，总经理正在那里等候。看到常凯到来，他兴奋地迎上来握手，又简单寒暄了几句，就切入正题。

虽然对常凯能作为劳方法律顾问出席谈判，总经理之前也颇觉意外，但仍希望他们参与能给谈判带来新的动力。他已经在劳资双方之间斡旋了三天，显然是由于劳累和压力，双眼布满血丝。

常凯出示了罢工工人的委托书，表示自己介入此次事件的身份只是法律顾问，而不是谈判代表。因工人谈判代表需要工人选举产生，常凯作为法律顾问，将以法律为依据，帮助和指导工人代表在谈判中争取自己的合法权益，并要理性对待谈判，促成谈判双方的理解和妥协，以便达成协议。

"通过谈判来结束罢工对于劳方和资方都是一个明智的选择。"常凯希望资方也能采取这种态度。总经理对此表示赞同，并说，经过他的斡旋，企业已经提出一个新的增加工资的方案。目前这个方案已经远远超出了当地机械行业的平均工资水平，但工人似乎还不能接受。他认为这个方案已经是资方的底线了。而且，作为一家大型企业的老总，他也担心，如果 A 公司工人的工资提高得过多，将会影响整个行业的工资，企业很担心最终承担不起。下一步如何进行，他也感到很为难。

常凯对总经理的担忧表示理解，但他认为，地区的平均工资当然是一个参照，但具体到 A 公司，工资水平应该根据企业的实际状况，由双方来谈判确定。总经理对此表示认同。在此基础上，两人又具体商议了增加工资方案的细节内容，约定下一步的谈判以此为基础，争取劳资双方在互相理解的基础上获得一致。

随着大家达成一些共识，双方对于谈判前景更有了信心。总经理希望常凯的介入促使谈判最后成功，常凯回应说："我相信谈判一定成功。到时你要请客的！"两人击掌为约，一起走进了谈判会场。

企业老总兼斡旋人与劳方法律顾问在谈判原则上的一致，为谈判的进展奠定了基础。

3. 劳资双方的谈判阵容

谈判现场，政府劳动部门的代表，当地人力资源社会保障局局长坐在中间位置，作为中间方主持会议。两旁分别为劳方和资方谈判人员。双方各派 5 名谈判代表，其中一人为首席代表。

劳方的代表是 6 月 3 日晚上和 4 日上午推选出来的。由于以前 16 名谈判代表是临时推选的，在代表性上不够广泛，政府劳动部门建议重选代表，以便这些代表更具有合法性。这次四个车间三个班次的工人中推选出的代表共 30 人，其中首席谈判代表为现 A 公司公司管理科长兼工会主席吴先生。将吴先生作为谈判代表，是政府劳动部门建议的。其理由是，法律规定企业集体谈判应由工会代表工人，尽管罢工工人提出了"重整工会"的要求，但是在现工会没有重整之前，让现任工会主席作为谈判代表，可以保证谈判程序和结果的合法性。谈判工人代表团认可接受了这一建议。

另外 4 个谈判代表是从 30 名代表中选出的，其他 26 名代表列席会议。这些工人都是一线工人，大部分是 90 后，中专学历。

我们的第一印象是，工人代表有着罢工工人的强力支持，但对于谈判技巧和谈判策略并不熟悉，很多人脸上还没有脱去年轻人特有的稚气。很显然，谈判中的双方所拥有的专业资源，处于一种很不对等的状态。

关于谈判，他对工人说，必须讲究策略，在瞄准最高目标的同时，也要有心中的底线。因为谈判是妥协的过程，如果双方都固执己见，谈判就不可能成功。大家已经坚持这么长时间，资方能坐下来与劳方谈判，这已经是巨大的成果。

"我们要尽力争取更高的工资增长，但也必须考虑到企业的接受程度"，常凯说，"关键是资方必须承认工人的地位和权利。"工人对此表示认同。

4. 一段“罢工”插曲

正在这时候，厂房有消息传来：由于迟迟等不到谈判的结果，变速箱组装车间工人停产了。当时是下午 5 点左右，谈判已进行两个小时。这一意外使得谈判场上的人们面面相觑，氛围马上紧张起来。工人代表由于对于谈判方案意见不一，在如何处置这次罢工问题上，也莫衷一是。

常凯对工人代表说：按照国际惯例，在集体谈判进行过程中，工人绝对不能罢工，这种罢工在规则和法律方面都是不允许的。“这一点必须明确，我们应该组织工人马上恢复生产，否则谈判将前功尽弃。”深感此时需要态度明确地说服工人，常凯说，“作为劳方法律顾问，要负责保证谈判的秩序，大家必须要听从我的意见。”

绝大部分代表同意了。马上，小李带领几名代表回到变速箱组装车间，把常凯及谈判代表的意见告诉了车间里的工人，要求他们立刻恢复生产。很快，机器开动，工人复工了。一场虚惊过去，谈判继续进行。

第二轮谈判开始后，劳方不断提出意见。但是这些代表都是临时聚在一起，对于谈判并没有一个统一的目标和计划，只是各自表达自己的意见。诉求不一而足。对于劳方的意见，资方也无法立即答复。双方只能再次休会，劳资双方回到自己的独立空间继续讨论，以期形成清晰完整的方案。

常凯召集大家坐下来，告诉他们，目前的问题是意见过于散乱，因此必须调整策略，首先要明确主要的诉求，解决最主要的问题；其次要明确意见表达的程序。如果大家无法取得一致意见，需要通过投票决定，少数服从多数。另外，关于谈判的具体策略和技术也要明确。

关于主要诉求，代表们经商讨整理出四个主要问题。一是工资总额问题；二是工资增加的部分是作为奖金，还是加入基本工资；三是工龄工资问题；四是重组工会。

常凯做了一个简要的分析。首先，重组工会是工人自己的事情，没有必要经资方同意，因此工会重组与这次谈判没有关系。其次，工龄工资问题，年功序列工资制度是此外企劳动制度最基本的特色，可以提出在中国实行；但我们没有具体的试行方案，建议这个问题在这次会上提出议案，留待下次谈判解决。最后，谈判最重要的应该是第一和第二个问题，即工资增长问题。

增加的薪酬如果计入奖金，拿到手的工资总数会多 56 元，但作为基本工资则会扩大工资基数。所以在这个问题上，代表们意见分歧。最后决定投票决定。30 个代表，按照意见不同分别站在两边，弃权者站在中间。表决结果，同意加入基础工资的占绝大多数，按照少数服从多数的原则，选定这一方案。

关于谈判策略，常凯教授提出的意见也得到了大家的认同。这就是，在资方同意增加的 500 多元中，要尽力争取更多地作为基础工资。对此，我们要有一个争取的目标，但也要有一个底线。谈判就是讨价还价，所提的目标只是要价，对方也要压价。我们要据理力争，坚持底线。在此基础上，大家确定了具体方案，由总经理和常凯先与资方非正式沟通。

资方在另一间屋子里。常凯和斡旋人走过去，提出了劳方的加薪方案。资方谈判代表耳语几句之后，没提任何意见，完全同意这个方案。他们看起来非常疲惫，目的也很明确——尽快签订劳资集体协议，结束罢工。

结果如此顺利，出乎工人代表们的意料。当常凯回到工人代表的房间向大家报告这一消息后，他们都欢呼起来。

5. 顺利签订集体合同

第三轮谈判正式开始后，工人代表正式提出增资方案：1 544 元（原工资）+300 元（基本工资）+66 元（奖金补贴）+134 元（年终奖金）。这一方案企业方正式表示接受。并且，具体实施时间回溯到 5 月——也就是工人罢工的当月，关于奖金发放的时间和方式，也达成一致意见。工龄工资问题也被提出，资方同意作为下一次谈判的议题。

大功即将告成，会议主持人最后问双方还有没有提议。常凯代表劳方提出，资方对罢工工人不得追究责任，参加罢工不能影响工人今后的职位提升和发展，这是解决罢工问题的国际惯例，应该明确地写入协议。对此，资方表示可以接受，将资方不追究停工的工人的责任写入协议。

常凯进一步提议，劳资双方应以此为契机，在法制的基础上，建立工资增长的劳动关系协调机制，通过制度来解决劳资矛盾，在保证工人合法权益的基础上，促进企业更好地发展。

会议主持人宣布打印协议文本，准备签字。在频频的闪光灯下，劳方和资方两名首席代表共同在协议书上签字。其后，劳资双方谈判代表以及法律顾问、斡旋人和政府代表共同留影纪念。

此时，已是6月4日晚上9点多，距谈判开始时间已过去6个小时。延续十余天的集体劳资争议宣告结束。

是什么促成了谈判成功？

工人的集体行动是促成谈判成功的最主要因素。而当地政府处理事件的正确方针、资方在谈判中的诚意以及斡旋人卓有成效的调解，都是谈判成功的重要因素。常凯一直所主张的“理性对待，法治解决”成为劳资关系各方的共识。这次劳资集体争议的顺利解决，正是各方“理性对待，法治解决”的结果。

唯一让人感到遗憾的是工会在事件中的角色。常凯决定接受工人委托后，曾与多级工会打招呼，希望他们能派员参与工人的法律顾问团，但没有得到任何积极的回应。看起来，工人提出“整改工会”并不是没有道理。

【原文见：伊夫，徐多. 新民周刊. 2010（32）. http://www.qikan.com.cn/article/xmzk20103204.html】

案例点评

这是一起典型的理性对待、法治解决劳资矛盾的谈判案例。矛盾初现，工人们便寻找劳动法律专家的协助，在谈判期间因车间工人罢工时，劳方也积极听从律师建议，先复工再继续谈判。事件始终在法律的框架之内，保证了此次谈判的成功进行。

思考与讨论

1. 请详细分析案例并找出至少五个谈判理论原理对应的具体运用情节。
2. 根据问题1中的分析所得，结合自己生活中即将遇到的一次谈判，做一份谈判方案。

南海本田工会变身

在刚完成不久的一次工资集体协商中，广东南海本田汽车零部件制造有限公司（下称南海本田）劳资双方经过协商达成共识，一线工人工资普涨611元。

这是自一年前停工事件之后，南海本田工人工资的第三次上涨。

停工之前，南海本田一线职工每月收入为1 524元，加上夏季奖金和年终奖后，全年月平均收入为1 852元。2010年5月17日开始，工人以加薪为诉求，集体停工。停工持续19天，最终，资方同意将工人工资在原基础上提高35%，停工结束。

在南海本田停工事件中，原本应发挥作用的工会并未代表职工向资方争取权益。这招致工人们的不满，“我们每个月都交 5 元钱工会费，但工会对我们来说只是个摆设”，工人因而同时提出了重组工会的要求。

2010 年年底，南海本田工会重组，并成功主导了此后的两次工资集体协商。

目前，南海本田一线职工的固定月收入增至 2 471 元，加上奖金，全年月平均收入为 3 345 元。一年之中，工人的全年月收入增长了 1 493 元，增幅达到 80.6%。

中山大学政治与公共管理事务学院教授何高潮认为，南海本田开启了处理中国工人集体协商的“广东模式”。此模式特点在于，改变了以往由地方政府直接处理劳资纠纷的传统做法，转而发挥工会的作用。

实际上，通过民主选举重组后的南海本田工会，其独立性之所以能够得到保证，很大程度上仍取决于上级工会的强力支持。

1. 重组

南海本田工会成立于 2008 年 6 月，由工会主席吴和及六位委员组成，当时未设副主席一职，也没有车间分会和工会小组。

吴和告诉《财经》记者，彼时的工会委员候选人由上级工会——狮山镇工会和企业方酝酿产生，再交由工会会员代表大会等额选举，当选的七名委员再以得票高低选出工会主席。当吴和成为工会主席时，他还兼任公司管理科副科长一职。

重组发生于停工事件结束五个月后，2010 年 12 月初，先由工人以班为单位直接选出 63 名工会小组长，再以车间为单位直接选出七个车间分会，每个分会包括一名分会主席和两名委员。在此基础上，12 月 11 日，本田召开年度工会会员代表大会，130 名会员代表增选出 6 名工会委员。至此，南海本田工会委员增加到 13 人。

此后，经 13 名委员推选，产生两位工会副主席（工会主席一职沿袭），选举之前，临时增加了一个现场演讲环节，王超群票数第一，得以当选。

今年 26 岁的王超群，2009 年从西安外国语大学日语专业毕业后，进入南海本田工作。王超群兴趣广泛，喜欢在网上看新闻评论，常与工友交流，逐渐成为工人中的“意见领袖”，在车间分会和企业工会的选举中，她均以高票当选。

王超群认为，重组后的工会变化明显，一是工人对工会的认可程度提高。“以前工会的福利色彩比较重，大家以为就是发发日用品的。现在他们知道，工会还能为他们维护权益。刚进来的员工会问，什么时候可以加入工会。”

在位于佛山市南海区狮山镇的职工宿舍中，一位卢姓工人说，现在经常能听到工会的一些消息，工会要向企业提什么意见，都会跟工人商量。“王超群是我们这边的代表。”他说。

工会重组后，南海本田还同意为工会设立三名专职工会干事，而此前的七位工会委员中没有一位是专职干事。

2. 谈判

重组之后的工会未及磨合，就面临重任。

王超群当选工会副主席数天后，南海本田即公布 2010 年末奖金发放方案。根据该方案，工人可获得“两个月的基本工资+职能工资”的年终奖金。新工会随即就此与资方展开第一次协商。

新工会指定 13 名工会委员和 4 个车间分会主席为协商代表，在听取和收集工人意见之后，向企业提出“四个半月基本工资”的年终奖金发放方案。

由于工会方案与资方方案差距较大，立即遭到后者拒绝。但在省总工会巡视员孔祥鸿的斡旋下，双方达成一致，以公司当年实现利润和劳动生产率为主要依据，决定年终奖金的发放额度。最终方案为：（基本工资+职能工资）×3.5 个月+（134 元×2），此外，方案还明确，奖金应在 2011 年 1 月 20 日前发放。

这是新工会的第一次“主动出击”，王超群说，谈判让工人们看到工会的力量，感到工会是可以信任的，同时也锻炼了工会代表的谈判技巧。

接下来的第二次谈判就没那么轻松了。今年 2 月 15 日，资方向工会提出涨薪 431 元作为年度工资调整方案。工会立即召集班长、工会干部、职工代表等讨论，向资方提出增加工资 880 元的方案，这是资方提出涨幅的 2 倍。

3 月 1 日，工资集体协商会议举行。资方首先让步，将涨薪幅度由 431 元提高到 531 元。工会方当即答复“不接受”，并在与职工代表闭门讨论之后，提出上涨 731 元的新方案。王超群还提出，如果企业不接受方案，将会产生负面影响，包括，职工士气受挫，公司产品质量会受到不利影响；从公司长期发展来看，不利于留住熟练工；职工会对工会非常失望，不利于工会开展活动等。

资方代表再次让步：总体工资上调至 561 元，并称此为“最后方案”，如果工会再不赞成，之前所有协商均将无效，并提交政府进行仲裁。

但是，广东省总工会巡视员孔祥鸿当即就对资方“最后方案”说法表示反对，在其协调下，资方又同意将奖金增加 50 元，即涨薪额度变为 611 元。这一数字事实上已超过了工会 600 元的协商底线，遂被接受。

这次谈判历时半个月，经过三轮六次的讨价还价最终达成一致。

3．代表性

中国人民大学劳动关系研究所所长常凯认为，组织健全是工会发挥效力的保障。

南海本田工会主席吴和将重组后的新工会比喻成一张网，“分会委员和小组长就像网上的很多传感器，工人有什么信息很快会反馈到工会”。而此前的工会，“只有我这个大脑，没有四肢，工人们的诉求自然了解不到。”

除组织健全之外，工会重组的最大变化在于解决了工会的代表性问题。

事实上，关于南海本田工会的重组，起初有另一个方案：专职工会干部候选人由地方工会提出，经工人差额选举后，当选人出任企业工会副主席一职，常驻工厂，参与日常工作，但其工资由地方工会支付。专职工会副主席人事关系不隶属于企业，不领取企业工资，以此切断企业工会干部与资方的经济联系，确保其工作独立性。

由于工人自己选举工会干部的呼声强烈，此方案最终被弃。

“自己选举比由地方工会下派的方式好，满足了工人们的民主诉求。”何高潮说。

中国人民大学劳动关系研究所客座研究员翟继满指出，中国企业工会由于其代表性问题，始终难以获得工人信赖。

而解决了代表性问题的南海本田工会，对于资方的独立性明显增强。

在与资方的第一次谈判中，身为工会主席的吴和竟然坐到了谈判桌的资方一边，而新当选的副主席王超群显然更明白自己的角色：“我不像吴主席那么全面、求稳。我的表达方式直接，但可能更接近工人的想法。”

南海本田工会重组和运作的过程，上级工会始终强力介入。2010 年 6 月初，停工事件刚刚平息，广东省总工会即成立了省、市、区、镇四级工会联合工作组，由省总工会巡视员孔祥鸿带队，进驻南海本田。

佛山市总工会副主席薛立伟是市一级的工作组成员，全程参与了南海本田工会的重组和三次工资集体协商。他介绍，工作组“三进三谈”——进车间、进宿舍、进饭堂；面对面个别访谈、小范围座谈、问卷访谈。参与访谈者80%以上为一线职工，在此基础上，他们整理出工人在工作、生活、薪酬、个人发展、工会组织完善等各方面诉求。

此后，工作组制订了工会重组的方式和程序，并全程指导了重组。此外，还直接参与了停工之后的三次工资集体协商。

王超群称，工人起初对谈判根本不了解，不知道该怎么谈。工作组，尤其是省工会巡视员孔祥鸿在关键时刻起到了斡旋作用。

但这也使王超群产生担忧：一旦工作组撤出，新工会能否继续与资方有效谈判？

这并非南海本田独有的问题。在世界范围来看，除了超大企业外，一般企业工会都得益于强大的行业工会或地方工会的支撑，与资方抗衡。

在中国，无论资方还是劳方，组织性均比不上发达国家。相较而言，资方仍可通过经济手段与地方政府形成较紧密关系，乃至结为利益同盟。在这种背景下，企业工会——即使足够独立，在谈判时仍然处于弱势。

就现实而言，在行业工会尚未真正形成之前，上级工会的支持显得格外重要。

4. 停工的分寸

南海本田的成功模式中，工人理性克制的停工行为是第一推动力。

在停工事件中，工人没有采取非理性行为，这为事件处理留下了回旋空间，随着广东省委书记汪洋将事件定性为：工人争取自身权益的合理行为而不是治安事件，地方政府由一开始的紧张转化为理性应对，加上各级工会和其他建设性力量的介入，亦使得事件最终朝着良性方向发展。

就此而言，如果不从制度上形成保障，南海本田模式的成功仍具有偶然性，亦难在更大范围内被借鉴。

多位劳动关系专家认为，关键性制度除了工会的民主化重组外，还需对“停工”进行法律界定。

现行《工会法》第二十七条中，使用了“停工”一词，规定在“停工”发生时，工会应该代表工人去与企业进行谈判。但因 1982 年通过的新宪法中，取消了“罢工自由”的规定，中国宪法和其他法律没有明确规定工人“有权罢工”，致使目前中国集体劳动争议和集体行动的处理处于一种缺乏规制的状态中。

何高潮指出，当时取消“罢工自由”时，国家的企业几乎均为国有企业，而现在企业属性多样化，时代背景已然不同，应有所变通。

常凯也认为，尽快健全和完善中国的罢工立法，明确工人享有“罢工权”并对于“罢工权”的行使和罢工的处理作出具体规范，特别是就合法罢工的刑事免责和民事免责作出明确规定，是实现中国劳动关系和劳动争议处理法制化的当务之急。

按照国际经验，在罢工合法化的制度环境下，强大的工会更多把罢工作为最后筹码而不经常使用。工会越强大，罢工的次数越少，工人的诉求越温和。反而在非法化或不明确合法化的条件下，工会越弱，罢工越多、越不可预测、工人的要求也越激进。

北京大学法律经济学研究中心联席主任薛兆丰则认为，应鼓励自愿基础上的不以停工为要挟的议价。“关键是劳资之间的议价究竟是建立在双方自愿的基础上，还是建立在以随时停工为要挟的基础上，这是区分两种不同性质工会的关键。我们应当鼓励前者而不是后者。”

薛兆丰提醒，强有力的工会通过谈判有助于工人工资的提高，但工资在根本上是由供求关系决定的。南海本田也是如此，工人工资之所以能够较大幅度提高，固然得益于工会的重组和工资议价，但更重要的背景是劳动力短缺。以停工为筹码获得谈判的成功，虽然内部人员的工资和福利会得到提高，但也可能抑制劳动力供给，减少其他人的就业机会。

何高潮透露，就如何规范集体谈判的机制，广东省人大常委会曾经试图以《企业民主管理条例》中的有关条款加以制度化，其中一部分就是界定停工在什么情况下是工人的责任，什么情况下是企业的责任，但由于受到阻力，至今该条例虽经三次修改，仍未出台。

一位深谙广东劳资纠纷处理的知情人士告诉《财经》记者，广东实际上已经“默认”了工人的停工权，其前提是“工人必须有合理的诉求”。然而，该人士承认，这种“默认”无法代替法律。

【原文见：舒泰峰. 财经，2011(17). http://www.qikan.com.cn/article/caij20111728.html?refer=bktx20101710】

案例点评

这是一次工人争取自身合法权益的成功谈判案例。从第一轮加薪诉求，到工会重组，再到工会第一次“主动出击”及工资集体协商会议，劳资双方都遵循了谈判原则、方法和技巧等。以下几点都对谈判起到了积极作用。

1. 劳方第一次加薪诉求成功后，以“我们每个月都交5元钱工会费，但工会对我们来说只是个摆设”且工会在谈判中不作为为由乘胜追击，要求重组工会，争取合法权益。

2. 南海本田公布2010年年末奖金发放方案，新工会主动出击，果断拒绝第一次出价，而本田公司也同时果断拒绝新工会第一次要价。在谈判中一般不能轻易接受第一次出价，否则对方会想他们其实还有很大的讨价还价空间。

3. 工资集体协商会议中，新工会立足公司长期发展，在内部商定了谈判目标，即上调工资731元的高目标和上调工资600元的底线；本田公司一而再地主动让步，打探资方的底线，并给出最后通牒“最后方案”上调工资561元；谈判第三方佛山市总工会以“三谈三进”的实际调研为基础，有理有据，在谈判双方即将僵持时出面协调，引导谈判双方达成最佳方案。

思考与实践

这是一个非常经典且意义重大的谈判案例，请谈谈此案例对你最大的启发及在生活中你将如何运用类似的谈判原理、技巧等。

附录二　模拟商务谈判的基本流程、谈判方案设计和岗位设计

以经济生活中的真实案例为例模拟组织商务谈判，对于提高读者的实际操作能力有巨大帮助，可以锻炼读者的操作能力和熟悉商务谈判环节，为读者提供一个实践书本知识的机会。本章以编者组织过的模拟商务谈判为例，展示商务谈判流程、谈判方案设计和岗位设计。

模拟商务谈判基本流程示例——吉利收购沃尔沃

本部分内容意在使读者大概了解模拟商务谈判的流程。组织模拟商务谈判比赛，一般来说分为以下几步。

（1）组织方事先做好大赛策划，准备好“题目”并提供简单的背景材料、要求。

（2）参赛方受领“题目”和基础材料，根据题目各自准备材料做好比赛准备工作（一般应完成谈判方案设计，每个成员要进行岗位设计，明确自己所要从事的工作）。

（3）组织方组织比赛。应邀请有谈判经验的成员、商务谈判老师做评委，做现场点评并按预定规则对参赛队打分。

（4）总结参赛经验教训。这一步应该说非常重要，比赛完及时总结经验教训是完善自我的重要途径，因总结无定规，本附录并未给出参考资料。

一、背景材料

模拟商务谈判的背景材料一般由指导老师或相关组织者提供。

1. 时代背景

设定模拟商务谈判时间为 2009 年年底。

2008 年，受国际金融危机影响，世界汽车工业整体表现低迷，共生产 7 052.65 万辆，同比下降 3.7%。其中乘用车生产 5 263.72 万辆，同比下降 1.1%；商用车生产 1 788.93 万辆，同比下降 10.8%。美国三大汽车厂商受冲击尤其严重，濒临破产边缘。2009 年情况并未好转，降幅较 2008 年有所扩大。

2003 年至 2007 年，中国总费用汽车市场高速增长，2008 年受金融危机、汶川地震等影响，增速降至个位数，未能达成 1 000 万辆的预期。虽然如此，相对而言从全球汽车工业的视点看，中国汽车市场依然可以说：“风景这边独好，可惜迎来海啸”。

2009 年中国汽车汽车销售量增速逐月增长，在世界主要汽车市场中一枝独秀，10 月份产销售量均已突破 1 000 万辆，本年度超越美国成为世界第一大汽车市场已成定局。

2. 甲方（浙江吉利控股集团公司）背景介绍

浙江吉利控股集团有限公司是中国汽车行业十强企业，1997 年进入轿车领域至 2009 年，凭借灵活的经营机制和持续的自主创新，取得了快速发展，资产总值超过 140 亿元。连续六年进入中国企业 500 强，连续四年进入中国汽车行业十强，被评为首批国家“创新型企业”和首批“国家汽车整车出口基地企业”。

集团总部设在杭州，在浙江临海、宁波、路桥和上海、兰州、湘潭建有六个汽车整车和动力总成制造基地，拥有年产 30 万辆整车、30 万台发动机、变速器的生产能力。集团现有吉利自由舰、吉利金刚、吉利远景、吉利熊猫、上海华普、中国龙等八大系列 30 多个品种整车产品；拥有 1.0L ~ 1.8 L 八大系列发动机及手动、自动变速器。上述产品全部通过国家的 3C 认证，并达到欧 III 排放标准，部分产品达到欧 IV 标准，吉利拥有上述产品的完全知识产权。

集团已在国内建立了完善的营销网络，拥有近 500 个 4S 店和近 600 家服务站；在海外建有近 300 个销售服务网点，在乌克兰、俄罗斯和印度尼西亚等国家设厂进行 SKD/CKD 组装生产和销售，累计实现海外销售十几万辆，位居中国轿车出口前列。

3. 乙方（卖方）福特汽车公司背景介绍

福特汽车公司是世界最大的汽车企业之一。福特汽车公司的历史始于 20 世纪初，凭着创始人亨利•福特“制造人人都买得起的汽车”的梦想和卓越远见，福特汽车公司历经一个世纪的风雨沧桑，已经成长为第二大汽车公司。目前，它拥有许多世界著名汽车品牌：福特（Ford）、林肯（Lincoln）、水星（Mercury）、马自达（Mazda）轿车。此外，还拥有全球最大的信贷企业——福特信贷(Ford Financial)、全球最大的汽车租赁公司 Hertz 和客户服务品牌 Quality Care。

1999 年，福特汽车在其全盛时期，花费了 64 亿美元收购了沃尔沃，让这个总部位于瑞典的豪华乘用车品牌成为福特旗下一个全资子公司。沃尔沃汽车销售额在过去数年来一直下滑，自 2005 年至 2010 年更是连续 5 年亏损，每年的亏损额均在 10 亿美元以上。

2008 年 9 月以来，近 200 年来逐渐形成的华尔街金融版图，正遭遇地毯式的巨变。破产成为华尔街的关键词。有着 158 年辉煌历史的雷曼兄弟公司轰然倒下，美林集团易主美国银行，大摩也寻求合并；美国最大储蓄银行——华盛顿互惠银行也在为避免破产苦寻买主……受这次金融风暴波及，西方各国经济普遍陷入衰退，而福特公司也因此债务缠身。2008 年金融危机使沃尔沃亏损加剧。值得一提的是，2008 年 9 月，沃尔沃轿车在其重要市场之一——美国的销量骤降 51%。严酷的国际背景带来的经济高压使福特急于放低身价出售沃尔沃。

编者提示

组织方提供的背景资料、题目可简可简可繁，形式不一。一般来说，题目会比较简单，也不会给出谈判具体目标。但模拟商务谈判题目多来自现实商务事例，背景资料如果比较简单，读者可自行查询相关新闻资料。

4. 双方前期接触设定

甲乙双方前期已进行多轮接触，甲方希望 100%股权收购，而非入股；乙方承认甲方是最有诚意的收购方。甲方邀请乙方到中国举行正式谈判。

二、谈判方案设计

甲乙双方的谈判方案应在老师的指导下进行。学生组建谈判团队后，根据给定的背景材料各自自行收集己方所需的资料，并进行市场分析、制定谈判目标，做好相应物质准备。

以下以甲方谈判方案设计为例简要展示谈判方案的设计。

（一）基本方案

议题：甲方中国吉利集团（以下简称吉利）收购乙方瑞典沃尔沃集团（以下简称沃尔沃）的谈判

主题：以我方报价达成收购协议

谈判焦点：双方围绕资金、品牌等焦点进行谈判

编者提示

吉利弱小、低端、资金有限，是其几乎不可克服的劣势。而吉利急需扩大品牌影响力、摆脱低端形象、希望加快国际化步伐的诚意和中国市场庞大的需求是其优势。

沃尔沃由于亏损严重，福特急需资金、希望保持福特一个品牌是其出售沃尔沃的动机。沃尔沃品牌价值是其劣势，也许沃尔沃方还会希望保留沃尔沃品牌，不希望收购方收购后将沃尔沃品牌冷藏。还有，竞购方并不只有吉利一家，福特有选择权，当然吉利是准备最充分的、不是投机的买家。

上述信息都可在相关新闻中获取，如果甲方团队在“谈判焦点”及下文优劣势分析中未涉及或偏差较大，则是材料获取不足或分析不到位。读者可自行分析本方案准备是否充分，有何不足之处。

谈判目标：和平谈判，按我方的条件达成收购协议。

谈判团队及角色分配：首席执行官张三，财务总监王五……

编者提示

商务谈判的参加人员一般为公司骨干，主要包括首席执行官（CEO）、市场总监、财务总监、技术总监、公关部门、首席执行官助理、法律顾问、人力资源部门等，在模拟操作中不一定每个部门都有代表参加，可根据实际情况而定。例如，谈判的焦点在技术层面，则技术总监必不可少，谈判焦点在于价格，则市场总监、财务总监是谈判的主角。具体角色由同学们根据实际情况确定。

谈判团队的规模和构成没有统一的规定，在现实的商务谈判中，一般以 4 人为宜，但同学们在模拟商务谈判时，人员可以适当增加，7~8 人均可。

（二）我方优劣势分析

我方 SWOT 分析如下。

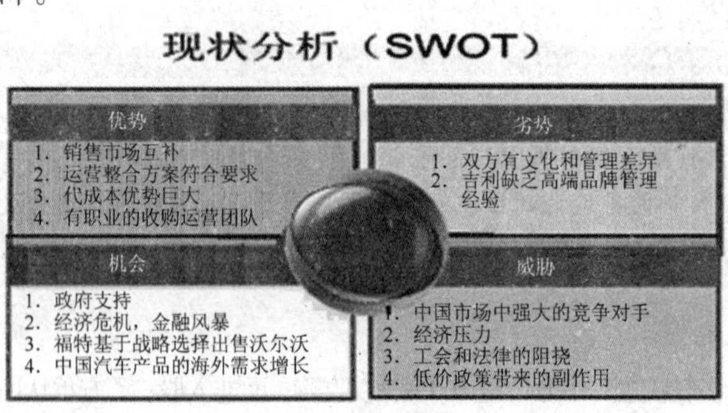

我方优劣势分析图

1. 优势分析（S）

吉利财务状况好。浙江吉利控股集团有限公司在 2009 年度净收益额从 2008 年度的 8.79 亿元人民币合每股净收益 0.14 元人民币增长至 11.8 亿元人民币（约合 1.73 亿美元），合每股净收益 0.17 元人民币。而当年公司的销售额也翻了三倍之多，从之前的 42.9 亿元人民币飙升到 141 亿元人民币。

吉利背后的中国市场的确是块诱人的蛋糕。作为国际知名的顶级豪华汽车品牌，沃尔沃品牌本土市场较小，2009 年在欧美日等主要豪华车市场大幅萎缩的背景下，中国豪华车市场却以超过 40%的增速高速增长。

在沃尔沃之前，吉利已经成功操作了两起跨国并购案。2006 年 10 月控股英国锰铜，2009 年 3 月全资收购全球第二大的澳大利亚自动变速器公司。这两起并购案里面不乏供应商体系、技术知识产权的谈判和对吉利在资本运作、文化冲突方面的考量，为吉利提供了宝贵的并购经验。

编者提示

优劣势分析之前的背后工作是资料信息收集直整理，这项工作趆接关系到谈判的成功与否，资料信息掌握的越全面，谈判就越主动。小组成员在资料收集中应分工合作，各司其职。

SWOT 分析法，是指用来确定企业自身的竞争优势、竞争劣势、机会和威胁，从而将公司的战略与公司内部资源、外部环境有机地结合起来的一种分析方法。S 代表 Strength（优势）、W 代表 Weakness（弱势）、O 代表 Opportunity（机会）、T 代表 Threat（威胁）。

2. 劣势分析（W）

吉利缺乏高端品牌管理经验。吉利公司从创建以来一直都在坚持做中低档车的生产销售，从未涉足过高端豪华车的生产销售领域，而此次吉利公司收购的沃尔沃公司则是一家以生产和销售高端豪华车而闻名的汽车公司。它收购沃尔沃可能会降低沃尔沃品牌的号召力。

沃尔沃在瑞典已有 80 多年的历史，它的根在瑞典，它是瑞典人的骄傲，这是一种自它诞生就形成的文化特质。而只有 13 年历史的吉利正处于蓬勃发展之中，活力十足，同样有着中国文化特质。两者之间存在文化鸿沟。

（三）对方（福特）SWOT 分析

1. 优势分析（S）

沃尔沃百年历史和高端品牌形象。沃尔沃拥有百年历史，早在多年之前，沃尔沃就已经是豪华市场的主力军，20 世纪 80 年代，在高档豪华车竞争中，沃尔沃销量曾经连续 7 年超越宝马、奥迪，仅次于奔驰，年销量达到近 60 万辆，堪称带有北欧斯堪维亚风格的豪华绅士。沃尔沃在安全性和可靠性方面一直引以为豪。沃尔沃完备的经销商团队，分布在全球 100 多个国家的 2500 家经销商，其中 60%和 30%的经销商都分布在欧洲和北美市场。

2. 劣势分析（W）

福特汽车公司连年亏损。福特 2008 年全年亏损为 146 亿美元，这也是福特公司连续第三年亏损。相比之下，福特 2007 年第四季度亏损 28 亿美元，全年亏损 27.2 亿美元。由于金融危机和经济衰退不断深化，福特公司去年四季度汽车销量下跌了近 30%，其中 2008 年 12 月在美国市场销量降幅为 34.4%。福特去年四季度的营业收入也大幅减少至 292 亿美元，而 2007 年同期为 455 亿美元。近年来，沃尔沃的盈利状况一直不理想。2005 年沃尔沃轿车公司盈利约 3 亿美元，但此后的三年该公司亏损严重。2008 年巨亏 15 亿美元，其销量相比 2007 年降幅达 20%以上。沃尔沃的市场占有量也在下降。2007 年全球销量只有 42 万多辆，2008 年减为 37 万多辆，连年处于亏损之中。2009 年前 9 个月该公司的销售额同比下降 30%，为1590亿瑞典克朗(约合154亿欧元)，亏损达147亿瑞典克朗(约合14.3亿欧元)。连年的亏损使沃尔沃的资产价值从1999年福特收购时的64亿美元跌到现在的20亿美元，十年内资产价值跌幅为68.75%。

（四）物质条件的准备

商谈室内桌椅已有，在××之前确认布置恰当。

×××负责准备茶具××套（或矿泉水××瓶）；×××负责准备双方席卡；×××负责借调投影仪；×××、×××负责准备录像、摄影器材……

以上准备需在×××之前完成。

（五）谈判策略与技巧

商谈时谈判策略的调整由主谈×××负责，其余成员根据×××手势、眼神做好策略转换的准备。

> 编者提示
>
> 商务谈判物质条件准备一般包括谈判地点和谈判场所，只有合适的谈判地点和场所，才能有效地开展商务谈判。模拟商务谈判场所内至少应布置好桌椅、茶杯、席卡、投影仪等，如有电话、传真机更好，如需录像，则应解决录像器材等设备问题。商务谈判的服装不应过于随意，可参考本书第八章。

1. 开局阶段

方案一：保留式开局策略。谈判开始时，以 “协商”、“肯定” 的方式创造温和的谈判氛围；

方案二：采取进攻式开局策略。营造低调谈判氛围，坚决的指出对方市场饱和，国内经济效益不高的事实，以制造心理优势，使我方处于主动地位。

我方应牢牢抓住福特连年亏损，特别是2008年金融危机以来，沃尔沃仅2008年就巨亏15亿美元，沃尔沃已成为福特的烫手山芋这一事实。

为了准备准备更好合作，优先方案一。如对方态度傲慢，则调整为方案二。

2. 磋商阶段

策略一：软硬兼施策略。谈判成员中，首席执行官充当红脸，市场总监充当白脸（红白脸策略），辅助协议的谈成，适时将谈判话题定位到双方长远利益上来，把握住谈判的节奏和进程，力争占据主动地位。

策略二：静观其变。让对方尽情提出要求，我方（甲方）以静制动、以不变应万变。

策略三：把握让步原则。明确我方核心利益所在，实行以退为进策略，退一步进两步，做到迂回补偿，充分利用手中筹码，适当时机可以退让赔款金额来换取其他更大利益。

策略四：打破僵局。重新理清谈判的关键问题，冷静应对，使出杀手锏，给对方下最后通牒。首先冷静分析僵局原因，适时运用声东击西的策略，打破僵局。对僵局的处理可视情况采用直接休局或邀请对方参观我方工厂两种方案。

3. 最后谈判阶段

策略一：把握底线。适时运用折中调和策略，严格把握最后让步的幅度，在适宜的时机提出最终报价17亿美元，使用最后通牒策略。

策略二：最后通牒。明确最终谈判结果，给出强硬态度。我方可向乙方说明中国目前的汽车市场潜力十分巨大，存在强大的市场优势，以打动乙方团队中沃尔沃成员。在谈判过程中，我方可摆出强硬态度，以最后通牒的形式争取谈判的主动权。

结合我方当时所处的市场地位等情况，我方并不太适合运用此策略。因此，在考虑运用策略是应该慎重。

三、模拟商务谈判比赛流程

商务谈判的流程并不是一成不变，不同类型的商务谈判，其谈判流程也有一定的差别，但大体上又有着一定相似度，其中接待、安排食宿、入场、磋商、达成协议、签订合同等是最基本的谈判流程。根据甲方谈判方案的设计，谈判流程简要介绍如下。

> **视野拓展**
>
> 土豆网有武汉工商学院09国贸3班模拟商务谈判视频，可供读者学习中参考（本视频沃尔沃为主方）：http://www.tudou.com/programs/view/FR2l2sc75-I/?qq-pf-to=pcqq.c2c

步骤1：接待。由吉利派相关的人员接待沃尔沃谈判人员的到来（见图10.1）。

步骤2：安排排食宿。乙方谈判人员来中国谈判，由于长时间的旅途劳顿，乙方谈判人员身心疲劳，甲方可先安排食宿，下榻酒店，休息一天后开始谈判。

步骤3：入场。入场时可以由甲方派人在会场外引导沃尔沃谈判人员有序入场，或者甲方谈判人员在会场外依次站毕接待沃尔沃谈判人员，并一一握手，有序入场（见图10.2）

图10.1　接待

图10.2　入场

步骤4：互赠礼物、寒暄。互赠礼物是商务谈判中比较常见的现象，可以营造良好的谈判氛围。双方在谈判开始前，可以互赠礼物，以示谈判的诚意。

步骤5：双方公司简介和谈判成员介绍（见图10.3）。

图10.3　介绍谈判成员

> **编者的话**
>
> 既然是模拟商务谈判，流程上越“像”真实谈判越好，如接待、赠送小礼品等都应该做一做。

示例

甲方公司及谈判人员简介

首席执行官助理：大家好，我是吉利首席执行官助理×××，我谨代表吉利热烈欢迎沃尔沃谈判代表的大驾光临（鼓掌），下面由我介绍参与本次谈判的我方代表。（首席执行官助理一一介绍谈判人员，做引导手势）

首席执行官：×××（起立，鞠躬）

市场总监：×××（起立，鞠躬）

技术总监：×××（起立，鞠躬）

财务总监：×××（起立，鞠躬）

……

编者提示

"模拟商务谈判比赛"切忌不可当成"辩论赛"！如果是国际商务谈判大赛，需用外语交流，更不可当成"外语水平大赛"！

模拟商务谈判比赛的核心是"商务"的谈判，一定不能把自己当成辩手，时刻应记住比赛就是"商务谈判"！

步骤6：谈判正式开始（开局阶段），就双方关心的问题进行初步会谈。

步骤7：僵局阶段。双方在价格、技术、知识产权等当面存在巨大差距，陷入僵局。甲方应避免陷入僵局而导致谈判的破裂，应根据预案灵活采取相应对策打破谈判僵局。

示例

双方围绕收购价格，陷入谈判僵局，会谈氛围比较紧张，此时甲方协商如拟采用直接休局方案，首席执行官助理可以发言："鉴于双方在收购价格上分歧比较大，我提议暂且休会，双方各自回到休息室，进行小范围讨论，调整思路，然后再谈，不知贵方意下如何？"

如为了缓和氛围，甲方拟安排沃尔沃谈判成员参观工厂（见图10.4），然后在回到谈判桌上继续商谈的方案，首席执行官助理可以发言："鉴于双方在收购价格上分歧比较大，我提议由我方李四负责带领贵方参观工厂，我相信贵方参观之后，对我方的实力及谈判诚意会有一个很大的转变。参观工厂之后我们再行谈判，不知贵方意下如何？"

图10.4　参观工厂

步骤8：磋商阶段，就双方关心的价格深入交换意见。

示例

乙方首席执行官：参观贵方的工厂之后，我方对贵公司有了更进一步的了解，至于贵方的报价，我方在休会期间也做了全面的分析，我们给出的新的报价是……

甲方首席执行官：谈判是本着互利共赢的原则进行的，我也充分相信贵方的谈判诚意……

步骤 9：成交阶段，初步达成收购协议。

步骤 10：法律文件商讨，在成交阶段达成初步协议后，双方需要签订具有法律约束力的文件。

步骤 11：签订备忘录、协议或者合同（见图 10.5）。

图 10.5　签订合同

编者提示

读者应注意，模拟商务谈判的结果并不重要，是否和现实情况一样完成谈判并达成合作协议、协议价格和现实是否有差距、是否赢得商务谈判大赛冠军……这些都不重要，最重要的是参与！通过参与模拟商务谈判熟悉一般商务谈判过程、应用所学知识和技能、增强自学能力、发现并改善自己的不足，进而提高自己的综合素质，这才是最重要的事项！

如有条件，推荐模拟商务谈判中全程录制视频，谈判结束后通过回放查找自己的不足和对方的优点，以便加以改进。

模拟商务谈判设计方案模板——卡夫收购吉百利

一、谈判目标

为扩大我方产业优势，增加规模效应及在市场竞争中占据更有利地位，拟与吉百利公司进行收购谈判，希望以每股×～×英镑收购对方（争取以现金+换股方式，减少我方现金支出）全部股份。

……

任何一次商务谈判都应事先制订谈判方案，形式可灵活，内容一般应包括主题、目标、双方优劣势分析、地点与议程、谈判组成员、策略等内容。

不同的商务谈判各有其特点，因此，此模板仅供读者参考。

鉴于前一部分流程中已经展示过一份商务谈判方案，本方案仅展示框架内容。

二、吉百利公司现状

吉百利史威士股份有限公司（Cadbury Schweppes）是一家国际性公司，集团公司总部位于英国伦敦，主要生产、推广及分销糖果及饮料产品。集团公司总部设在英国伦敦，目前全球雇员有 55 000 名，产品遍布全球 200 多个国家。

2008 年，玛氏食品在收购了美国口香糖厂商箭牌公司后（Wm. Wrigley Jr. Co.），从吉百利手中夺走了世界最大糖果公司的桂冠，吉百利在与其竞争中已处于不利地位。

……

三、我方现状及收购诉求

扩大公司规模是我公司当前重要任务……

吉百利主营糖果、香糖、软饮料，市场份额处于世界第二位或第三位，与我公司产品有互补性。

……

四、双方利益及优劣势分析

对双方现状、诉求的分析是整个方案最重要的内容。

真实商务谈判方案中，因我方情况已了然于胸，故而较一般简略；而模拟商务谈判比赛中参赛选手对双方企业实际情况并不是很了解，故而我方情况也应该一样仔细分析、研究，只有做到知己知彼，方能百战不殆。

（一）我方核心利益

……

（二）双方优劣势分析

……

五、谈判程序及具体策略

方案一：感情交流式开局策略。……

方案二：采取进攻式开局策略。……

六、谈判组成员分工

……

腾讯《吉百利接受卡夫 119 亿英镑并购报价》专题可供获取本谈判背景资料：http://finance.qq.com/zt2010/jibaili/

七、紧急预案

对方曾拒绝我方收购，此次收购可能还会遇到……

卡夫商谈队

××××年××月××日

模拟商务谈判岗位设计——谷歌收购摩托罗拉谈判

模拟商务谈判中，团队每个成员应根据自己的角色定位进行岗位设计。

模拟商务谈判不同于真实谈判，是学习过程，故建议岗位设计宜详不宜略，通过岗位设计能基本掌握岗位所需要的技术性知识并明确自己的任务要点。

一、摩托罗拉技术总监的角色扮演

此部分一般由摩托罗拉方的技术总监进行编写。

1. 角色定位

作为摩托罗拉的技术顾问，主要职责包括以下几项。

（1）制定并组织实施技术系统工作目标和工作计划。

（2）组织制订并实施技术系统规章制度和实施细则。

（3）组织不合格产品的审理工作。

（4）组织技术、产品开发与创新。

（5）组织建立并实施质量体系。

（6）公司标准化、计量管理工作。

（7）定期进行技术分析和质量分析工作，制订预防和纠正措施。

（8）重要技术工艺设备、计量器具的申购。

2. 从技术层面介绍双方公司

摩托罗拉移动技术公司是原摩托罗拉的手机部门和机顶盒分拆而来，总部设在美国。摩托罗拉移动技术由两大行业领先的全球性业务部门组成。其中移动终端业务致力于提供创新的智能终端，满足不同生活方式的需要。2010 年，移动终端业务部门在全球各地共推出了 23 款智能手机，其中包括大获成功的 DROID 系列和 BRAVO™、DEFY™、FLIPSIDE™、MI L ESTONE™ 等。摩托罗拉家庭宽带业务部门是数字机顶盒和端到端视频解决方案的领先提供商之一。摩托罗拉移动技术将充分发挥移动终端业务和家庭宽带业务的优势，提供创新的智能手机、平板电脑、机顶盒及其他融合型终端；无论消费者在家里或是在路上，为他们提供基于云的交互式服务、内容发送及管理方案。

3. 谈判内容

作为摩托罗拉技术总监，应给予首席代表在商务谈判中技术层面的支持。技术层面的各项内容比较复杂，具体从哪个方面入手，应视具体问题、具体情况加以具体分析。

编者提示

技术层面的谈判一般包括以下基本内容。

第一条：技术类别、名称和规格。

即技术的标的。技术贸易谈判的最基本内容是磋商具有技术的供给方能提供哪些技术，引进技术的接受方想买进哪些技术。

第二条：技术经济要求。

因为技术贸易转让的技术或研究成果有些是无形的，难以保留样品以作为今后的验收标准，所以，谈判双方应对其技术经济参数采取慎重和负责的态度。技术转让方应如实地介绍情况，技术受让方应认真地调查核实。然后，把各种技术经济要求和指标详细地写在合同条款上。

第三条：技术的转让期限。

虽然科技协作的完成期限事先往往很难准确地预见，但规定一个较宽的期限还是很有必要的；否则，容易发生扯皮。

第四条：技术商品交换的形式。

这是双方权利和义务的重要内容，也是谈判不可避免的问题。技术商品交换的形式有两种：一种是所有权的转移，买者付清技术商品的全部价值并可转卖，卖者无权再出售或使用此技术。这种形式较少使用。另一种是不发生所有权的转移，买者只获得技术商品的使用权。

第五条：技术贸易的计价、支付方式。

技术商品的价格是技术贸易谈判中的关键问题。转让方为了更多地获取利润，报价总是偏高。引进方不会轻易地接受报价，往往通过反复谈判，进行价格对比分析，找出报价中的不合理成分，将报价压下来。价格对比一般是比较参加竞争的厂商在同等条件下的价格水平或相近技术商品的价格水平。价格水平的比较主要看两个方面，即商务条件和技术条件。商务条件主要是对技术贸易的计价方式、支付条件、使用货币和索赔等项进行比较。技术条件主要是对技术商品供货范围的大小、技术水平高低、技术服务的多少等项进行比较。

第六条：责任和义务。

技术贸易谈判技术转让方的主要义务。按照合同规定的时间和进度，进行科学研究或试制工作，在限期内完成科研成果或样品，并将经过鉴定合格的科研成果报告、试制的样品及全部科技资料、鉴定证明等全部交付委托方验收。积极协助和指导技术受让方掌握科技成果，达到协议规定的技术经济指标，以收到预期的经济效益。主要包括以下两部分：①谷歌应当遵守摩托罗拉在摩托罗拉专利方面现有的公平、合理和非歧视义务；②摩托罗拉对谷歌将获得的专利给与技术支持。

技术受让方的主要义务。按协议规定的时间和要求，及时提供协作项目所必需的基础资料，拨付科研、试制经费，按照合同规定的协作方式提供科研、试制条件，并按接收技术成果支付酬金。主要涉及以下两方面内容。

（1）技术转让方如完全未履行义务，应向技术受让方退还全部委托费或转让费，并承担违约金。如部分履行义务，应根据情况退还部分委托费或转让费，并偿付违约金。延期完成协议的，除应承担因延期而增加的各种费用外，还应偿付违约金。所提供的技术服务，因质量缺陷给对方造成经济损失的，应负责赔偿。如由此引起重大事故，造成严重后果的，还应追究主要负责人的行政责任和刑事责任。

（2）技术受让方不履行义务的，已拨付的委托费或转让费不得追回。同时，还应承担违约金。未按协议规定的时间和条件进行协议配合的，除应允许顺延完成外，还应承担违约金。如果给对方造成损失的，还应赔偿损失。因提供的基础资料或其他协作条件本身的问题造成技术服务质量不符合协议规定的，后果自负。

4. 谈判重点

（1）摩托罗拉在通信领域不断创新和领到的地位，拥有全球性的业务和影响力。

（2）摩托罗拉拥有的专利问题。

（3）收购之后摩托罗拉在独自研发技术方面的处理办法。

（4）未来产品中摩托罗拉所贡献的技术利益。

5. 谈判难点

（1）鉴于双方的技术的差异，在制作方面双方会产生技术方面的相关争议，并且也涉及双方的专利技术转让等问题。

（2）如果双方在技术转让方面发生争执，应按以下处理方式解决：提交仲裁委员会仲裁或依法向人民法院起诉。

6. 谈判的风险及效果预测

（1）谈判风险。对方可能会在谈判中凭其优势地位不肯在价格上让步，我方必须发挥自身优势和经销商的身份迫使其做出让步。谈判中对手可能会对我方采取各种手段和策略，让我方陷入困境，对此我方必须保持头脑清醒，发挥好耐心的优势，冷静而灵活地调整谈判策略。谈判效果预测：双方以合理的条件取得谈判的成功，实现双赢，双方能够友好地结束谈判，获得成功。

（2）效果预测。在经过仔细的谈判协商后，双方能找出共同利益，达到双赢。

二、谷歌销售总监的岗位角色扮演

此部分一般由谷歌方的销售总监进行设计。

1. 角色定位

作为谷歌的销售总监，主要职责包括以下几项。

（1）督促销售人员的工作。

（2）销售计划的制订。

（3）定期的销售总结。

（4）销售团队的管理。

（5）每月每位销售人员绩效考核的评定。

（6）销售人员的计划及总结。

（7）上下级的沟通。

（8）销售策略的运用。

（9）对于反对意见的处理。

（10）潜在客户以及现有客户的管理与维护等。

2. 谈判重点

就双方核心利益进行深度分析以及对于并购达成后的资产整合和销售问题展开深入探讨。

3. 谈判难点

谷歌方的并购目的是为了专利，但业界对于这一目的提出各种质疑，并且对于后期使用安卓系统的公司关系处理等要做出全面的应对策略。但是最近几年摩托罗拉身陷财务状况不佳，与谷歌谈判是为了解决财务状况，因而摩托罗拉真正关心的是收购后双方的销售业绩，因而摩托罗拉方势必在销售后的利润分配上态度强硬。

4. 谈判目标

战略目标：找出共同利益，达到双赢，就并购后的销售利润分配达成初步协议。

具体目标：谷歌并购摩托罗拉后，双方在销售渠道、销售方式上相互共享，利润按达成的协议分配。同时摩托罗拉为各种移动设备和家用设备提供一流的移动性服务，利用摩托罗拉的专利以及硬件优势，为谷歌自己设计提供技术支持。

三、摩托罗拉方法律顾问的岗位角色扮演

此部分一般由摩托罗拉方的法律顾问进行编写。

1. 角色定位

作为摩托罗拉移动公司的法律顾问，主要职责包括以下几项。

（1）协助公司领导正确执行国家法律、法规，对公司经营决策活动提供法律意见。

（2）审核公司各种技术、经济、服务合同，参加重大合同的起草、谈判工作，协助财务部门管理合同，监督合同履约。

（3）参与公司的兼并、收购、分立、破产、反兼并、投资、租赁、资产转让及招标、投标等重要经济活动，提出法律意见，处理有关法律事务。

（4）办理海外投资、国际运输、技术转让谷歌涉及的法律事务。

此次谈判谷歌公司主要负责与摩托罗拉移动公司协商收购成本、收购价格、专利转让等有关问题做具体协商。

2. 谈判内容

作为摩托罗拉法律顾问，应给予首席代表在商务谈判中法律层面的相应支持，以保证在签订合同时合理合法。法律顾问在不同的商务谈判中，具体从事的工作不尽相同，以下示例内容根据摩托罗拉方法律顾问在商务谈判中所要处理的内容进行编写，仅供读者参考。

示例

摩托罗拉方法律顾问要处理的内容包括以下几点。

第一条　双方的权利和义务

谷歌方。

1. 收购后谷歌将拥有一切收购人所拥有的一般权利。

2. 谷歌将在免费和开放的基础上，许可安卓平台，与目前的商业做法一致。安卓平台是指用于移动设备的当前及未来版本的开源软件堆栈，包括以目前发布于 http://code.Google.com/Android/的形式存在的且在义务期内（除非这些义务被修改或解除）于该网站或后继网站上可获得的操作系统、中间件及关键开源应用程序在内。本项义务不影响谷歌对与安卓平台相关的软件（包括但不限于在安卓平台上运行的应用程序）保持闭源或使之闭源的权力。本项义务不影响谷歌就其提供的与安卓平台相关的产品和服务（包括但不限于在安卓平台上运行的应用程序）寻求付款或其他对价的能力。

3. 谷歌应当在安卓平台方面以非歧视的方式对待所有原始设备制造商。本项义务仅适用于已经同意不对安卓平台进行分化或衍生的原始设备制造商。本项义务不适用于谷歌提供、许可或分销与安卓平台相关的产品和服务（包括但不限于在安卓平台上运行的应用程序）的方式。

4. 本次交易后，谷歌应当继续遵守摩托罗拉移动在摩托罗拉移动专利方面现有的公平、合理和非歧视（FRAND）义务。

摩托罗拉移动方。

1. 摩托罗拉移动方须积极协助和配合谷歌方对摩托罗拉移动方的收购行为，包括变更股东协议，进行实地考察等。

2. 收购期限内，摩托罗拉方不得以营利为目的出售专利，否则，应向谷歌方支付违约金，未经谷歌方同意，摩托罗拉方不得在交易期限内及期限届满后，与其他公司进行私下交易，由此给谷歌方造成的损失，由摩托罗拉移动方及其他发行单位共同承担赔偿责任。

3. 摩托罗拉移动方在收购完成后，不得进行资产转让。

4. 摩托罗拉移动方不干预谷歌方的经济经营活动（市场化运作）。

第二条　并购程序

谷歌收购摩托罗拉属于双方直接洽谈完成收购的，其程序为：①确定并购目标；②提交并购报告；

③尽职调查；④确定成加价；⑤签订并购协议；⑥审批；⑦办理变更手续；⑧发布并购公告。

第三条 收购后相关事宜

1. 公司合并，应当由合并各方签订合并协议，并编制资产负债表及财产清单。公司应当自做出合并决议之日起十日内通知债权人，并于三十日内在报纸上公告。债权人自接到通知书之日起三十日内，未接到通知书的自公告之日起四十五日内，可以要求公司清偿债务或者提供相应的担保。

2. 公司合并时，合并各方的债权、债务，应当由合并后存续的公司或者新设的公司承继。

3. 公司分立，其财产作相应的分割。公司分立，应当编制资产负债表及财产清单。公司应当自做出分立决议之日起十日内通知债权人，并于三十日内在报纸上公告。

4. 公司分立前的债务由分立后的公司承担连带责任。但是，公司在分立前与债权人就债务清偿达成的书面协议另有约定的除外。

5. 公司需要减少注册资本时，必须编制资产负债表及财产清单。

6. 公司应当自做出减少注册资本决议之日起十日内通知债权人，并于三十日内在报纸上公告。债权人自接到通知书之日起三十日内，未接到通知书的自公告之日起四十五日内，有权要求公司清偿债务或者提供相应的担保。公司减资后的注册资本不得低于法定的最低限额。

7. 有限责任公司增加注册资本时，股东认缴新增资本的出资，依照本法设立有限责任公司缴纳出资的有关规定执行。

8. 股份有限公司为增加注册资本发行新股时，股东认购新股，依照本法设立股份有限公司缴纳股款的有关规定执行。

9. 公司合并或者分立，登记事项发生变更的，应当依法向公司登记机关办理变更登记；公司解散的，应当依法办理公司注销登记；设立新公司的，应当依法办理公司设立登记。

10.公司增加或者减少注册资本，应当依法向公司登记机关办理变更登记。

第四条 争议的处理

1. 受×××法律管辖并按其解释进行。

2. 在履行过程中发生的争议，由双方当事人协商解决，也可由有关部门调解；协商或调解不成的，按下列方式解决：提交仲裁委员会仲裁；依法向××法院起诉。

3. 谈判目标

在法律法规范围内享受和履行双方对等的权利义务下，获取最大利益。

4. 实施步骤

（1）代表摩托罗拉移动明确双方的权利和义务。

（2）对对方的意见和问题，在法律与事实相结合原则上，提出我方法律依据，并对方观点进行剖析后反驳。并指出我方的法律资料为《××合同法》《国际合同法》《××知识产权法》

（3）依据相关法律达成共识。在明确最终谈判结果后，审核合同，并协助公司领导签订此次合同。

实践训练

1. 以联想收购摩托罗拉为例（背景资料通过互联网自行查找），自定甲乙方，小组集体设计商务谈判方案（背景资料通过互联网自行查找）。谈判方案应包括谈判双方公司背景介绍、谈判主题、谈判团队人员组成、双方利益及优劣势分析、谈判目标、程序及具体策略、准备谈判、应急方案资料等内容。

2. 小组成员共同进行谷歌方（摩托罗拉）首席执行官和市场总监岗位设计。

附录三　模拟商务谈判中多媒体的运用

如果对模拟商务谈判现场进行实况录制，完成比赛后参赛者、指导教师、商务谈判的学习者都可以从中受益，具体来说至少有以下三种用处。

（1）有利于参赛者比赛后仔细观察自身及对手在谈判中的表现，查找不足、总结经验教训；指导教师可通过回放视频对参赛学生做更细致的指导工作；同学之间相互观摩比赛视频，相互研讨、互动学习更容易提升学习效果。

（2）模拟商务谈判比赛视频中可寻找课堂教学可用素材，弥补现实商务谈判视频素材不足的问题。视频素材在课堂授课中展现商务谈判中各种细节更为直观，有助于活跃课程氛围和加深学生对理论知识的理解。

（3）存档记录。视频资料及其他资料作为教学成果存档，还可以用于校际间的课程交流。

如果条件允许，无论大型模拟商务谈判比赛还是自行组织的小型比赛，都建议录制视频。没有专业摄影人员，小组内可安排组员轮流承担拍摄任务。

一、摄影器材

如果有专业摄影器材最好，没有时可用家用数码摄像机代替。如果条件不允许，数码相机、智能手机上的录像功能也可使用，或在计算机上安装录影软件利用摄像头拍摄也可。需要注意的是硬盘容量要足够，录制视频会消耗大量的空间。

摄影器材可因陋就简，图像质量不影响后期使用即可。

因模拟谈判比赛一般时间较长，应准备三脚架。

二、拍摄方式

录制模拟商务谈判比赛视频，一般可采用定点拍摄和移动拍摄相结合的方式。

1. 定点拍摄

定点拍摄在器材上，要求最少一台带支架的机器，如果条件允许可调用三台机器分左、中、右三个角度定点拍摄谈判现场，有益于丰富视频素材（见图 11.1）。

图 11.1

2. 移动拍摄

正式的模拟商务谈判中，除了定点拍摄外，最好有第二名拍摄人员手持数码摄像机或可以拍摄的其他设备进行移动拍摄，以捕捉谈判人员的礼仪、神态、肢体语言等细节内容为主。

摄影工作技术性较强，如果准备提高自己的摄影水平，建议购买专业书籍学习。

三、视频文件后期处理

录制的视频如果仅是自己小组复盘时分析使用，一般不必进行后期处理。

如果录制的视频需要存档或交流，做简单剪辑等后期处理。

1. 软件工具

制作视频的软件很多，如 AE、Premiere、Edius、Vegas 等，这些专的视频后期制作软件做出的效果很好，但是学起来很难，针对非摄影相关专业的同学，这里推荐使用会声会影（Ulead Video Studio），它是美国的友立公司出品的一款功能强大的“视频编辑”软件，具有图像抓取和编修功能，可以抓取转换 MV、DV、V8、TV 和实时记录抓取画面文件，并提供有超过 100 多种的编制功能与效果，可导出多种常见的视频格式，还可以直接制作视频光盘。支持各类编码，包括音频和视频编码，虽然功能不如 AE、Premiere、Edius、Vegas 等软件，但剪辑和后期效果完全能满足我们商务谈判后期制作的需要。

2. 代表性软件简介

会声会影是一套操作最简单，功能强悍的视频剪辑软件（界面见图 11.2），基本能满足家庭或个人影片剪辑需要。软件支持输入的格式比较丰富，具体可查看软件帮助功能。

图 11.2　会声会影操作界面

3. 视频后期制作的大致工序

（1）剪辑。对事先用设备拍摄好的视频素材进行编辑，切割原有视频，去掉不需要的镜头，按照时间和谈判流程的故事情节顺序进行重组。

（2）加字幕。在视频上加入字幕、标题等文字，即在视频中加入一些烘托主题或说明视频特定内容的文字，目的是突出视频内容的相关信息。

会声会影初级操作方法可用关键词“会声会影使用教程”通过百度等网络搜索引擎搜索，会找到很多文字教程、视频教程，在线学习即可。

（3）效果渲染。效果渲染，即运用制作软件所自带的功能对视频进行转场、色度等相关效果处理，提高视频的艺术表现力。

会声会影支持的输出格式比较丰富，为方便在计算机上播放，视频推荐选用 AVI、MP4、WMV 等格式，音频推荐使用 WAV、WMA、MP3 等格式，图像使用 BMP、JPG 等格式。

（4）声音处理。即对谈判录入的语音声音大小进行调整，或是插入背景音乐并对相关音频进行协调。

（5）文档保存。视频文档保存在本地电脑上比较安全，一般不用考虑文档大小。需要使用模拟商务谈判比赛视频的人一般较多，文档交流是个问题。如果不涉及保密性问题，将制作完成并转好格式的视频文件上传到优酷、土豆、爱奇艺等视频门户网站，需要者可在线观看，方便随时调用。此方法因直接将视频公开在网站，还可以让更多的商务谈判学习者观看到自己的学习成果，以交流学习经验。

附录四　商务谈判网络学习资源

全国企业信用信息公示系统 http://gsxt.saic.gov.cn/	中国国际投资促进会 http://www.cciip.org.cn/	中华人民共和国商务部 http://www.mofcom.gov.cn/	中国礼仪网 http://www.welcome.org.cn/
中国沟通与谈判网 http://www.tanpanwang.com/	武汉工商学院 09 国贸 3 班模拟商务谈判视频（土豆网） http://www.tudou.com/programs/view/FR2l2sc75-I/?qq-pf-to=pcqq.c2c	南开大学国际商务谈判课程网站 http://economics.nankai.edu.cn/ibn_huang/teachingteam_lzl.html	中央电视台 2012 年纪录片《贸易战争》 http://tv.cntv.cn/videoset/C19797/
中央电视台 2012 年纪录片《中国商人》 http://tv.cntv.cn/videoset/C34764	中央电视台 2012 年纪录片《金砖之国》 http://jishi.cntv.cn/2012/12/10/VIDA1355150418365963.shtml	中央电视台 2015 年纪录片《与全世界做生意》 http://tv.cntv.cn/videoset/VSET100229673988	中央电视台 2013 年纪录片《商战之电商风云》 http://tv.cntv.cn/video/C10329/43b2ac8371ea4f049d388e43f3a32545
中央电视台 2014 年纪录片《互联网时代》 http://tv.cntv.cn/videoset/VSET100203301927			

附录五 商务谈判自测试卷

复习题（一）

一、不定项选择题

1. 国际商务谈判中最首要的目的是获得（　　）。

A. 信誉　B. 信息　C. 经济利益　D. 良好的交易关系

2.（　　）是谈判的基本特征。

A. 谈判的主体性　B. 谈判的利益性　C. 谈判的人际性　D. 谈判的冲突性

3.（　　）不是商务谈判的原则。

A. 合理合法原则　B. 求同原则　C. 互利共赢原则　D. 利益至上原则

4. 商务谈判的环境因素不包括（　　）。

A. 政治因素　B. 经济因素　C. 社会文化因素　D. 生态因素

5. 在商务谈判中，双方平等关系是指（　　）。

A. 利益平等　B. 职权平等　C. 地位平等　D. 实力平等

6. 狭义的角度的僵局分类包括（　　）。

A. 初期僵局　B. 中期僵局　C. 后期僵局　D. 过程僵局

7.（　　）属于打破僵局的基本原则。

A. 努力做到双方不丢面子　B. 尽可能实现双方的真正意图

C. 人与事严格区分开　D. 寸步不让

8. 商务谈判人员的基本素质要求包括（　　）等。

A. 性格　B. 思想品德　C. 知识技能　D. 业务能力

9. 商务谈判礼仪有（　　）等作用。

A. 沟通作用　B. 规范作用　C. 形象作用　D. 协调作用

10. 作正式礼服用的西装的颜色，应当首推（　　）色。

A. 黑色　B. 灰色　C. 棕色　D. 藏蓝（青）色

11. 商务谈判中的着装原则包括（　　）等。

A. 和谐与适体原则　B. 个性化原则　C. 整洁与整体原则　D. TOP 原则

12. 需要层次理论中，（　　）更为高级。

A. 安全需要　B. 自我实现的需要

C. 尊重的需要　D. 社会需要

13. (　　) 谈判风格相对最为严肃认真。

A. 德国　　B. 美国　　C. 日本　　D. 中国

14. 谈判报价的基本原则是 (　　)。

A. 报价水平最高　　B. 报价水平最低

C. 对方接受　　D. 对方接受与自身利益相结合

15. 倾听艺术中最基本、最重要的问题是 (　　)。

A. 集中精力去听　　B. 记笔记

C. 创造良好的谈判环境　　D. 鉴别对方的发言

二、名词解释

1. 商务谈判　2. 投石问路策略　3. 需要层次理论　4. 模糊性语言

三、简答题

1. 简述商务谈判的构成要素。
2. 什么是商务谈判策略?
3. 商务谈判人员应该具备什么样的业务能力? 应如何培养?
4. 商务谈判的语言类型有哪些?

四、案例分析题

一中国企业谈判小组赴中东某国进行一项工程承包谈判。在闲聊中，中方负责商务条款谈判的成员无意中评论了中东盛行的伊斯兰教，引起对方成员的不悦。当谈及实质性问题时，对方的商务谈判人员丝毫不让步，并一再流露撤出谈判的意图。

问题:

(1) 案例中沟通出现的障碍主要表现在什么方面?

(2) 这种障碍导致谈判出现了什么局面?

(3) 应采取哪些措施克服这一障碍?

(4) 从这一案例中，中方谈判人员要汲取什么教训?

复习题（二）

一、不定项选择题

1. 立场型谈判又称为 (　　)。

A. 硬式谈判　　B. 原则型谈判　　C. 价值型谈判　　D. 让步型谈判

2. 便于双方谈判人员交流思想感情的是 (　　)。

A. 主场谈判　　B. 客场谈判　　C. 书面谈判　　D. 口头谈判

3. 国际商务谈判中最首要的目的是获得（　　）。

A. 信誉　　B. 信息　　C. 经济利益　　D. 良好的交易关系

4. 尽力避免僵局的原则有（　　）。

A. 坚持闻过则喜　　B. 不作对等让步　　C. 不与对方深谈　　D. 求同存异

5. 谈判过程的主体阶段是（　　）。

A. 开局　　B. 准备　　C. 签约　　D. 正式谈判

6. 当谈判人员远离集体和上级领导而独自与对方谈判时，特别需要的素质是（　　）。

A. 专业知识　　B. 个人性格　　C. 年轻化　　D. 主观能动性

7. 谈判成本包括（　　）。

A. 谈判桌上的成本　　B. 谈判过程中的成本

C. 合同的制作成本　　D. 谈判的机会成本

8. 成交阶段最主要的目标是（　　）。

A. 作出让步　　B. 庆贺达成协议

C. 力求尽快达成协议　　D. 场外交易

9. 对方报价完毕后，己方正确的做法是（　　）。

A. 马上还价　　B. 要求对方进行价格解释

C. 提出自己的报价　　D. 否定对方报价

10. 在谈判中达成一致意见最理想的话题是（　　）。

A. 单刀直入的话题　　B. 轻松愉快的话题

C. 抓住谈判问题的中心话题　　D. 敏感性的话题

11. 处理谈判僵局最有效的途径是（　　）。

A. 邀请高级别领导人介入谈判　　B. 将导致谈判僵局的因素消灭在萌芽状态

C. 当谈判僵局出现后再磋商　　D. 僵局出现后撤换谈判人员

12. 可以预见和控制的风险有（　　）。

A. 自然灾害　　B. 政治动荡　　C. 技术奢求　　D. 人员素质

13. 形成信息沟通障碍的主要原因有（　　）。

A. 文化差异　　B. 职业差异　　C. 性别差异　　D. 心理因素差异

14. 商务谈判的核心内容一般是（　　）。

A. 质量　　B. 付款　　C. 价格　　D. 交货

15. 强有力型谈判对手在谈判中的表现是（　　）。

A. 谈判代表权力极大　　B. 情绪稳定

C. 严格遵守谈判期限　　D. 作为买主，最初出价很低

二、名词解释

1. 货物买卖谈判　2. 商务谈判　3. 可接受谈判目标　4. 谈判策略

三、简答题

1. 如何理解和贯彻商务谈判中平等互利的原则？
2. 确定具体的谈判目标时应考虑哪些因素？
3. 简述国际商务谈判中西欧式报价和日本式报价的主要特点和风格。
4. 在谈判中提问的时机有哪些？

四、案例分析题

1984年，山东某市塑料编织袋厂厂长获悉日本某株式会社准备向我国出售先进的塑料编织袋生产线，立即出马与日商谈判。谈判桌上，日方代表开始开价240万美元，我方厂长立即答复："据我们掌握情报，贵国某株式会社所提供产品与你们完全一样，开价只是贵方的一半，我建议你们重新报价。"一夜之间，日本人列出详细价目清单，第二天报出总价180万美元。随后在持续9天的谈判中，日方在130万美元价格上再不妥协。我方厂长有意同另一家西方公司做了洽谈联系，日方得悉，总价立即降至120万美元。我方厂长仍不签字，日方大为震怒，我方厂长拍案而起："先生，中国不再是几十年前任人摆布的中国了，你们的价格，你们的态度都是我们不能接受的！"说罢把提包甩在桌上，里面那些西方某公司设备的照片散了满地。日方代表大吃一惊，忙要求说："先生，我的权限到此为止，请允许我再同厂方联系请示后再商量。"第二天，日方宣布降价为110万美元。我方厂长在拍板成交的同时，提出安装所需费用一概由日方承担，又迫使日方让步。

问题：

（1）我方厂长在谈判中运用了怎样的技巧？

（2）我方厂长在谈判中稳操胜券的原因有哪些？

（3）请分析日方最后不得不成交的心理状态。

主要参考文献

[1] Amanda Crandell Ju. 2012. 商务谈判说英语范例大全. 巨小卫译. 北京：外文出版社.

[2] 陈文汉. 2013. 商务谈判实务. 北京：高等教育出版社.

[3] 杜碧辉. 2013. 国际商务谈判中模糊语言的应用研究. 琼州学院学报.

[4] 樊建廷. 2007. 商务谈判. 大连：东北财经大学出版社.

[5] 龚荒. 2014. 商务谈判与沟通：理论、技巧、实务. 北京：人民邮电出版社.

[6] 利·L·汤普森. 2013. 商务谈判. 赵欣译. 北京：中国人民大学出版社.

[7] 刘文广，张晓明. 2001. 商务谈判. 北京：高等教育出版社.

[8] 刘翔飞. 2003. 实用谈判口才. 长沙：中南大学出版社.

[9] 宋莉萍. 2012. 商务谈判理论、策略与技巧. 上海：上海财经大学出版社.

[10] 杨晶. 2010. 商务谈判. 北京：清华大学出版社.

[11] 杨震. 2010. 模拟商务谈判. 北京：经济管理出版社.

[12] 仰书纲. 2014. 商务谈判理论与实务. 2 版. 北京：北京师范大学出版社.

[13] 袁其刚. 2014. 商务谈判学. 北京：电子工业出版社.

[14] 赵琛徽. 2012. 人员素质测评. 武汉：武汉大学出版社.

[15] 朱春燕，陈俊红，孙林岩. 2011. 商务谈判案例. 北京：清华大学出版社.

配套资料索取说明

购买本书的读者可在www.ptpedu.com.cn注册后下载配套学习资料。

采用本书授课的老师可发邮件至 13051901888@163.com 或 education_book@163.com 索取配套教学资料。

扫一扫，发邮件
13051901888@163.com

姓　　名：________ 性别：___ 职称：________ 职务：________

办公电话：________ 手机：____________ 电子邮箱：__________

学　　校：___________________________ 院　　系：__________

通信地址：___________________________ 邮　　编：__________

本课程开设于____学年____学期，原采用________出版社出版________主编的《________》为本课程教材，______________专业_____个班共_____人使用该教材。

证 明 人：_______ 办公电话：_________ 手机：__________ 电子邮箱：_________

21 世纪高等院校经济管理类规划教材

已出版教材

书　名	主　编	书　号	编辑推荐
管理学——原理与实务（第 2 版）	李海峰	978-7-115-35395-5	2013 年陕西普通高校优秀教材二等奖；提供课件、教案、实训说明、教学体会、案例分析集（文字、视频）、习题集及参考答案、补充阅读，作者开通有教学博客
生产运作管理	程国平	978-7-115-28840-0	内容全面、注重实务、案例丰富；提供课件、教案、习题答案、试卷和教学案例集
公司文化管理	吴柏林	978-7-115-37650-3	专题学习网站同步展示授课视频、课件和教学大纲；提供课件、大纲、教学方案、答案、教学视频案例、试卷等
客户关系管理理论与应用	栾　港	978-7-115-39343-2	60 组案例助力理论联系实际，33 个二维码打通网络学习通道，在线 Xtools 软件方便实践训练；提供课件、教案、教学日历、免费教学账号、习题库、试卷等
组织行为学	丁　敏	978-7-115-27265-2	精品课程配套教材，注重实用性；提供课件、教案、试卷
社会心理学	陈志霞	978-7-115-40977-5	40 余二维码拓展读者视野；兼顾基础与应用社会心理学；数百实例助力理论与实践相结合；提供课件、案例、答案、试卷等
经济学基础	邓先娥	978-7-115-39039-4	近 300 个实例连接理论与生活，130 余个二维码打通网络学习通道，70 余项扩展阅读指南指引学习方向；提供课件、教案、答案、文字和视频案例、试卷等
微观经济学（第 2 版）	胡金荣	978-7-115-39400-2	简明易懂，关注热点；二维码扩展网络视野；提供课件、答案、案例、试卷
劳动经济学	杨爱元	978-7-115-33309-4	80%以上案例取自中国 2010 年至 2013 年社会现实事件；提供教案、课件、视频案例、参考答案、教学素材、试卷
财务管理	王积田	978-7-115-28482-2	吸收相关学科的最新成果，与企业财务管理实践接轨；提供课件、习题答案、试卷
中级财务会计（第 2 版）	吴学斌	978-7-115-33887-7	四川省“十二五”普通高等教育本科规划教材；涉及营改增等最新知识点；章后设置大量习题并提供电子版习题集；提供课件、教案、案例库、试卷等资料
中级财务会计教程	裴永浩	978-7-115-35981-0	提供课件、答案、试卷，《财务会计实训教程》为本书配套实训教材
财务会计实训教程（上、下册）（第 2 版）	裴永浩	978-7-115-40690-3	原始凭证和记账凭证单独成册；按营改增调整相关业务；利用二维码提供相关网络资源；融基本功训练、岗位技能训练和综合技能训练为一体；提供答案、课件、习题集、阅读资料等
成本会计（第 2 版）	张　林	978-7-115-39288-6	近百道例题详解要点，近 450 道习题助力读者学习，20 项计算题例释详解计算难点；提供课件、教案、答案、试卷等

续表

书　名	主 编	书 号	编辑推荐
审计理论与实务	崔　飚	978-7-115-31064-4	紧扣资格考试大纲，注重案例解读；提供课件、教学大纲、习题集及参考答案、试卷
应用统计学（第2版）	潘　鸿	978-7-115-38994-7	以Excel为实验软件，适应职场需求；提供全套实验资料，提升读者应用能力；提供课件、教案、上机操作数据、常函数实现用统计表等
国际市场营销	李　爽	978-7-115-39077-6	80余个实例追求学以致用，80余个二维码拓展读者学习空间；提供课件、教案、案例（文字、视频）、实训资料、答案、试卷
服务营销与管理	张圣亮	978-7-115-40222-6	以实例解释服务营销理论，以案例说明服务营销理论应用价值；介绍不同观点和典型研究成果；供课件、答案、教学案例、试卷等
国际贸易理论与政策	毛在丽	978-7-115-37138-6	包括新新贸易理论等新内容，将非关税措施分为技术性和非技术性两类，提供课件、教案、答案、试卷和教学案例等
国际贸易实务	吕　杜	978-7-115-37235-2	提供课件、答案、单证样本、习题集、试卷、模拟操作训练材料和常用规则文本等
中国对外贸易	杨清震	978-7-115-39436-1	近百个案例/讨论追求实践应用，近80个二维码开拓网络学习空间；提供课件、教学案例、参考答案和试卷等
报关实务	朱占峰	978-7-115-28352-8	提供上百个课件用视频和课件、教案、习题答案、试卷等资料；内容紧跟《报关员资格考试大纲》，侧重实务
电子商务概论（第2版）	白东蕊	978-7-115-32117-6	2013年度山西省省级资源共享课程配套教材；强调实践与实训；提供课件、教案、实训资料、习题库、案例集（含视频案例）
电子商务概论	仝新顺	978-7-115-38748-6	七十余个二维码拓展学习空间，近百组案例、实训促进学练结合；提供大纲、课件、案例（文字、视频）、自测试题、试卷等
金融法	李良雄 王琳雯	978-7-115-30980-8	吸收截至2012年12月的最新法律法规，高度融合职业资格考试要求，提供课件、教案、视频案例、习题答案、补充练习题
现代金融学	刘　伟	978-7-115-36897-3	提供教学大纲、课件、答案、习题库和试卷等
保险学	刘永刚	978-7-115-31048-4	以大量案例解读相关内容，提供课件、教案、习题答案、教学案例和试卷
证券投资学（第2版）	杨兆廷 刘　颖	978-7-115-34302-4	省级精品课程配套教材；根据2013年证券业变化调整相应内容，集合证券业从业资格考试重点，提供课件、教案、视频案例、答案等
证券投资学	陈文汉	978-7-115-28271-2	针对非金融类读者，内容紧跟时代；提供课件、教案、视频教学案例、习题答案、试卷
外汇交易原理与实务(第2版)	刘金波	978-7-115-38372-3	着重突出外汇实际业务，二维码打造立体化阅读环境，有外汇交易模拟操作指导手册；提供课件、教案、答案、试卷、习题册、实训指导
期货交易实务	曾啸波	978-7-115-39021-9	80余个二维码拓展无限学习空间，百张图表、40个案例/讨论突出实务操作；提供课件、教案、大纲、教学要点、视频指导、最新数据、参考答案、习题库、试卷等
国际金融理论与实务(第2版)	孟　昊	978-7-115-34697-1	新增国际资本流动管理等内容；提供课件、大纲、教案、习题库、试卷库、视频案例库等
金融专业英语	刘铁敏	978-7-115-39042-4	旁注、尾注和大量练习提升学习效率，以二维码指出丰富的网络学习资源；提供课件、部分译文、习题答案和试卷等
财政学	唐祥来	978-7-115-31521-2	以丰富的案例提升学习兴趣，提供课件、教案、习题答案、教学案例（文字、视频）和试卷等
财政与金融	袁晓梅 陈　宁	978-7-115-40465-7	集中阐述基础知识、理论和实务；数百案例理论联系实际；百余二维码链接网络资源；提供课件、教案、视频和文字案例、答案、试卷等
商务礼仪	王玉苓	978-7-115-36091-5	图文并茂，追求学以致用；提供教案、课件、答案、教学案例（文字、视频）、课外阅读资料等
现代社交礼仪（第2版）	闫秀荣	798-7-115-25681-2	图文并茂，二维码链接网络资源；提供课件、教案、教学案例（文字、视频）、实训手册、练习题及参考答案等
商务谈判理论与实务	林晓华	978-7-115-41308-6	以即学即练、模拟商务谈判实践、模拟商务谈判大赛等形式增强互动；二维码链接网络学习资源；提供课件、答案、案例、试卷等资料
商务沟通与谈判	张守刚	978-7-115-23786-6	能实现学生课堂教学与课外学习的统一，提供配套教学网站、教案、课件